银行存量客户运营

金腰子 著

机械工业出版社

图书在版编目（CIP）数据

银行存量客户运营 / 金腰子著. —北京：机械工业出版社，2024.6
ISBN 978-7-111-75401-5

Ⅰ. ①银… Ⅱ. ①金… Ⅲ. ①商业银行 - 市场营销学 Ⅳ. ① F830.33

中国国家版本馆 CIP 数据核字（2024）第 058088 号

机械工业出版社（北京市百万庄大街 22 号　邮政编码 100037）
策划编辑：孙海亮　　　　　　责任编辑：孙海亮　何　洋
责任校对：韩佳欣　宋　安　　责任印制：常天培
北京铭成印刷有限公司印刷
2024 年 6 月第 1 版第 1 次印刷
147mm×210mm・10.5 印张・1 插页・204 千字
标准书号：ISBN 978-7-111-75401-5
定价：99.00 元

电话服务　　　　　　　　　　网络服务
客服电话：010-88361066　　　机　工　官　网：www.cmpbook.com
　　　　　010-88379833　　　机　工　官　博：weibo.com/cmp1952
　　　　　010-68326294　　　金　书　网：www.golden-book.com
封底无防伪标均为盗版　　机工教育服务网：www.cmpedu.com

前言

我 2009 年开始进入银行工作,从对公信贷业务做起,后来又做了网络金融和个人金融的业务,也算是一名银行"老兵"了。我亲身经历了互联网深刻影响银行的完整周期。在互联网兴起的过程中,银行内部到底发生了什么,为什么会发生这些,如何更好地应对这种环境变化,是我一直在思考的问题。2016 年我有幸深度参与了某银行从电子银行向网络金融转型的过程,经历之后我才深刻认识到这有多难,尤其在超大型机构内,创新的难度指数是远超想象的。

在多年前的一次烧烤聚会上,大家聊起银行数字化转型之难,这使我产生了共鸣,故当即决定创建自媒体"腰腰金融",并取笔名为"金腰子"。我那时候仅是希望把关于银行数字化的"闲聊吐槽"在上面发一发,算是自己在工作之余纾解情绪的"自留地"。2016 年以来,我以碎片化的形式记录了对银行数字化转型的所思所想,并陆陆续续通过公众号"腰腰金融"发表,截至本书完稿时已有 240 余篇文章。

2016 年到 2019 年,我深刻体会到银行应对互联网冲击的不易,这种应对集中在银行用自己的资源实力发展互联网服务能力方面，其中最核心的变化是银行服务对象从客户延展至用户，并努力实现用户的突围。电子银行的渠道转型也成为应对市场冲击的首要动作，三年中绝大多数银行实现了从电子银行到网络金融的转型。因为我深度参与了这个过程，加之和同业各个机构闲聊之中颇有所得，所以整理形成了我的第一本书《银行数字化营销与运营：突围、转型与增长》，并于 2021 年出版。

自 2019 年年底开始，我从网络金融切换到个人金融业务线，进一步参与银行数字化经营转型行动。在这一过程中，我深刻感受到数字化转型与运营的重心已经发生了变革，转型的目标从用户增长转向对存量客户的精耕，以及与业务、渠道的统筹协调。这种变化回答了我做网络金融转型工作时一直存在的一个疑虑：银行有自己的内核优势，互联网有自己的表层与肌理，显然银行无法复制互联网的模式，既然复制不了起点与路径，自然就复制不了结果，那么银行到底怎么做才是对的？银行数字化转型之路在于更高维度的统筹协调，即一种应用数字逻辑开展经营管理的统筹协调。

这种统筹协调对于一家创业公司来讲或许很好实施，但对于有着多年经营历史的大型银行机构来说却存在巨大的复杂性。因此银行想要实现转型，看起来与其他企业的目标一致，但因为牵引力、时间点、成熟度、基础能力储备、战略决心不同等，实施路径及实施的结果千差万别。

本书基于 2019 年以来银行数字化转型的新阶段特征，重点从业务营销的视角重新审视数字化运营，从背景与趋势、业务的底层逻辑、存量客户运营的本质与方法、场景与平台的转型、渠道的协同适配、新服务再应用、共享能力破局、组织机制与风险误区这八个方面，总结梳理了我对存量客户运营的新体会。

本书适合以下读者阅读：

- ❏ 在银行领域从事数字化转型、零售业务经营、网络金融与渠道管理等相关工作的同人；
- ❏ 准备进入或者刚进入银行业想大干一场的新人；
- ❏ 研究金融、银行数字化发展的学者和专家；
- ❏ 开设相关课程的高校师生；
- ❏ 想要了解银行在数字化时代究竟在做些什么的读者。

本书内容不涉及任何企业机构的战略实施，主要基于我的个人实践，以及与各个同业好友的沟通交流，围绕当下银行业所处阶段及面临的问题，对与存量客户相关的共性内容进行整理而成。书中呈现的我对相关内容的思考深度可能尚有不足，故难以成为绝对有效的武功秘籍，但我希望本书能够促进同业交流，引发更多朋友的思考，通过这样的思考找到可行的方向。书中若有表述欠妥之处，还望各位读者多多包涵。

最后，感谢我的家人、师长、领导、同学、同事、伙伴对我生活、学业、职业的帮助，感谢我之前文章的读者与我就业务进行在线沟通，本书得以顺利出版离不开大家的支持。

目 录

前言

第 1 章 数字化营销的新趋势 　　　　　　　　　　　1

第 1 节　时代背景下的金融经营环境之变　　　　　2
　　　　零售金融的时代特性　　　　　　　　　　　2
　　　　流量作用的变迁　　　　　　　　　　　　　5
　　　　部分零售银行可能面临颠覆式的市场格局　　8

第 2 节　新一轮转型迫在眉睫　　　　　　　　　　10
　　　　新一轮数字化转型风暴的走势　　　　　　　10
　　　　银行如何面对 VUCA 的世界？　　　　　　　14
　　　　到底什么是"第一性"？　　　　　　　　　15
　　　　碎片爆炸的时代，银行应该注意什么？　　　17

第 3 节　从增量用户向存量客户转变的运营趋势　　22
　　　　银行的存量、增量与第二曲线　　　　　　　22
　　　　银行经营焦虑的碎片思考　　　　　　　　　26
　　　　关于存量深耕与内卷陷阱　　　　　　　　　29

第 2 章 数字化转型中的经营逻辑　　　　　　　　　33

第 1 节　银行零售业务转型中的定位　　　　　　　34
　　　　我们以为的改变其实没变　　　　　　　　　34

	Bank ×.0 还在继续吗？	37
	关于银行定位的思考	40
第 2 节	商业银行第二曲线的畅想	44
	金融的第二曲线与数字化经营底色	45
	关于商业银行的模式对标	49
	银行数字化营销与运营新规划	53
	避免成为只有"销"没有"营"的银行	57

|第 3 章| 存量客户运营的本质与方法论　　63

第 1 节	运营的基础逻辑	64
	银行数字化的需求迷思	64
	金融的数字化运营是必需的吗？	67
	银行数字化营销运营的理想与现实	73
	商业银行数字化经营有何用？	77
	数字化经营中的"人"	81
	金融数字化运营究竟运营什么？	83
第 2 节	存量客户运营的本质——共享、深耕和创效	87
	创效是存量客户运营的根本目的	87
	深耕的核心在于对精细化的探索	89
	共享是存量运营的基本共识	90
第 3 节	存量客户运营的方法论	91
	场景、渠道服务模式与存量客户数字化运营	92
	金融的客户与业务从何处来？	93
	用户战略背后的诉求	96
	数字化客户经营堵点与疏通	102

第 4 章　基于存量客户的场景平台定位与重塑　　107

第 1 节　场景需求的再校正　　108
银行 2C 的生意与非 2C 的需求　　108
金融与场景的关系　　113

第 2 节　消费市场的升维　　116
关于消费的新理解　　116
针对存量客户的支付与收单的思考　　120
数字货币会推动银客关系的变革吗？　　124
基于存量客户的消费市场升维的思考与实践　　125

第 3 节　平台经济的逐梦　　127
难以成为平台的"平台"　　127
"生活"从来不易　　133
平台思维与存量客户　　137

第 4 节　金融生态的关系　　138
存量客户时代如何定义银行与互联网的关系？　　139
数字化时代银行的生态梦　　142
联合 G 端开展存量客户运营服务　　146

第 5 章　数字化渠道的全面协同　　149

第 1 节　流量市场的突变　　150
银行对流量的理解是否跑偏？　　150
缺少流量的应用和流量过剩的时代　　155
关于平台、渠道与流量　　159
金融需要的流量　　163

第 2 节　对银行渠道运营的思考　　168

	电子银行、网络金融与数字银行	168
	不变的数字化与变了的用户形态	172
	到底什么是好的客户体验？	178
	对银行互联网渠道运营的思考	181
第3节	渠道能力的新变化：从线上化到存量化	185
	渠道的变迁	185
	网点变少是因为数字化吗？	190
	渠道依赖与脱媒时代	194
	成为用户的客户和成为业务的渠道	198
第4节	客户渠道的新变化：从用户至上到客户至上	201
	新零售的"人、货、场"完整吗？	201
	银行与客户关系的本质探讨	205
	金融数字化与客户关系重建	210
	什么是"以用户为中心"？	214
	客户并不需要经营	217

第6章 新服务模式的崛起　　221

第1节	旧有模式的新价值	222
	直销银行的发展趋势	222
	数字银行是谁赋能了谁？	225
	商业银行的私域流量运营	228
第2节	新服务模式的探索	230
	"网红经济"在存量客户运营中的应用	230
	游戏化是不是激活存量客户的一条路？	234
	关于存量客户与直播	235

第 7 章 用共享能力破局存量客户运营瓶颈　　241

第 1 节　营销活动的共享破局　　242
- 银行数字营销那点事　　242
- 金融营销的另一种视角　　245
- 关于"开门红"数字营销与存量客户运营的故事　　249
- 营销、活动和权益　　253

第 2 节　数字内容的共享探索　　256
- 存量客户"新知"崛起　　257
- 关于财富管理数字化　　260

第 3 节　中台体系的共享共建　　265
- 金融、互联网与科技　　265
- 关于业务中台的理解　　267
- "数据"的真相　　270
- 精细化时代的数字工具能力　　275

第 8 章 数字化存量客户运营中的组织职责与管理　　283

第 1 节　协调存量客户业务渠道的关系　　284
- 机构顶层设计与路径忽略　　284
- 银行数字化核心矛盾的猜想　　286
- 网络金融是否应该独立存在？　　290

第 2 节　协调总部与分行的关系　　293
- 银行总部与客户的关系　　294
- 总行没有客户，网点没有用户　　297

第 3 节　形成敏捷的存量客户运营组织　　300
- 如何理解敏捷和敏捷组织？　　300

	存量客户究竟由谁来运营?	303
	运营目标、原则、规章与流程	306
第4节	避免可能的误判	310
	关于"赋"能与"失"能	311
	数字化的熵增与焦虑	314
	为什么数字化让我们变得更忙?	317

第 1 章 CHAPTER
数字化营销的新趋势

不论是银行还是互联网机构，营销主战线都在发生变化，从原先跑马圈地的渠道扩张，演变为精耕存量资源的价值创造，营销的重心开始向内收敛。从要用户规模，到要业务规模，再到要利润规模，各项营销要素纷纷朝着新的效益目标靠拢，从流量到利润，数字营销的组织方式也随之发生了巨大变化。

第 1 节　时代背景下的金融经营环境之变

金融经营环境发生了很大变化，这个变化源于新时代背景下人们对渠道工具认识的变化，进而延伸到对"存""贷""汇"金融业务认知的变化。金融从来都不神秘，它一直都是人们生活中的刚性需求，但零售市场促使金融认知发生变化，导致金融机构必须调整经营策略，以应对由此带来的大环境的变化。

零售金融的时代特性

零售是所有商业的基础，B2B（企业对企业）的生意无不是从零售延展开来的，因此，零售根基的稳固程度决定了商业从 C（消费者）到 B（企业）到 G（政府）的未来趋势。

以银行为主的金融行业，不断面临渠道端利润流失的压力，而外部互联网渠道仍在不断依靠数据的积累在科技应用方面获得新的能量。银行发展互联网的目的是什么？我觉得这个问题被拔到了一个非常高的程度，甚至高得有些晦涩和难以理解。当银行开始索要流量的时候，流量究竟要用来做什么呢？是用来开户拉存款，是做支付赚中间业务收入（简称中收），还是做消费？或者是为了企业业务服务，做联合市场层面的合作？或者仅单纯地为了数据（像互联网一样暂时不考虑业务利润）？这个问题大家一定都在考虑，但是最终似乎并没有一个明确的答案，好像都该做，但是如果都该做，就变成了很难做，因为难以聚焦。

其实可以把金融看作一件极其朴素的事情：从资金入账到出账，就是一个人生的轮回。从我们出生开始，我们的钱来自家长，家长的钱来自工作单位发放的工资。当我们年满18周岁时，开始有了自己的账户，便更依赖大学的学费、生活费账户。而结束学业后，我们更依赖自己工作单位的工资账户，消费则逐渐变到另外一个体系，以优惠补贴积分等权益作为核心进行考量。再到有了子女，孩子开始应用资金，又是一个新的轮回。

在其中，金融不可或缺，而对金融服务机构的选择，却极大限度地取决于不同时期人的不同状态。在人与金融的轨迹中，人与家人的关系、人与单位的关系，决定了金融服务的选择是被动的。而消费与权益在金融服务的选择上则是主动的。借记与贷记，已经成为两个差异甚大的市场。

在"借记"的市场，似乎更为核心的内容在于节点管理，尤其是大学、求职、婚姻、生育、赡养这样的核心节点，以及节点到来前的市场运作；在"贷记"的市场，则似乎不是节点的问题，核心是权益生态的建立和消费的促进。

对节点的挖掘，既是对客户的洞察，也是超越二八定律，对包含长尾的全量市场的洞察；对生态的建立，既是对持续业务转化的运营，也是对成本与收入的全盘精算。而在这两个市场之上，是对公司机构业务的延伸合作，再基于此去撬动更持久的从B到C的循环。这个循环也同样分为劳务和消费两个重要但截然不同的B与C的关系（C2B的供应市场也在悄然酝酿）。

话说至此，我们就可以更加聚焦地思索：银行做互联网到底是为了什么？互联网所应该聚焦的细分场景应该是什么或包含什么？

在场景确定、目标对象足够清晰的情况下，才能凝练需求和确定产品的具体形态，再之后才能决定是以"资讯内容""即时互动"为切入点，还是以"消费支付"为切入点，或是按照不同比例进行搭配组合。

我们还要进一步思索：互联网化应该匹配的品牌是什么？营销方案是什么？

其实仔细观察，零售看似变了，实则没变，因为它变的不是需求，而是交互的方式和对话的语言。

市场是有温度的，零售市场特别需要温度。在 AI 时代，很多机构重新将"温度"拉回零售运营的舞台。或许大家都隐隐地感觉到：**真实的零售差异和优势塑造，可能还是在于"温度"的传递。**

如果零售市场变得没有"温度"，企业市场也会随之衰落。无论银行发展到什么阶段，都该以有温度的方式去服务真实、可触摸的市场需求。

流量作用的变迁

如果用四个字形容近几年网络金融或金融数字化的发展，大概只能是"回归本源"。

十余年互联网的快速发展带来了一种"方法论"：在流量为王的时代，什么都可以靠流量来撬动。这种概念以一系列快速发展的"奇迹"案例作为佐证，似乎确实有道理，流量才是一切的根本。

于是，无论是金融的网络渠道，还是实体渠道的数字化转型，人们都产生了一种对"流量"的狂热，"流量爆发"似乎能够与"价值暴增"画上等号。比如，拼命往线上渠道引流，拼命用KPI（关键绩效指标）拉升各种平台的注册量，不断地通过号召、开直播来吸引源源不断的流量。

但是，"流量"到底是什么呢？我们一直把"流量"当成很多事情成功的核心，也容易把"体验"当成流量背后的驱动力，所以构建了一个"好体验＝高流量＝高变现"的公式。因此，当变现能力不佳的时候，我们会轻易地得出这样的结论：因为流量不够高，而流量不够高是因为体验不够好。

但是，流量的高低只是一种表现结果，而并不是变现能力升降的原因。过去人们把流量当成原因，把价值创造当成结果。为了把流量留住，人们开始提出"运营"的概念，运营人员也把全部精力放在如何留住流量、增加流量的活跃度上。但是，然后呢？当你试图去做流量变现运营的时候，就会遇到巨大且复杂的计算问题。流量变现带来的利润，真的能覆盖规模巨大的流量维系成本吗？你的流量真的能创造出预期的价值吗？当这些问题出现的时候，潮水退去，人们才意识到：**流量的背后是需求**。

在我们讨论流量问题的时候，不如好好讨论一下"需求"到底是什么。流量明星背后的需求，是一种"精神崇拜"，即人们希望从对明星的付出中找到自己的定位，找到情感的共鸣与寄托；流量主播背后的需求，是一种"信任背书"，即人们希望通过主播的"人设"相信自己买到了值得购买的价值，降低盲目消费的罪恶感；流量平台背后的需求，是一种"内容渴求"，即人们希望找到一种可用于沟通的谈资。

在过去，流量很多时候都来源于人性的"贪、嗔、痴"，这些人性的弱点在之前难以被高效满足。而随着互联网的高速发展，这种需求被释放，流量获得了加持。在过去的许多年里，网络作为一件新鲜事物横扫社会的每个角落，流量体现出了人们对全新体验的狂热，甚至流量会与某些渠道深度捆绑，成为难以撼动的"武器""资源"。但在今天，网络已经成为一项基础设施，流量成本也不再昂贵，网络不再新鲜，人们将注意力从新鲜"形式"转回到真实"需求"。在这一阶段，渠道的壁垒越来越低，流量也就不再是不可撼动的，而是很容易平行移动的流动要素，甚至线上流量未必比线下便宜，算法也未必单纯。所以，今天大家拼的还是渠道与流量吗？

金融本质上不存在流量问题，而是需求的问题。**金融需求的本质就是良好的资产管理能力，以及足够强的信任关系。** 当资产管理内核能力足够好的时候，服务的供求关系自然会回到机构这一侧。内核能力薄弱,人们就会去找"体验"的问题;体验薄弱,就会去找"流量"的问题;流量不足,就会去找"营销"的问题;而"营销"的问题就容易聚焦到"精准性"的问题,但是"精准性"的背后其实是对"需求"的把握。

这一连串问题背后的根源其实都是需求。人们为什么需要金融服务?今天我们所面临的是一个流量退场的时期,流量不再是资本制胜的法宝,而是将更多地服务于"撬动内需"。撬动的内需也不再仅满足极个别人的利益,而是将价值大规模扩散至各个行业。**海量的内需创造价值,价值再回补到海量的劳动者,或许这才是今天流量的主要作用。**

流量退场的结果是"内容崛起"。内容代表了对"需求"的解读与回应,所谓的专业性、精准性,都体现在内容层面。今天,内容不再特指"广告宣传",而是与客户交互中的所有内容,包括一个产品、一段文字、一张图片、一段视频、一次直播、一场线下面对面交流……内容在专业性、适配性上的高低和在时机上的准确性,决定了内容的质量,也就决定了需求的满足程度以及价值变现的概率。

这种内容不再是总部集中处理的"大一统结果",也不代表一种宣传行为,而是充分释放灵活度的数字内容供给,用于人与人之间最普通的沟通。集中处理难以满足碎片化的差异需求,"共享""放权"与"扶持"可能是未来应对这种状况的主要方法。

"共享"是用企业级的工具,用同一套标准来评价结果,让差异化的事物可以快速实现企业级共享复用。"放权"是在统一标准下，实现充分灵活的供给。"扶持"则是对产生好的结果的内容，快速投入资源，扩大市场范围。

算法用于"共享""放权"之下的统一效果监测，挖掘那些可能的"苗头""趋势"，再指引决策进行动态的资源供给，让好东西发扬光大。这也是2022年后"数字运营"的最主要作用——用测试与系统监测来屏蔽臆测，让测试结果被快速验证、复制。

体验影响流量的流出，内容影响流量的流入，运营影响流量变现的速度，而需求决定了流量变现的总量。未来流量的总量不会缩减，也不会变得更加高级，流量终将回到一个个原始的需求。无论是量贩式还是高端会所，回归专业与实惠才是王道。毕竟人们经历的"套路"已经够多了，只有真本事才是赢得未来的本钱。换句话说，就是"少点噱头，多点实惠"。

部分零售银行可能面临颠覆式的市场格局

今天数字化的发展潜移默化地改变了很多事情。例如，中老年人的线上服务普及度提升，人们在线上领域的兴趣点正进一步固化成习惯，新一轮投资计划正在改变行业结构及人才聚集情况……一系列变化看起来都是机遇，但对于过度依赖存量资源的银行来说，却可能都是挑战。

行业收入水平、消费习惯与结构、财富管理习惯等都影响着存量的竞争态势。行业发展变化带动产业经济发展，同时又决定了产业中劳动者的收入情况。收入水平变化带动消费习惯的变化，一方面与消费结构、消费对象有关，另一方面与消费杠杆水平有关；财富管理习惯的变化，一方面与产品有关，另一方面与决策机制有关。

在行业收入水平方面，对于大型商业银行来说，由于拥有庞大的行业服务基础，在面对行业发展、结构变化的时候，对全产业链条个人端的服务承接显得有些迟缓。收入的竞争恐怕已经不在于账户的开立，而在于收入形成后金融习惯的运营。这一入口越来越多地转向线上企业协作工具。

在消费习惯与结构方面，客户端线上消费习惯进一步形成。这种线上消费习惯不仅是指通过第三方支付工具完成交易，还包括交易流程的变化。"线上完成交易预付，延后交付商品服务"的模式正在加速渗透。线上与线下不仅存在交易场景的不同，服务职能上也呈现出越来越大的差异。消费结构方面，短期变化更为明显，在避险心理的影响下，消费不断收缩，日用品、教育、健康、保障消费比重不断加大。这种变化还带来信贷需求变化及消费资金在商户端承接情况的变化。这些变化的主导权主要集中在电商服务平台上。

在财富管理习惯方面，前期蚂蚁、腾讯获得投资顾问试点资质，与金融机构合作成立子公司，曾一度掀起互联网财富管理的热潮。而腾讯理财通也没闲着，零钱通与理财通交易环节打通，理财通运营主体变更，预示着线上财富管理习惯将进入新一轮争夺战。

互联网头部生态中，金融服务的闭环正在悄然形成，金融服务对银行账户的依赖程度也在逐渐减弱。不过，银行业服务"大额""头部"的优势仍然存在，互联网更多地向"小额""长尾"领域发力。这样的优势对于银行来说好像一颗"定心丸"——毕竟 20% 的头部客户贡献了 80% 的经营收益。但是，2019 年 6 月银行业金融机构法人共计 4597 个，而互联网"头部"数量屈指可数。

如果将规模与收益摊算到单一法人机构上，孰强孰弱还真的不好下定论。"颠覆"这件事情带来的结果或许不是"你死我活"，但一定是竞争格局的巨大变化，以及未来行业主导因素的变化。

第 2 节　新一轮转型迫在眉睫

在全新的时代背景下，金融机构或许时常会感受到，曾经有效的做法今天变得越来越吃力，曾经以为真实清晰的市场信息今天变得越来越模糊，曾经笃定的方法论在巨大的利润压力下开始令人心生怀疑。这些变化引起了金融机构对转型方向的全新思考：转型究竟转向何处？及时、尽早找到答案非常重要。

新一轮数字化转型风暴的走势

移动互联网蓬勃发展，"线上流量"的价值不断被放大，"线下将死"的论断也曾不绝于耳。然而，2016 年以后，互联网用户量增速减缓,线上红利日渐消失,互联网平台相继提出了"互联网下半场""新零售""新商业""产业互联网"等新概念。线下体验与线上的融合随之升级,线下流量开始持续发力,并催生出很多线上线下相互融合的创新体验。"线下流量"日渐回暖,成为资本追逐的"香饽饽"。

其实,市场变化就是一个周而复始的过程。因为人们总会对长期习惯的事情感到疲倦,在疲倦后,或者通过全新事物激发兴趣,或者通过回溯过去获得新鲜感。这种对新事物和旧事物的兴趣成为螺旋上升式创新发展的原动力。

今天我们面临着新一轮流量能力的跃升,新一轮围绕流量的创新变化似乎也在不断酝酿。相比于上一轮 2000 年后的互联网发展,今天我们面临的是新的环境和条件。

- **移动互联网网民数量更多**。2003 年 12 月 31 日,我国的上网用户总人数为 7950 万;截至 2023 年 6 月,我国网民规模为 10.79 亿人。
- **信息网络基础设施更完善**。仅从带宽角度来看,2003 年宽带网速普遍是 512kb/s,3G 网络刚刚起步;2020 年 5G 网络的理论下行速度为 10Gb/s,4G 也能到 20Mb/s。
- **物流主干和最后 1 公里、100 米服务更完善**。2003 年,全国社会物流总费用为 2.49 万亿元,快递件数 1.7 亿;2018 年社会物流总费用为 13.3 万亿元,快递件数超过 500 亿,2019 年突破 600 亿。
- **可消费数字内容规模更庞大**。仅从网络游戏市场来看,2003 年我国网络游戏市场规模为 13.2 亿元;2020 年,仅《王者荣耀》一款游戏在除夕当天的流水就达到20亿元。
- ❑ **B端场景服务储备（如办公协作等）更丰富。**企业的移动服务处理需求快速膨胀，大量办工场景向移动互联网迁移。
- ❑ **互联网开放运营平台、开放技术平台更多元。**流量规模更庞大，围绕流量的开发生态更丰富。
- ❑ **零售端思想更加开放，接受新事物能力更强。**在老年客群、县域客群等传统数字化落后领域，用户渗透不断加速。

这些不同表明今天具备更完善的数字基础设施和社会条件。流量市场的存量竞争导致人们对时间的分配发生了变化。简单概括这种影响：在移动互联网时代，各类线下的行为流程都在叠加了移动互联网的影响后发生了变化。曾经很多必须在特定场所解决的事情，现在有了可以远程处理的更多选择，如远程办公、线上视频串门、免费在家看电影。曾经人们觉得难以想象的事情，也开始变得普及。

其中以在线办公为代表，各类在线办公软件在近几年快速发展并普及。在线办公背后是生产协作关系的改变，也是组织管理形态的改变。在线办公表面上看起来只是改变了办公地点，但如果这种协作变化能够被各类组织广泛接受，并不断通过新技术提升协作效率，不仅会大幅降低生产中的无效时间成本，也会加强对协作节点的监控，更精准地改善生产效率。

人们在交通、居住等方面的行为也开始发生常态化的改变，并进一步改变了各个地区的人才引进模式。这对整个社会资源的分配模式产生了深远的影响。

此外，在线办公领域大家所接受的是"在线"解决传统"线下"组织需求，以此为原点，在线教育、在线医疗等领域逐渐形成传导效应，教育资源和医疗资源的再平衡也进入提速期。

这些变化原本就一直在我们身边酝酿，只是近几年的大事件让我们不得不结束行为和意识的惯性，开始接受原本很难接受的事物。接受后才发现，原来接受起来并不困难，结果也并非像我们预想的那么糟糕，甚至还可能带来一点惊喜。

换句话说，大事件的发生让我们尝试面对一个新的自己。这种结束惯性后在数字领域自我觉醒所带来的变化，可能远大于引入新事物带来的变化。曾经绝大多数数字化服务的出现都源于对国外互联网服务模式的复制，但今天，在数字化生活领域几乎不再有抄袭国外模式的空间，更多的变化来自站在新起点的自我探索。

更完善的数字化创新基础设施，刺激经济"回血"的预期政策储备，更加开放的市场环境，更好的产权保护机制，仍然可观的消费需求，智能制造能力的培育，规模巨大且几乎成熟的互联网用户群……今天我们正处于数字化生活新一轮大规模迭代的分水岭。

推动新一轮迭代的动力很可能是数字化组织协作配套产业生态的快速完善。

银行如何面对 VUCA 的世界？

以前我们对 VUCA（Volatility，Uncertainty，Complexity，Ambiguity，即易变性、不确定性、复杂性、模糊性）的理解还只是停留在一个的新鲜名词上，而今天，如果我们仔细去看身边的世界，会发现易变、不确定、复杂、模糊的感觉真的变得越来越强烈。

总结过去数十年的行业发展，可以发现即便中间有各种各样的阻力，但整体都还算顺利，毕竟伴随周期节奏，大概率还是快速成长的，大家相互比较的只是成长速度的快与慢。而当"易变、不确定、复杂、模糊"事件不断涌现的时候，过去的经验还能带来强大的支撑作用吗？

各种突发事件的影响，全球外贸需求的疲软，地缘矛盾的显现，美国对新技术及配套产业链条的封锁……企业生态的影响已经延伸至我们的日常生活，就业与消费环境发生了变化。曾经银行的经营并不多考虑就业与消费问题，而更多地围绕资金流来开展——钱在哪儿就意味着需求在哪儿，服务也就会跟到哪儿。但这样的经营策略更多是在环境稳定可期的状态下产生的。

当环境发生剧烈变化时，如果只看资金在哪里，难免会看不清、看不懂市场。因此，银行的服务被迫需要再前进几步，把经营渗透至环境层面，从而找到能应对、跟上或者预判环境变化的信息。在这个过程中，"第一性原理"变得越发重要。因为变化的环境中总有不变的部分，总有最本质的需求，只有把服务从表层需求延展至本质核心的需求，才能更自如地应对变化。

到底什么是"第一性"?

对企业来说,能够持续经营就是第一性,"活下去""运转得起来"才是最根本的需求,"活得好""活得滋润"在我看来都不属于企业的第一性,"活得久"才是核心,毕竟"活得久"自然会带来"活得好"的市场机会,"活得好"却未必代表"活得久"。有很多例子可以说明这一点。

企业要想"活得久",就必然需要稳定的供应链生态和稳定的市场生态,固化到能力就是服务产品设计能力、供应链能力、市场触达能力。显然,产品设计能力是企业的内核能力,而供应链与市场触达则存在很多信息不对称,是企业"活得久"与"活得好"的基础能力。在此基础上,产销链条的运营是企业需要重点被服务的环节,在这里面,金融是一个具有强运营能力的工具,自然银行或其他金融机构涉足这两个板块,才更像是对企业第一性的深度服务。

对个人来说,生活状态不断改善是第一性,状态改善的增量需求更重要,无论是贫困人群的脱贫、普通人群的生活进入小康,还是富裕人群的生活变得更优渥。

状态改善落到具体的需求上就是工作(社会职能)的满足、物质文化消费的可得性和体验满意度,此外还有家庭、友谊、文化环境等软性因素。人的第一性由于人的属性,导致其构成更加复杂。在其中,对其就业的支持,对满足其需求的对应消费品的支持,是银行在人的第一性中的主要服务环节。就业向前延伸就是高等教育、职业教育的服务,以及临时就业、灵活就业的服务。消费既包括兴趣驱动的小额消费，也包括特定人生阶段驱动的大额消费。

我们总会听到来自市场这样的反馈：如果银行的服务更便捷，就会获得更好的市场。这类反馈当然也是分析银行服务体验问题的基本依据，但我总觉得类似信息难以用于实践。因为"便捷"只是一种定性评价，或者说这种评价需求并不能准确锁定银行改善服务、升级服务的方向，毕竟每个人都有自己对"便捷"的理解。如果不能把需求还原到第一性去细分，那么需求的方向就大概率会偏离轨道。

VUCA的世界也有不变、确定、简单、清晰的内核。如果过于用力去抓变化，反倒容易陷入"头痛医头、脚痛医脚"的状态，可能会因为过度追逐解决表层的小问题，而让整体经营的内部环境变得复杂，业务间的结构关系变得复杂，难以拆解，甚至牵一发而动全身。

商业银行本身具备更高的服务维度、更强的资源整合能力。在面对数字化冲击的时代，商业银行应该从更高的层面去看待互联网的用户习惯，看待习惯背后的本质需求，观察现实中人的场景行为需求，不断从资金视角向前延伸，去看资金行为之前的一系列稳定的需求和固定的阶段、时点，从中找到相应的服务切入点，用金融去整合并统一服务，用行业的能力推动生态健康成长。这样才不会被数字时代流量形式的变化干扰，产生"被网络胁迫"的过度担忧，在数字世界中畏首畏尾，或在与金融无关的事情上浪费资源。

VUCA 的环境虽然会造成影响，但仍有大量中长期不变的本质，或许策略的起点更应从本源出发，向前延伸。

碎片爆炸的时代，银行应该注意什么？

以前我们经常开玩笑称"不是我不明白，是这世界变化快"。世界确实变化很快，数字化发展带来的是个体、组织相互间交流方式的改变。

前几年，信息化与技术主要发挥了提升信息处理效率的作用，曾经需要几天才能知道的信息在互联网上几分钟就可以了解。如果说互联网上半场还是基础量堆积的时期，那么下半场就是量变到质变的过程。当信息处理效率提升到临界值的时候，我们发现，我们与世界的交互模式发生了改变。

例如，人们的第一信息获取源变了，第一信息的展现方式变了，信息的内容变了。人们越来越难以静下心来深入了解信息，越来越容易被只言片语影响，越来越容易相信一些体积小而密度大的事件。人们能看到的东西和看不到的东西都有新的规则去承接。

这些行为上的变化，本质上已经不再是效率的提升，而是交互模式的改变。如果用一个短语来形容这种现象，或许应该是"极致而大量的碎片化"。

碎片化的影响很深入，它将人所处的时空、人的精神诉求、人的基本性格都进行了碎片化。例如，每个人在不同的时间、地点，应用不同的媒介工具，具有不同的心理状态，导致千差万别的碎片化需求。而不同的碎片化需求之间也在相互影响，如上一秒的状态改变了下一秒的需求。这种影响力变得越来越强大，也越来越隐形。

所以，在这个时期，需求变得越来越难以描述，也难以聚焦，"人"也就变得越来越难以理解。我们先看看互联网在这几年做了什么。

互联网的流量积累达到瓶颈后，纷纷发力场景、发力内容，其核心目的看似是积蓄流量进行变现，但背后所支撑的都是各式各样的算法。这些算法的目的其实很简单：**用大量的内容去对撞、揣测、试验，从而积累对用户的理解**。因为在过去互联网只充当了加速获取信息的媒介，在需求大且明确的时代，加速获取信息本质上就能够成为流量变现的牵引力。

但当碎片化时代来临时，速度不是关键，碎片化需求的匹配才是关键。KYC（Know Your Customer，了解你的客户）更新的频率恐怕要从年缩短到分钟。除了算法（更准确地说是智能算法），恐怕目前没有任何其他方式能够实现这一目标。

所以对互联网来说，数字化第二曲线的本质，就是对碎片化用户需求的精准满足。这也是大数据与人工智能持续发力的基础。但是这并不意味着互联网第一曲线的沦陷，因为第一曲线仍然是成熟的流量价值变现之道。

但对于银行来说，很多人可能还没有意识到碎片化带来的本质问题。最关键的一点就是，商业银行作为最应该开展 KYC 的机构,到底还有多少精力去了解客户或用户?或者,银行KYC的过程是不是持续且高效的?

银行这几年经常提到一个概念——"千人千面",如实现服务的千人千面。这个词是从互联网应对碎片化时代的方法中提炼出来的,它描述的是一种极度个性化的前端效果。因此,很多商业银行把千人千面作为一项服务目标。但是,千人千面真的适合银行吗?或者说,千人千面当前的定位和实现方式正确科学吗?

这里面有几个更为具体的问题。

- ❏ 银行千人千面,是否有足够多的流量进行支撑试验?
- ❏ 银行千人千面,应该用在金融领域还是非金融领域?
- ❏ 银行千人千面,对用户来说,是不是真实且主动的需求?

千人千面的目标看起来是提供足够精准的服务,但是这一足够精准的终极状态相当于"无限趋近"的理想状态。因为任何人在碎片化面前都无法达到绝对的精准服务,这种碎片化形成的需求是动态的、不稳定的。

那么千人千面最本质的目的或许就不该是服务的交付目标,而是对用户的理解工具。简而言之,我们想要的千人千面不是向客户提供服务,而是与客户交流。千人千面本质上是一种"对话"的方式,也就是靠"猜—验证—猜"的循环不断理解用户的方法。

这一循环离不开高频的交互。就像两个陌生人,高密度地深入聊天3小时,或许能大概了解一个人的基本状态,但如果把3

小时分成 3 个月，每个月聊 1 小时，你还能说了解一个人吗？

这个道理大家都懂，但却是银行应对碎片爆炸时代的大痛点。

- 现有渠道普遍只能用"只言片语"沟通，理解不了用户的真实需求，而更多的需求都是从自己的角度想象出来的，缺乏需求提炼的科学性。
- 基于用户体验的方法论以及对用户的猜想，缺少高频交互的渠道进行验证。传统渠道验证的速度永远追不上碎片化需求变化的速度。
- 对开放银行的追求，几乎难以做到可验证千人千面的有效数据回流。无论是数据频次还是数据的量级，由于生态场景中流量的流动性和资源的不确定性，都导致难以对同一用户进行深入追踪。

所以，我一直认为很多银行提出的千人千面存在目标上的模糊和路径上的断点，而连通断点需要很多艰辛的基础设施建设工作。

在碎片化时代，银行或许应该注意以下几个问题。

问题 1：碎片化交流的渠道到底在哪里？

在碎片化的世界中，渠道是开放的，流量是快速流动的，渠道的形式是多样的，更需要用仅有的机会构建连接。碎片化的世界容不得浪费。

- 自有用户渠道的高频化发展，主要目标是渠道定位的变革，用黏性与频次更高的服务建立基础的沟通量级。
- 自有全渠道交互信息的标准化整合，主要目标是拓展触达面，通过丰富的渠道维度弥补交互频次的短板，统一不同触达面获得的信息标准。
- 外场景渠道的批量化数据获取工具，主要目标是延伸触达层级，借助场景流量和场景标签，获得浅层触达中必要的用户数据标签，核心是用户的判别和流量转化机制。

问题 2：是否有验证碎片化需求的方法？

这一过程需要有"准确的信息"，但更需要"未必准确的信息"——只有抛出问题才能理解对方。

- 用存量信息做基础分析，形成需求的基本猜想。
- 用非金融信息进行需求诱因的校验。
- 用金融信息校验需求。
- 用新信息撬动、洞察全新需求，回流形成新猜想。

问题 3：在碎片化中是否有非碎片的东西？

无论需求碎片化与否、碎片化的速度如何，有些东西是不变的。例如，信任总是碎片化需求中不变的基础，只是信任的形成会不断发生改变。

- 传播模式从公共传播转向社群社交传播，口碑变得更重要。
- 传播内容从表达侧需求转向接收侧需求，从宏观概念转向更"接地气"的真实感受。
- 构建未知比强调已知更重要。

碎片化的世界其实才刚刚开始，交互模式变革的进程还远未结束。随着物联网的发展，人除了对人与组织的理解模式发生改变外，对物的理解将进一步改变，人们处理信息的方式也将进一步改变，碎片化带来的需求不确定性也会越来越明显。银行与银行之间、竞争对手与竞争对手之间的边界其实越来越模糊，在一个可见即可得的轻而碎片化的世界里，实际的壁垒不在于产品与服务，而在于交流与信任。

无论如何碎片化，交互仍然是应对这种变化的最核心要素。所以，需要与市场保持高频次的交互关系，保持"有脑有心的沟通"。交互感下降的"无感化"才是碎片化时代最大的风险挑战。

第 3 节　从增量用户向存量客户转变的运营趋势

存量竞争之下，相比市场拓荒来说，已有价值优势的防守变得越发艰难。转型的紧迫感在前几年还停留在市场拓展的压力上，而今天可能更体现在激烈竞争下的存量守护和挖掘上。对于金融机构来说，新的增长极不在天边，而在眼前。

银行的存量、增量与第二曲线

当我们回看历史上比较大的纷争时，能看出纷争普遍出现在增量发展受阻的阶段。正因为增量受阻，才会出现针对存量的保护主义，甚至引发不可控的竞争。企业的事情如此，企业内部更是如此。

商业银行的市场看起来很大，但其实客户总量是有天花板的。根据央行披露的数据，截至2018年第四季度末，全国银行卡在用发卡数量75.97亿张，环比增长2.86%。其中，借记卡在用发卡数量69.11亿张，环比增长2.75%；信用卡和借贷合一卡在用发卡数量共计6.86亿张，环比增长4.01%。全国人均持有银行卡5.46张，其中，人均持有信用卡和借贷合一卡0.49张。

这个数据我们不做深入解读，但是按照之前把借记和贷记区分来看，借记市场相对饱和是不争的事实，客户增量不足，而业务增量似乎更依赖社会经济的整体发展。例如，国家统计局公布的2018年就业人员平均工资数据显示：2018年全国规模以上企业就业人员年平均工资为68 380元，比上年增长11.0%；城镇非私营单位就业人员年平均工资为82 461元，比上年增长11.0%，增速比上年加快1个百分点，扣除价格因素，实际增长8.7%；城镇私营单位就业人员年平均工资为49 575元，比上年增长8.3%，增速比上年加快1.5个百分点，扣除价格因素，实际增长6.1%。

增量增速减缓，但存量运营的压力同样不小。存量压力来自很多方面。从实质的金融服务来说，新兴同业更有吸引力的品牌气质，逐渐吸引着未来市场的迁移；对风险管理更激进的机构，吸引着对风险不敏感人群的迁移；校园、就业几个关键转化节点发生的人员迁移带动金融服务的迁移；存量企业经营状况的变化导致人员的职业变化，从而发生金融服务的迁移等。

从渠道的特性来说，金融的低频属性、自有场景匮乏让银行与客户之间的关系变得非常松散，客户与金融服务中间隔着越来越多"有形""强势"的场景运营方,以至于运营难度不断加大,运营成本不断提升。其实多数银行的压力正是来源于对场景运营权利的焦虑,它们发现曾经依仗的信息不对称的商业模式,负作用正在被不断加持在自己身上。

所以,客户看得见却不一定够得到,够得到却不一定懂得了,懂得了却不一定有对应产品。

大家普遍在提"曲线"战略,当银行提出"第二曲线"的时候,很多互联网机构可能已经处于"第N曲线"的阶段了。曲线的变迁本质上代表着商业模式的变革,是一种非线性、非连续性的创新发展模式,有点"换挡加速"的意思。但是,不同的机构对"新曲线"的把握尺度不同。

有些机构将其作为彻底的颠覆式发展,更接近于"换行"经营;有些机构将其作为"客户服务关系变革",更注重服务流程的再造,但仍然以第一曲线作为托底支撑,慢慢提高第二曲线的贡献占比。

虽然曲线的坡度缓急不同,与第一曲线的相交相离状态不同,但结果是一样的:让新的商业模式成为新的发展动能,以求带来增量市场。

显然,这个新商业模式的初衷应该是再次获得信息中介的能力。但第二曲线不是凭空出现的,它在现今社会很难实现完全独立的增量发展。第二曲线之所以与第一曲线在时序上有所重合,也是因为第二曲线的快速发展离不开第一曲线的存量积累,或者说第二曲线的增量需要高度依赖第一曲线的存量资源。

过去银行面对增量的态度，就是用产品不断地拓客营销，这是一种拿着产品找客户的发展方式。而在增量压力面前，顺利实现第一曲线与第二曲线协调发展的关键，或许更在于对存量的重新认知，即将第一曲线的存量市场作为第二曲线的增量市场。当第一曲线的存量市场的认知是"金融客户"的时候，第二曲线的增量市场则是"用户数字流量"。而数字流量的体系化运营，已经不再是单打独斗硬推C端的时代，不可避免地需要更多业态、场景的支撑，需要构建丰富的权益生态，实现市场的共同培育，这也就需要让更多的B端参与到零售体系的建设中，而这样的参与绝不是财务金融价值层面的，而是业务市场层面的。

也正因为第二曲线的市场认知不同，所以第二曲线从品牌到营销的市场策略、产品设计开发（含商业模式变化），甚至管理架构，都与第一曲线不甚相同。这也就是理论上所说的，新曲线的规划要基于第一性原理，而非原始曲线的经验理论。

或许只有将第一曲线的存量有效转化为第二曲线的增量，实现认知上的有效转化，才能有效提升C端的数字运营权利，用更紧密的客户关系实现市场赋能提升B端生态的价值，进而回补C端市场，实现良性循环，从而实现第二曲线预设的效率目标。

这么说来，似乎银行的存量、增量、第二曲线，又回到了我们一直以来所说的，从账户到客户到用户的变化，从对金融产品到对渠道场景的优化，从对交易运营到对活跃数据运营的关注，可能这些本来就是一致的。

银行经营焦虑的碎片思考

其实我们思考银行的发展，主要是站在一名消费者的角度去考虑我们心中的银行到底应该是什么形态的。

这几年很多人喊着第三方支付颠覆了银行优势，其实仔细想想，能被颠覆的优势也算不上绝对优势，只能说明击中了银行经营的弱点。但平心而论，第三方分了蛋糕的同时也依靠资本力量做大了蛋糕，银行在部分批量业务中的成本也相应降低了。

银行可能只是不太喜欢权力被削弱、被别人"拿捏"的感觉。但是，市场主导格局本身就是不断变化的，如果没有这些"搅局者"，国内的支付体验可能与当今诸多发达国家一样，也没什么突破。

如果把中收的事情放一边，虽然手续费有所让利，但账户里的钱从银行流走了吗？没有，钱还是在银行的账户体系内流转的。

只是曾经个人消费的钱加速、加量地流到商户那里去了，下游消费款转化为企业交易款，层层上溯到上游；曾经个人存款的钱流到各种投融资企业的账户上了，要么用于赚钱，要么用于还钱。

降准、放款，货币还是在银行体系不断派生，所以钱既没少也没有流出银行账户体系，只是在银行体系内的流动变得更快速、广泛了。不同银行间的竞争关系变化了，聚集在头部银行机构的钱开始向长尾机构流动了。

从现实一点的角度来看，银行在百姓心中的定位其实很朴素，且没有改变——存钱、转钱、赚钱、借钱、换钱、省钱。银行就是钱的核心场景运营方。

那么，银行的焦虑来自哪里？其实这种焦虑普遍来自经营模式"被动换挡"所造成的不适感。

这个"被动换挡"的特征是，必须延续传统依赖分层级经营的模式，但难度正在加大，效用正在下降，同时必须接受新型数字化直营的经营模式，却还没有在组织、技术、市场等方面形成成熟的能力。

所以改变不是靠主动变革进行牵引，而是靠全市场被动推进，这种感觉糟糕透了，就像大年初一赶庙会，你不知道被人群推到哪里，只感觉这个过程局促、拥挤、不舒适。

在这个基础上，才引申出加强客户洞察和场景建设、开放金融、强化运营等一系列需求。基于焦虑，我有以下几种思考想与大家分享。

思考 1：银行金融经营、运营的本质是培育长期的"金融习惯"。

假如你是一名客户，你需要银行的非金融场景服务吗？你需要银行大厅的空调、饮用水吗？你需要银行的公众号吗？你需要机器人的微笑服务吗？你需要人工智能推荐产品吗？这些问题有些不好回答，看起来好像需要，仔细想想又似乎不太需要，但这是很多银行正在努力尝试的方向。

在实践中，我越来越觉得，银行的金融经营、运营本质上是一个对消费者长期"金融习惯"的培育过程。

通过差异化体验构筑习惯，依赖品牌的忠诚度，行为数据积累、成长及权益体系建立，操作界面视觉感受，线下渠道感官，操作流程等各项内容的整合体验。而金融产品本身在习惯养成中的影响很小，因为产品的市场差异是非常弱的，所以核心经营内容正在向"金融产品以外"的其他领域转化。

思考2：代发工资的核心正在从企业代发服务转变为"金融习惯"的早期教育。

我曾经说"代发工资"是增强用户黏性的核心，但是从近一段时间的观察来看，随着职场流动性的加强，代发工资对改变用户习惯并不能发挥绝对强势的作用。人在工资场景中做出的金融行为还是取决于已经形成的金融习惯。

但是，代发工资对于新入职场的人群来说，是建立早期金融习惯的核心场景。换句话说，拓展代发工资的企业应该是一件精细化处理的事情。那些可以大量接收应届生的企业，已经从企业属性变成了平台属性，成为培育金融习惯的"教育基地"。这可能是银行未来与代发工资企业合作更重要的意义。

思考3：比起产品管理，时间、内容、权益运营更有效。

近期大家从银行保险业未来发展的指引中已经能看出一丝端倪：直接融资的市场结构占比要有所提升，存款理财化趋势会更加明显。这些内容都会导向更大规模、更快、更频繁的资金流动。规模、频率的背后,"时间管理"在金融服务中的比重会更大。所以,我预测未来"内容+时间"的运营会成为银行机构数字运营的核心内容,而消费场景会被权益运营替代,金融服务领域的消费者价值创造会向商户价值创造转移,权重会发生变化。权益运营也将从"粗暴补贴"模式向"生态型"模式转变,作用从通过简单的成本支出获得黏性转变为直接对收入的拉动。

关于存量深耕与内卷陷阱

"内卷"这个词近年来已经得到广泛传播,这里我们来讨论一下这个值得注意的现象。

其实内卷的问题不是今天才有的,在不同的行业、不同的阶段,都发生过内卷。内卷不仅仅存在于行业内的不同个体之间,也存在于企业内的不同部门之间。行业内卷侵蚀行业的整体利益,企业内卷侵蚀企业利益,个人内卷侵蚀个人与家庭的利益。

内卷来自资源的不满足,而这个"不满足"对标的是什么呢?那就是我们设定的目标,或者称为"预期"。如果预期达到2,但资源只够支持到1,那就需要在存量中夺取资源。这看似是一种正常的竞争行为,但如果没有服务创新,没有新的价值创造逻辑,那么争夺就变成了一种损耗。

所以,回顾过往,机构营收增长,究竟是因为市场总量本身的增长,还是机构自身的价值创造竞争力得到了提升呢?营收增长跑赢市场需求自然增长平均值了吗?营收增长跑赢成本增长了吗？成本增长是一次性的还是长期的呢？

当增量进入瓶颈，恐怕只有两条路可选：增量价值创造逻辑再创新，俗称"转型"；存量需求再挖掘，俗称"深耕"。

转型的概念大家已经耳熟能详，这里不再赘述。但什么是存量深耕呢？

这里面涉及几个问题。

- ❑ 哪些是应该深耕的存量？
- ❑ 什么是深耕？
- ❑ 靠什么深耕？

第一个问题，有两类所谓的存量，一类是高活跃高价值贡献的存量，另一类是低活跃低价值创造的存量。第二个问题，深耕似乎更好理解一些，即让存量具有更多的需求，实现更多的转化。第三个问题，靠什么深耕，一是产品与服务，二是渠道工具。

反过来说，产品与服务对于银行来说，产品一直都是强项，但服务未必是强项。绝大部分底层产品同质化，核心竞争力主要集中在风险管理能力上，服务的强项不在于产品，而在于流程与体验，流程与体验是构建黏性壁垒的关键一环，所以深耕首先是对服务流程的再优化。流程变革本质就是服务创新。

渠道工具对于银行来说，渠道代表与客户交互的通道，既有交易渠道，也有宣传渠道，银行目前的交易渠道比较稳定，但宣传渠道普遍薄弱，就导致内向宣传与通知能力强，外宣推广能力弱；而工具，普遍是用来加持渠道触达效率的，也起到稳固连接的作用，主要指渠道内的各项管理基础设施，例如渠道内的数据行为分析、策略响应引擎等，但是工具普遍薄弱，弱在高频迭代和运营方面，导致洞察的效率低。

深耕是为了让存量有更多的需求，让存量需求增长，这就涉及两个层面的问题：本身金融需求的扩充和对某一机构服务需求的扩充。

第一个层面问题的解决主要依赖于金融知识、意识的培育；第二个层面问题的解决主要依赖于营销节奏的安排、品牌形象的塑造。第一个层面问题的解决不仅依赖于某一个银行机构的努力，更依赖于行业素质的共同推进，而第二个层面问题的解决方法中涉及的节奏与形象又是大部分银行机构相对薄弱的内容。

最后说回对象。高活跃高价值存量的深耕，无非是扩大客单价，但不断地深耕，结果只是产品间的挪动，过度营销风险更大；低活跃低价值存量的深耕，依赖于以上各项薄弱环节的作用。

说到这里，可能大家有了初步的感受：创新缓慢的服务加剧了服务同质化；外部渠道以及工具的薄弱导致低活跃低价值存量难以挖掘与深耕。

在较高的KPI预期这个指挥棒的指引之下，银行更容易把存量深耕的目标聚焦在高价值高活跃的客户群体之中。无论是业务、客户还是渠道，都纷纷把手伸向有限的存量资源，看似行业在激烈地竞争，但外部竞争不太显著，则内部竞争容易变得很突出，内卷自然就形成了。

当然，并不是说这种内部竞争没有任何效果，在大量"做功"的情况下，一定会出现增量，只是因为目标的游移，这种"做功"的效率会打折扣，有大量的功损耗在与存量的"拉锯"中。

存量深耕不假，但深耕的对象应是那些我们曾经忽略的个体，对这些个体的深度关注、价值创造模式的不断创新，才是创造增量的新基础。如果不能锁定深耕目标，就难免会跳入内卷陷阱中，当越陷越深时，戾气也会越来越重，在戾气之中，不良竞争就会更加凸显，公平与公正会更难维系，凝聚力自然会被不断消耗。这或许是内卷最大的威胁，但也是我们今天开展存量经营、运营绕不过去的大环境。

第 2 章 CHAPTER

数字化转型中的经营逻辑

拨开迷雾，我们对商业银行运营模式之变的理解，需要把视线放回原点：零售银行的发展也好，银行第二曲线的谋划也好，都离不开零售金融的本质定位。很多时候我们只关注世界发生了什么样的变化，却常常忽视有哪些事情是没有变化的，而这些没有变化的部分更能指引未来精耕的方向。

第1节　银行零售业务转型中的定位

零售业务与我们每个人息息相关，看似是单纯的个人业务，却深远地影响着ToB、ToG等对公组织的经营。零售银行在快速转型中，底层的定位成为转型行动的指南针。

我们以为的改变其实没变

从零售领域来看，我们一直以来都在讲互联网的快速发展源于打破了信息的不对称性。然而真的是这样吗？仔细品味商业的发展，无论在什么行业，利润的挖掘都来自信息的不对称。无论是经销商这一层商品流通的中介，还是银行这样的信用中介，之所以能够攫取利润，就是因为能够通过信息壁垒来赢取成本之上的溢价。**信息不对称的程度有多大，获取信息的成本有多高，利润的空间就有多大。**

互联网的发展，在前几年讲求"免费逻辑"。免费免的究竟是啥？看似免的是服务费，其实免的就是获取信息的成本，这个成本主要是指时间成本。

曾经你跑了 10 家店，了解到它们的售价分别是多少，然后进行比价，找到便宜的产品；今天你只要坐在那里点点鼠标、看看屏幕就能知道谁多谁少，就能让自己获利。但是，互联网从来不是改变自己的信息不对称，而是改变别人的信息不对称。这种搅动其他行业的能力，导致存量格局被快速影响。

跑马圈地，圈定用户黏性，也就从这一起点开始了。为何早期估值看用户，是因为用户的多少、用户黏性的高低决定了未来信息不对称空间的构建能力。用户的心智在一定程度上也和信息不对称的影响空间密切相关。

信息中介的身份，就这样逐渐从一大堆经营个体变成了平台。但是，当平台不断发展，信息不对称并不会因此消失，因为平台不是为了做公益，大家都需要赚钱，赚钱就必然需要有信息的不对称，所以你会逐渐发现，原本在线下的信息不对称正在快速蔓延到线上。今天你想要在线上开一家店并且走红，可能更难。你以为赚钱了，实际上可能亏得一塌糊涂；你以为大家都是一样的折扣，其实每个人都不同。

大家说互联网让"世界变平了"，而实际上互联网也让世界变成"筛子"了——大大小小的孔圈出了不同的圈子，你想打破圈子之间的壁，就好像曾经想把生意做出省市一样艰难。你的消息的传播力被无限压缩，你只能看到你该看到的，别人也都是看到自己该看到的。究竟谁该看到什么，逐渐变成了一个哲学问题，甚至人的性格与认知也会被这些筛选过的内容不断影响。

这或许是算法的魅力。算法成为新一轮信息不对称能力的驾驭者，它最大的价值就是把信息不对称的潜力发挥到了极致。

曾经你在城东开一家店，城西无人知晓；今天你在网上开家网店，一样无人知晓。看似每天都有成功的网红店兴起，但实际上尝试的基数变大了，成功的概率还远不如你在城东开店的时候，毕竟物理上的流量简单而直接。

所以，今天为什么要防止资本无序扩张？为什么要开始强化反垄断？更多的原因在于今天这种商业藩篱的局面更加难以破解。所谓的互联网"去中心"运营，只是一个全新的"中心化垄断"故事。需求侧无限"贪婪"，供给侧无限"卑微"，总会带来失衡。如果最终只有二八定律中的"二"能够求得生存，那么这种模式一定不是值得推崇的模式。

所以，更多的人在新的零售市场更愿意把线下做得乐趣十足、流连忘返，而只是把网络当成传播的阵地，把移动互联网当作辅助的移动工具。网络逐渐变成了经营的辅助工具，而非经营的主要阵地。

就好像许多工厂大搞直营，我相信，如果不是有无良中介的利润盘剥，工厂直营也未必是大家的选择初心，毕竟它在效率与成本上未必真的是好选择。但如果大家就是觉得这钱不该让别人赚走，就是为了切存量市场的运作逻辑，全部都去搞直营，故事看似美妙，但在一定程度上也一定会导致流通生态的失衡。最终就会像今天的互联网一样，像无形的算法墙一样逼得你苦不堪言，毕竟从起点到终端，总要经过那么多信息处理过程，信息处理的成本相差无几。

所谓的"实惠",很可能是牺牲了更大规模的效益。这可能就是今天我们面对互联网发展不得不思考的问题。

碎片化的渠道、相互独立的圈子、被高度填满的时间……万物确实能够互联,但在一定程度上也难以相连。大家都要遵循连接的法则,用合规的方式小心地触及数字化的关系链。经营的起点到底是什么呢?数字化发展的今天,很多事物的底层逻辑变了吗?并没有,反倒是回归到人与人之间的信任,回归到对实体的切身感受——去研究分享与传播的动机可能更为有效。

Bank ×.0 还在继续吗?

前几年,Bank ×.0 的话题席卷银行圈,似乎无处不在的无形银行服务成为各家追捧的目标形态。今天,我们再看银行数字化转型,方向还是如此吗?

其实纵观商业形态,撇开银行不说,那些所谓无处不在的无形商业模式,几乎都是 ToB 模式。那些发散在生活背后、似乎底层融会贯通的无形商业模式,并非真的无形,只是寻常百姓对商业模式不太有感觉而已。本质上,商业模式在企业圈之中都是有形且有强烈品牌意识的。所以我们都在思考,是不是所谓的无形银行,就是没有零售的银行,或者更准确地说,是把零售都做成批发的银行?或者说大零售的未来就是批发化?

这么看来,问题的答案似乎很清晰。批发和零售本身就是不同的商业模式。不管是 B2B2C 模式之下的零售,还是商业银行一直努力发展想要实现的场景化金融，其实大家都是在追求一点——用批发思维做零售。

确实，零售做起来很难，所以大家觉得用批发思维做零售是一劳永逸的好事。但真是这样吗？零售市场所谓"压舱石"的作用，用批发模式能够实现吗？平台经济自己是用批发模式做零售的吗？不知道是不是已经有很多人深入思考过这些问题，一些经验告诉我们，批发需要应对规模与效益上的平衡，批发也在一定程度上需要承受规模发展之下的议价问题。量与质的发展要多增加一层批发关系稳定性的考量。

今天的商业银行数字化，从1.0到3.0，再从3.0到4.0，我有一种越来越强烈的感受，就是这种数字化已经从向外输出型的模式，转到夯实基础设施内功、提高自营渠道能力质量的方向上。4.0的目标正在回转，回归到自有资源如何将能力发挥到极致上，而不是盲目觊觎或依附外部那些看起来美好的"批发"资源。

我们一直坚信，银行的目的不一定是让大家在生活中"感受不到银行"，而是让大家"重新认识银行"。在货币形态发生变化、消费行为发生变化的今天，零售领域更应该让大家重新认知银行，而非将银行的服务打散与无形化。毕竟金融本身就是一种场景，今天这种场景的感知不明显，在很大程度上源于社会对金融的认知程度不够。

银行更应该讲好自己多如牛毛的业务在百姓生活中究竟意味着什么，有着什么样的故事，有着什么样的情感纽带作用。在这其中，每一项都离不开品牌的强化、认知的强化、营销举措的强化。或许这才是金融场景化的内核：讲好金融在场景中的定位，讲好场景风险中的金融关系，讲好信用的融会贯通。

此外，原本开放银行所服务的目标，或许也不该是对外，至少在现在不是对外，而是对内。先做实对内开放，才能谈及真正的对外开放，否则开放永远是一种难以"复制"的特例，难以焕发生态服务的生命力。

不论今天的 Bank 到了 ×.0，确实都到了一个阶段，要么存量决胜再建立全民认知，要么兼并重组良性退出形成新优势，要么精耕细分形成独有的行业服务能力。但无论走哪条路，有形有感的服务才更令人动容。

所以，今天我们更愿意问以下问题。

❑ 资源的配置有没有着力打造数字广告与品牌建设？
❑ 线上或线下自营渠道有没有围绕高频刚需进行扩展升维？
❑ 科技治理有没有打通技术与数据的竖井，实现内部灵活共享？
❑ 数据基础设施有没有跟上快速增长的应用频率？
❑ 内容建设有没有更加关注投教与互动？
❑ 业务发展导向有没有更加关注新领域与新的竞争对手？
❑ 有没有赋予一线真正有用的"武器弹药"？
……

这些问题可能是下一阶段为转型铺路不得不回答的问题。

数字化的内核目标确实不是线上化，不是用户化，不是开放化，也不是无形化，可能是资源利用率的再提升，管理治理效率的再提升，服务满意度的再提升，品牌美誉度的再提升。自身硬是更明确的方向。Bank ×.0 的故事可能还会继续，我们一起期待大家对未来的认知吧。

关于银行定位的思考

我认为，银行在数字化经营中的定位一直是比较模糊的。这个定位指的是银行在数字化社会中是什么角色，部门在数字化经营中是什么角色，人在数字化经营中是什么角色。

定位模糊主要有两个原因：一是银行自身从线下服务发展起来，对于线上数字化和线上线下融合的数字化都不具备历史经验，传统模式的思维惯性很大；二是循着互联网的方向学习经验，互联网线上化的商业模式、发展方向与银行存在本质差异，对银行数字化经营的定位造成了一定的干扰。

两种作用力导致这个定位的方向充满不确定性。下面从主营业务、经营模式、痛点定位、定位机制四个方面对定位内容进行简要阐述，希望能对定位提供一些帮助。

1. 主营业务

对传统银行来说，主营业务就是存款经营。过去我们对"存、贷、汇"的阐述无不是在存款经营的基础上构建的，能够开展"吸收公众存款"这一特殊审批性业务，也是银行机构与其他机构的最大区别。当然，因此带来的监管责任也随之增多。

存款产生付息成本，把钱贷出去换来利息收入，沉淀下来的资金，在跨越主体、跨越形式的不断流转中，形成中间业务收入。

所以，银行的主营业务一直是清晰且固定的，而无论是线上渠道还是线下渠道，都是围绕着这一主营业务去设计、开展的。

对于数字化更为充分的互联网来说，主营业务主要是流量经营，通过平台功能"吸收公众流量"，再将流量转化为各项可以产生收入的内容，本质上是媒体与广告的变相玩法。互联网的主营业务也是清晰且固定的，只是收入的来源更多元。

2. 经营模式

银行的渠道从线下发起，一是由于金融业务需要建立较强的信任关系，二是由于早期对现金的吸收、汇集确实依赖于线下机构对现金的管理职能。事实上，线上账户未完全开放的今天，这种阵地化仍然在发挥着主要作用。

而银行线上渠道则是在线下阵地的基础上，为了方便交易的达成而形成的一种依附于线下关系的"工具型渠道"。从手机银行的完整使用必须要通过柜面开通可以看出，这一工具带有明确的依附属性。

对于互联网来说，媒体的属性是开放的内容获取，用户基于内容需求去选择渠道。这种内容依赖的模式从报纸时代以来就不需要阵地支持，虽然信任的程度不同，但信任建立的起点更低。

但是这种金融信任关系正在通过"小额支付行为"发生变

化。银行基于"储蓄需求"开展后续经营,互联网从"内容阅读需求"延伸到"消费需求"开展金融业务。两者经营模式的起点就存在本质区别。银行是以息差作为金融经营的出发点,影响资金使用行为;互联网是以中收作为金融经营的出发点,影响存贷行为。而中收经营的一个很重要的特征就是"流量化运营",与互联网的基本定位相吻合。

3. 痛点定位

这个时代银行的经营压力确实不小,这种压力源于传统业务的不稳定性和新领域发展的不确定性。

从大环境来看,虽然降准带来资金量的释放,但是同业的激烈竞争也在不断推高存款成本。在收入方面,从2022年下半年开始,MLF(Medium-term Lending Facility,中期借贷便利)定价不断下调,带动LPR(Loan Prime Rate,贷款市场报价利率)定价持续下降。政策性要求压缩贷款价格,经营息差这件事情可谓压力重重。在经营质量上难以突破,就只能在基础规模和绝对量上面争取实现突破,这更需要营销效率的提升。

而在中收方面,旺盛的消费需求和移动支付的普及带动资金流动速度加快,第三方支付机构在中间"砍一刀"已经不可避免。同时,投教的普及增大了存款理财化空间,做大规模虽然很好,但是中收和息差这两件事情本身就存在制衡关系。

或许除中收规模以外,资金在流动中实现最大化留存才是回归当下银行定位更主要的目的。但压力在于,流动需求增大对流动中收贡献和存款承接能力的影响,比以往更难及时评估。这种对中收的把握本质上也是对市场关系的把握。

因此，目前银行压力痛点可以大致总结为以下几点。

❑ 息差压力下，争取绝对量提升，并拓展中收来源。
❑ 针对中收的流动性来源，一边保收入，一边保存款影响。

今天解决这一压力痛点似乎已经不在于单纯的"场景流量获取"，毕竟这个时代的流量已经唾手可得，构建关系的入口无处不在。

真实痛点可能在于对"关系"背后信息的全面掌握和对"关系连接"的全面定价。关系信息及关系定价由"深""广""远"三个维度构成，从企业个人一体化的角度，对获客/激活成本与收入进行综合平衡，从而创造新的利润贡献，这可能是未来数字化经营中更重要的定位职能，且竞争对标的不是互联网，而是同业，互联网只是改变同业经营格局的变量之一。

至少从市场部门的角度来看，除了常规业务经营不能放松以外，关系经营也是新时代市场工作的主要牵引力。这个关系既有业务驱动的、场景驱动的，也有关系自身驱动的。

4. 定位机制

国家对金融机构自身的定位要求不动摇，但对于金融机构来说，在新时代供需结构和竞争环境变化的背景下，坚守银行的定位必然需要对内部定位及协作关系进行调整。

过往以KPI为主的考核模式，都让大家死盯着业务经营的结果，而轻视目标的切换。定位的调整在增量红利不断释放的时代固然长期有效,但在增量瓶颈期,市场目标和市场需求发生变化,适应变化的过程要比结果数据更重要。且更多的变化是认知的变化,是对惯性的改变。

在这一时期,即便将与新目标相关的新指标纳入 KPI 中,指挥棒也只是指挥了数据结果。缘由的分析、路径的描绘即便通过文件下发,也仍然是薄弱的。

很多机构想要引入 OKR(Objectives and Key Results,目标与关键成果法),但很多时候又将 OKR 异化为考核工具。OKR 更大的作用其实与考核无关,而是在"定位"这件事情上厘清定位调整过程中所必需的任务清单,是对过程路径梳理的思维工具和后续推动执行的参考工具。

其实对于银行来讲,业务经营压力固然存在,但关系再造的紧迫性更为强烈。关系再造解决的是业务的承接能力,也是对业务背后勾稽关系变量的梳理与掌握,是在增量瓶颈的时代提升存量经营效率的主要手段,也是从现有关系找到增量更有效的路径。而如何在"存款经营者"这个基础定位之上,加入"关系再造者"这个特定阶段的新定位,可能需要组织和个人对目标进行再梳理,从而进一步解答关系在哪里,体现形式是什么,如何强化关系,如何建立关系,如何将关系与业务做融合的问题。

第 2 节　商业银行第二曲线的畅想

每家机构在应对增量瓶颈的过程中都在考虑探索新的成长曲

线，不同的曲线形态体现了不同金融机构转型的路径。曲线没有标准样式，但有一点是肯定的：商业银行的第二曲线并非主营业务的迁移变换，而是金融业务经营要素在组织方式上的变迁。

金融的第二曲线与数字化经营底色

今天各大机构都在努力突破存量发展的掣肘，实现换挡发展。无论是寻求某种意义上的"第二曲线"还是找到数字发展的新动能，都是为了实现这个目标。但是，究竟何为第二曲线？什么又是数字化经营呢？这个问题似乎还是没有特别明确的答案，或者说在这两个词背后，大家想说的内容都不太相同。

1. 第二曲线

如果说金融需要通过第二曲线找到新的创新发展极，那么第二曲线究竟是什么呢？很多人将金融第二曲线概括为服务"生活"，尤其是通过互联网的方式融入百姓生活。但是如果要落实第二曲线，我们就必须剖析清楚何为"生活"。

生活涵盖方方面面——吃、住、行、游、购、娱，生活是不间断地发生在我们身边的。金融从不创造生活，而从来都是服务于生活的。我们今天所说的"生活"，更多的不在于"吃、住、行、游、购、娱"这些行为本身，而在于"选择决策"。

什么时间，和谁一起，吃什么，穿什么，住哪里，怎么去……这些琐碎的要素串联起我们每个人的生活。仔细分析互联网的发展，难道不是服务于生活吗？可以说，我们今天所有经济发展的底层都是服务于生活所需，实现要素的串联，从而在满足需求的过程中实现经济价值的交换。

因此，我想金融机构的第二曲线可能并不在于转型开创新生活方式，或许更有潜力的金融第二曲线是在一条或几条有充分资源储备且没有寡头垄断的场景赛道上发展金融服务。这里面有两个重要信息。

- **主营仍然是金融**。金融的第二曲线不应该异化为主营的变更。金融有金融业务的特殊本质，本质是货币的生意。信息服务有信息买卖业务的特殊本质，本质是流量的生意。
- **零售批发是一体的**。场景之下的经营本质就是生态的经营和运营，在这个生态中零售、批发，各个围绕场景服务的中间商都是生态的构成主体。批发、零售的一体化经营更能够让场景生态在金融层面实现价值变现，否则，将把金融拉回到零售消费领域的低维度经营，这不像是一个好主意。

我确实认为金融的第二曲线内核不是要金融去做互联网服务。互联网服务无论沉淀在 App、小程序还是一个页面，终究是一种渠道形态，而渠道核心要衡量的就是流量的成本价格和投入产出，这里面体验等问题都是服务于这一目标的。不计成本地追求体验在实际经营中也并非一个好主意，这恐怕是渠道自身的底色。

第二曲线核心要做的是重新定位自己的竞争优势，而非盲目转型。应从垂直场景服务能力入手，去形成一个或多个生态的经营能力，从而串联不同生态，实现动态的生态布局。这可能才是

"生态银行"优势打造的目标方向，也是后续除了业务竞争力以外的场景生态渗透竞争力。

2. 数字化经营

究竟什么是数字化经营？是数字化的渠道建设，还是千人千面的投放策略？今天我们更多考虑的是研究中长尾需求对标的是什么产品，从长尾中挖掘价值，然后不停地用通知广告去刺激客户，形成需求。

做过广告的人都知道，曝光必然转化，只是转化率因时机、形式、匹配度等因素的不同而不同。所以如果只是把数字化经营收缩到对客经营的层面，狭义地讲，数字化经营其实就是广告怎么打的问题，也就是在什么时间给谁投放什么广告内容。

很多人说，核心是利用大数据挖掘人的需求。这话半对半错。本质上人的需求是最难预测的，无论是人工经营还是数字化经营，预测结果无论是否带来买单，都没有科学的方法来佐证是因为预测形成的客户决策。

所以，今天预测更多的是起点，而非重点，更多影响决策的方法是通过不断"测试"来学习、认识、了解一个人群。推 A 没有反应就推 B，推 B 没有反应就推 C，推 C 有了反应就推近似的 D，直到完成了转化，下次再以转化近似目标作为起点去测试。

这里面同样有几件重要的事情。

❑ 在通知触达与过分打扰之间找到平衡。
❑ 在单一产品与全局创收之间找到平衡。

❏ 在机器自学习行为与人工规则干预之间找到平衡。
❏ 在用户自发流量行为与线下员工销售行为之间找到接续点。
❏ 在全类型渠道中识别唯一的客户。

可以说,"测试"是数字化经营的底色,因为只有通过测试才能不断地与客户交互来实现识别,并让供给成为可能。但是,测试就意味着必须高频、大量,而这样的量级无法靠人来解决,只能靠系统规则和程序来解决。

今天的很多数字化经营,更多的是依靠"标签"设计人群销售任务,绞尽脑汁地思考 A 人群为什么需要 B 产品,或者笃定 C 人群一定需要 D 产品。这些分析判断都没有脱离人的强干预,而人的干预会将主观想象带入任务中。将任务转交人工处理,或者说将"测试"这一工作交给"人"来完成,测试的成本就会水涨船高,对应的"学习、认识、了解"成本也就更高,数字化的经济效益难以充分体现。

另外,数字化经营一定会产生大量的过程性数据,而这些数据需要配套的数字化管理工具来处理、同一套评价体系来评估,以降低数字化经营管理成本。从这个层面来说,数字化经营的更多工作量将会放在系统评估等管理工具的沉淀、优化、升级上,去评估策略规则的有效性。其中用户自发活跃流量将不再是主要目的,而是有效触达反馈,以及是否有后续的跟进销售。

总结而言,第二曲线对于持牌金融来讲,更核心的目的是靠金融以外的服务内容增强与客户之间的业务关系黏性,从而构筑一道抵御流失的防火墙，也就是依靠金融以外的附加价值拉动增量客户的涌入。这就给了自己"金融以外"一道新的开胃菜，一个差异化的竞争力。而这种金融以外赛道的竞争力，我想一定不是大而全，而是垂直穿透的魅力。

数字化经营的核心就是服务广大基数的极端个性化需求，这样的经营方式非常难以通过"人脑"来思考洞察。而数据的洞察不在于对过往的刨根问底并试图一击必胜，核心在于不断地测试，从而为准确度的提升提供基础，而渠道的高频流量也都是为测试提供机会。数字化经营甚至不是一件深奥的事情，只是将海量的试错分析用技术方式快速响应，这本质上就是数字广告逻辑的延伸——将人脑的"搬砖"变成程序化的长期的全天候交流沟通。而人在数字化经营中的核心在于做规则，做各种各样嵌套的自动触发的规则，做规则的评估、孵化，做人工干预与服务承接。

关于商业银行的模式对标

国内很多金融机构都在寻找对标案例，过去国内商业银行学习国际银行经验，通常以富国银行等知名机构的成功经验进行对标。零售银行模式对标的结果和效用如何呢？

富国银行在银行界有着非常多的闪耀标签，例如全美最佳零售银行、全能型零售银行、唯一一家AAA级评级银行、全球市值第一的银行。此外，富国银行还拥有以交叉销售为最大竞争优势的著名的"伟大的8（Gr-Eight）"战略愿景，并且将"社区银行"理念发挥到了极致。

对于富国银行来说,这样的闪耀标签还有很多,以富国银行为代表的美国银行业也成为国内商业银行在一段时期内争相学习研究的对象。建设交叉销售能力,建设全能服务能力,成为国内商业银行的主流发展方向。然而,企业总会经历动态变化。2016年富国银行虚假账户丑闻爆发,2019年标准普尔评级下调至A-,2020年前CEO被判终身监禁,2020年2月敲定虚假账户丑闻总赔付金额30亿美元。

除了富国银行,美国银行也在2014年面临着误导消费者购买金融产品的处罚。

时至今日,我们在搜索这些国际银行机构的时候,更多的内容仍然是对标学习研究、经验分析。对于国际银行的发展模式及现状,我们更希望能延伸思考。

- ❑ 交叉销售,应该是战略还是方法理念?
- ❑ 全能型银行,代表了全能还是全优?
- ❑ 所谓的社区银行,职能是销售吗?
- ❑ 对标的文化、市场、竞争是否一致?

其实,从今天的银行来看,围绕客户信息大力发展交叉销售,已经出现了过度营销的苗头。过度营销不仅体现在客户体验及满意度的下降上,也体现在基层营销压力的剧增上。近两年在越来越大的业绩指标考核下,商业银行消费者权益侵权案件频发,似乎是在预警这种商业模式走到了拐点。

仅靠内控手段真的能解决突破红线的行为吗？我想相比治标，更需要治本，商业模式的再调优更是解决这一长期隐患的关键。交叉销售本没错，但交叉销售不是目的，满足客户需求才是目的，本末倒置是交叉销售走向畸形的原因。

从全能型银行的角度来看，由于银行销售普遍依赖于客户经理这一销售主体，面对金融产品多类别、大数量的特征，综合服务的专业性和服务深度自然会大打折扣。对于今天的银行来说，单个销售人员在产品交叉销售层面的服务能力已达到瓶颈。

观察互联网理财及互联网消费金融的成长性，以及保险公司保险产品服务的增长性，可以看出大量金融服务正在从银行分流，从大而全向高度专业化流转，对深度专业服务的需求是始终存在的。

因此，似乎加大人员对产品掌握的培训并不能解决人服务能力的上限问题。人的服务职能，从深刻掌握产品转变到深刻掌握客户需求，掌握综合服务方案上。销售背后的体系化支撑，是解决这一问题的关键。全都能做并不重要，做到极致才是这个时代的需求。

在社区分支这件事情上，分支的职能到底是什么呢？我想除了销售这样的硬指标外，黏性是更关键的任务。而由于"社区"场景的差异性，这种关系的满足并不是标准化的，因此更需要发挥分支网点的差异化服务权限，这也是对银行系统性经营模式的调优，并为线上与线下的协作找到新的空间。然而，服务形式放权并不等同于流程标准及要件层面的松懈缺失，线下放权应该是分职能放权。

从文化市场环境来看，国外银行业发展情况与其竞争环境密不可分，移动支付发展的滞后导致跨界竞争压力与国内有明显区别。而跨界竞争带来的不仅是市场业务份额差异的拉大，更重要的是推动社会文化差异拉大，尤其是数字化社会的文化差异拉大。

当境外银行机构的主要竞争对手是同业的时候，国内传统银行正面临着日渐模糊的竞争边界，而这种跨界竞争的挑战大多是境外银行机构不可想象的。因此，站在今天这个起点上，境外案例的真实情况究竟有多领先，又有多少能够复制在国内，或者还有多少新鲜事是国内传统银行所不曾尝试的，这些恐怕都要引起反思。

商业经营的本质，确实是对标竞争。通过对标获得相对竞争优势，就可以获得更持久的经营能力，从而在周期中活下来，不断收割市场份额，从平凡变得伟大。

今天的商业银行在上一轮对标中几乎已经达到了能力的上限，服务的高度同质化已经让银行业务的竞争力转向了"价格"的对比。对于国内商业银行的发展，"大行看国外，小行看大行"这样的对标机制仍然没有太大变化。国内银行基础业务的获取，由越来越多的"非金融"因素作为驱动，这些变化预示着银行更需要跳出"银行身份"看待自己，看清楚在银行的业务链条中上下游到底发生了什么变化。

对标的本质可能不仅仅是同行业，更重要的是对标对行业产生直接影响的机构。未来的再成长，更关键的恐怕是找准新的对标，而这一对标对象可能要从"银行"扩大到"金融"。这里的金融既包括各类型的金融控股集团运作模式，也包括与金融关联的服务集团运作模式，还包括一些跨界改变社会发展趋势的新兴机构。

银行数字化营销与运营新规划

其实很多人一直都有疑惑：到底什么是营销？什么是运营？什么是销售？大家普遍的观点是销售最实，营销有点虚，运营有点新。所以，即便到了数字化转型的关键阶段，大家仍然是死抓销售，看不上营销，不知道怎么做运营。

首先需要有一个基础认知：这三者不是相互独立的关系，它们之间有重叠的部分，只不过重心不同、出现的时代背景不同，导致三者在现阶段的业务经营中发挥着不同的作用。这里把三个概念做以下划分，如图2-1所示。

图2-1所示的只是一个基础框架，如果把时间因素和融合因素加进去，则可以得到图2-2所示的框架。

图2-2上边代表的是传统经营框架，下边代表的是现在和未来的经营框架。从这张图可以看出以下几点。

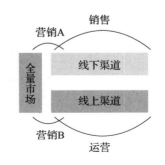

图2-1 营销、运营和销售的关系

- 营销A和营销B是不同的，由于全量市场属性发生了变化，营销模式也发生了变化。营销B在线上属性中放大并延长了营销关系的作用。
- 销售与运营都是以交易达成为最终目的，但重心不同。销售依赖于关系，运营更依赖于数据；销售看重结果，运营看重过程。
- 线上与线下的能力赋予关系不同。传统模式是线下渠道向线上工具赋能，现在与未来的模式是线上运营向线下渠道赋能。

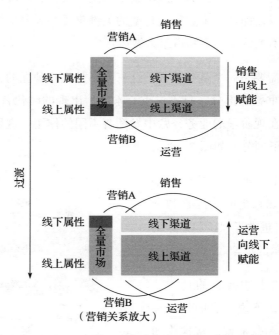

图2-2　增加了时间因素和融合因素的框架

在这个背景下,线上与线下的职能一定会发生改变:线上渠道从工具策略向互联网服务转变;线下渠道从产品销售向场景服务转变。在这个改变的过程中,越来越多的存量矛盾凸显,权力的博弈越来越激烈,传统网点经营机构的压力越来越大,人力资源调配越来越困难。但是,时代的车轮停不下来,动态调整才是解决问题的方法。

有些人说,调整是要对体制机制进行调整。这话没错,但在落实中你会发现,体制机制的调整速度是非常缓慢的。调整固然需要,但如果只是聚焦于调整体制机制,而不同时对市场做出敏捷部署,则难以有效应对变化。调整的突破口只有回到市场、回到客户层,才能让体制机制改革不脱离、不落后于市场需求。

让市场创新布局牵引体制机制的持续性调优,比通过体制机制变化调整市场布局,更符合当前时代的转型需要。

动态调整的方法有千万种,但有一些内容是不变的。

渠道的目的是"连接","连接"才是渠道的终极目标,与自建还是输出、一个App还是几个App都没有关系,高质量的、可被运营的"连接"才是未来线上的唯一目的。至于选择自建还是输出、一个App还是几个App,是在"有效连接"的基础上做投入产出测算。只要对市场行为进行分析后,显示经营效率有提高,就应该是可以接受的。

无论线上、线下配比如何,营销都是不能被忽略的核心环节,它是构建全量市场关系的基础,是与市场建立对话的关键,不能用渠道销售代替营销。

大家都在说运营，到底什么是运营呢？千人千面只是表层的展现形态，运营核心是精准解决个性化的目标需求，所以洞察是基础。

运营一定要落实在"渠道"中才能发挥作用，而渠道的"运营权力"才是决定运营效率的关键。

运营内容核心的有三方面——内容、产品、权益，三者的合理组合以及三者体验流程的闭环接续，就是运营的最主要内容。

存量竞争时代银行面对的挑战恐怕非常多，内部存量利益的拉扯还没有定论，外部资产管理市场的规范、牌照的开放，会使得来自互联网和境外机构的竞争更加汹涌。

如果银行不能构建新型渠道，在线上与线下渠道的功能上不能有序转化，在新的市场需求上不能平顺衔接，对路径的实施不能章法有度，2020年的一系列市场变化恐怕会让银行业措手不及。

数字化转型不是选择线上还是线下的问题，不是选择金融主业还是场景搭建的问题，也不是选择销售还是运营的问题，而是在不可逆的时代发展中，如何从A到B精细化规划与执行的问题（A与B之间不是属性的根本改变，而是资源的配比发生了变化、作用重心发生了变化）。

存量竞争时代的营销与运营能力建设，对于金融机构来说需要敏捷的能力、试错的勇气，对体制机制的挑战将被市场竞争不断放大。银行转型所面对的也不再是一道"选择题"，而是一场

"绘画考试",既要想象得出,也要在规定的时间内用有限的颜料画出来,最终还要让浮躁的市场喜欢这幅作品。

避免成为只有"销"没有"营"的银行

我们常说银行的核心痛点其实就是营销的问题。通常大家提到的场景问题、体验问题、运营问题、数字化问题,乃至组织协作问题,本质上都是为了解决营销的问题。

1. 存量价值交叉销售转化作用的隐患

银行营销的问题到底是什么?总结来说,银行面对的核心营销问题在于银行传统"营销"模式的逐渐失效。之所以说"逐渐",是因为商业银行在价值客户的经营中,从总行到网点这种传统多级传导的销售模式仍然在发挥巨大的作用,我们暂且把这种作用称为"存量价值交叉销售转化的作用"。这种作用看起来强大,却存在一些隐患。

隐患1:存量价值增长可能并不代表存量质量提升。存量价值在增长,但供给这种价值的客户可能正在分化或者流失。从总量上看,社会经济正在不断发展且呈现持续增长趋势,存量价值在头部中的范围在收缩,而规模在增长,这事实上带来了长期经营上的隐患。

隐患2:长尾价值可能正从现有渠道流失。存量价值的经营导致多数服务资源向头部聚集,而缺少对长尾客户的持续服务能力,导致大量长尾客户对"金融"这一业务形态认知薄弱,而认知薄弱带来了"交互关系"的弱化。这也是银行在互联网第三方支付的竞争中败下阵来的一个重要原因。

隐患3：长尾黑盒可能导致对"假长尾真价值"的误判。 被动的坐商模式导致长尾信息的缺失，进而导致缺少对真假长尾的判断，缺乏对需求的了解，也缺乏对需求及时满足的途径。

2."公关+销售"模式无效的原因分析

多层级授权经营的模式，本质上就是一种销售管理模式。银行过去的市场经营，几乎就没有"营"的过程。从存取款的刚性需求到金融产品的销售，商业银行做得更多的是"维护公共关系+销售管理"的组合，不断建立信任感，大打安全牌的同时，通过区域经营店的方式获得客户。

久而久之，这种"公关+销售"的模式，成为银行心目中对"营销"的基本定义。营销也就成了销售的变形。仔细观察不难发现，我们今天所看到的各类银行营销活动，更多的是一种销售目的的通知工具，这些营销的潜台词普遍是"买吧，买了有礼物"。

各家银行的活动铺天盖地席卷而来，多如牛毛的营销活动却难以产生现象级的营销效果，金融消费者真的感受到银行活动带来的情感刺激了吗？总结而言，对这种营销的无感可能源于以下三个原因。

第一个原因是内容匹配上的偏差。 这种销售工具型的营销，对于那些对银行与金融已有强烈感知的头部价值客户来说效果更好,却未必对中长尾客户奏效,甚至对很多看似是"头部"的客户来说也未必奏效。

很多人认为,中长尾客户的激活要学习互联网的砸钱套路,用权益奖励去撬动需求。但对于中长尾客户来说,金融需求的出现很难依靠"权益"刺激,因为金融的理解门槛对于绝大多数客户来说都太高了。

"送好的权益=转化好的产品"这个等式并不一定成立。权益的作用确实很强大,但权益的作用要细分来看。总体来说,可参考以下公式。

权益对营销转化的效果≈对权益的认知 × 对转化目的的认知

对于金融知识储备极其丰富的"真头部"来说,权益有对应价值、产品目标很清晰,那么权益营销就能发挥作用;对于知识储备不足的"假头部"和"真长尾"来说,权益有对应价值、产品目标认识不清晰,那么营销的效果就会打折扣。

而如果客户对权益本身的认知也存在问题,例如对权益根本不感兴趣,对权益的价值感知与权益的实际价值不匹配,加之对目标认知不匹配,那么总体的效果就会非常差。这种差体现在参与欲望不强、传播推介欲望不强上。

但中长尾的客户偏偏就是一类很容易对目标认知不清晰的群体。对于中长尾来说,"权益"设计本身就需要极其精细化,应该为不同属性的客群匹配不同的权益,对权益转化的目标,也应该根据客群对金融认知的差异而做出调整,或聚焦于已经形成普遍认知的业务领域，或聚焦于让长尾不断加强认知的教育过程。

对中长尾的唤起、激活可能并不在于匹配了多么好的"金融产品"，毕竟对大多数人来说，理解不了金融的好坏，能够理解的只有"利率的高低"。但如果金融机构粗暴地把利率的高低作为对产品好坏的宣传依据，显然背离了金融机构的市场经营原则。

营销的好坏应该在于匹配了什么门槛的服务。对于我国海量的中长尾客户来说，低门槛意味着金融小白的快速入门，入门之后，才是一套不断进阶、培育能力的运营模式。

这就好比打游戏，如果让一个等级为 10 的玩家去挑战等级为 10 000 的怪物，即使送给他 100 条命他也通不了关。这时更应该让他从挑战等级为 8 的怪物开始，不断地升级并建立信心，激发挑战欲望，一步步走向成功。

第二个原因在于营销传播的适配。 银行现有的营销架构体系导致了营销高度依赖存量渠道，将头部流量的经营经验转嫁到长尾流量的经营中，渠道触达能力的不匹配是导致营销失效的根本原因。渠道适用于头部经营，并不等于渠道适用于长尾唤醒，即便是网络金融框架下的各类 App，也难以逃脱"激活困难"的厄运。毕竟渠道的高度重叠、对存量渠道的重复触达，导致营销效能被不断削弱。

"效果不好，活动来凑"成为银行应对营销传播不足和效果削弱的重要手段。但是当活动越来越多的时候，营销就更难以聚焦运作。散点式的活动配上散点式的场景,营销的效果也就可想而知了。

一盆沙子对市场的打击能力,终究抵不过一块厚实的板砖。若在这种情况下加码"员工私域流量传播考核",那就可能在复杂繁多的营销任务之上,再次让员工背上了一套痛苦的指标,连扔沙子的力气都变小了。

很多时候,银行希望自己的活动能够形成口碑自然传播。但在信息爆炸的时代,口碑自然传播形成现象级事件的可能性几乎为0。每天人们都被各种各样的新鲜信息吸引,甚至很多营销活动还没进入正式流程,人们的吸引力就已经被其他新鲜事物"拐跑"。

加强场景打造、增强营销人员裂变考核或增加广告投放量,确实会对传播有些许帮助,但入口的设计、渠道流量的匹配、内容与热点的分层次助推更是扩大传播的必备要素。

第三个原因在于缺少品牌的共情。金融业务本身触动不了情感,以销售管理为导向的营销总会缺少共情的成分,自然也就难以洞察消费者在金融服务之前的根本诉求。很多时候的洞察会被异化为对交易结果数据的统计分析。而统计只能告诉你结果,却不能告诉你原因,找不到原因就更难以找到原因背后的诱发因素。而这些因素更依赖于对人性的研究,而非业务本身的研究,是一种业务以外的软实力。

总结而言,商业银行因为历史发展轨迹,过去不太需要所谓的营销,但这并不代表未来不需要营销。当国家扩大金融开放,把金融能力建设提到新高度后，金融机构在市场中的定位就开始发生微妙而迅速的变化。小型机构的合并机会增大，中型机构的重组机会增大，大型机构新增职能的机会增大，这都意味着市场的认知将发生大变化。

依赖传统做信任的公关式营销，或者再去建立信任，或者以稳健来掩饰极致专业能力方面的短板，似乎都不是这个时代真实的市场诉求。银行努力想要补充的数字营销短板，可能最缺乏的并非庞大的系统内核，而是缺少营销中"营"的体系，缺少硬件之外那些软实力的塑造。

不少机构提出强化"运营"能力建设，把运营约等于"营"，而"营"真正代表的应该是市场的方向，"运营"则是具体的手段。起点方向如果偏了，靠手段强拉回来也是一件困难的事情。

|第 3 章| CHAPTER

存量客户运营的本质与方法论

存量客户的运营既不同于传统的客户销售，也不等于一般的渠道用户运营，它依赖于对银行全部渠道、全部产品、全部内容的组装与调度。虽然在商业银行内渠道、业务都有专属的运营体系，但围绕客户这种分散能力的"组装"更为关键。

第1节 运营的基础逻辑

"运营"二字看似熟悉，但不同的人理解起来千差万别。商业银行不缺运营，缺少的是在数字化工具深度介入经营行为后各项配套要素的运营。明确运营的基础需求、必要性、目标、主要内容是我们开展新型运营工作的基础。

银行数字化的需求迷思

最近"银行数字化"这个概念很热门，大家经常谈及数字化。但正因为说的人多了，说的内容多了，数字化被赋予了越来越多的内涵。万物皆应数字化，怎么说都有道理。那么，银行数字化的目的到底是什么呢？针对这个问题，通常能得到很多答案。

- 为了拉近与数字时代的关系。
- 为了提高经营的质效。
- 为了提高收入水平。
- 为了获得客户、获得用户。
- 为了普惠服务，提高大众的金融可得性。

- 为了让金融融入百姓的数字生活。
- 为了应对互联网的冲击。
- ……

在每个答案的背后,都蕴含着一套可以自圆其说的方法论。这些不同的方法论看起来有很大的差别,但又好像极其一致,就像画的一个个圆,只是画圆的起点不同。

如果我们把以上五花八门答案的本质尽可能抽出来,似乎就只能得到两个核心目的。

- **开源**。获得市场,包括获得市场认知、获得客户占比、获得业务份额。
- **节流**。所谓节流,也就是降低成本。

但这两个目的相对比,也有先后主次:在市场需求快速增长的时代,开源的诉求大于节流;在市场需求进入增量瓶颈甚至出现萎缩的时代,节流的诉求大于开源。那今天银行所处的时代,是应该开源还是节流呢?这里不做过于详细的分析,但从总体来看,我们有以下直观的感受。

- 从银行传统存贷业务的角度来看,某些业务进入自然增量瓶颈状态,此时的增长更多地依靠政策推动,提高效能成为主要目标需求,节流似乎更为重要。
- 从金融服务的角度来看,国内拥有极大的市场基数,但对金融的认知尚浅,当前依然具有大量待开发的金融需求,如果从这个意义上来说,未来将长期处于开源优先状态。

如果上述判断成立，那么银行数字化的核心就包含两层目的：基于现有银行传统业务进行提质增效；基于增量金融业务或服务扩大市场规模。这里面包含了一点从经营银行业务转向经营金融业务的味道。这两方面的数字化诉求包含了不同的内容，也有不同的落地举措，如果混在一起，恐怕会逐渐模糊数字化背后的行动主线。数字化逐渐变成了不该存在的"万能药"。

存量的节流是守，增量的开源是攻。只有守的数字化，终究难以赶上那些肆意狂奔的"新物种"的生长速度。从守的内容来看，大量的头部价值仍然被牢牢掌握在传统金融机构的经营架构模式中，因此对价值的守护并不是银行面对的最难挑战。

银行总部习惯于聚焦存量，而一线人员则多聚焦于增量。或许真正难的还是长尾流量的崛起，以及对长尾流量缺乏深度了解的担忧，而这些更体现在攻击力的不足上。攻击力不足的背后则是数字连接的薄弱，是"弹药"的过时，是话语体系的割裂。

过去我们把数字连接的薄弱归结于银行没有互联网流量，但当流量疯狂涌现的时候，我们发现，虽然流量唾手可得，但是我们和客户却语言不通了，这个语言由"兴趣爱好""圈层文化""品牌感知""视觉传达"等一系列的内容构成。数字连接的核心已经不在于触点，而在于触点上呈现的数字化内容。

而我们今天所说的各种"触达的问题""运营的问题""体验的问题"，看起来是技术的问题，实际上背后都是文化与价值传导的问题，它的成效反映出来的是我们对未来市场或增量市场的理解能力。所以数字化真的是一个技术性问题吗？是，但不完全是，其中绝大多数都不是技术问题，而是思维与理解的问题。

数字化应对最多是整个市场因为数字化带来的习惯、文化、话语体系方面的变化。

银行业过去的成功很多时候会带给我们一种所向披靡的自信，这种自信很可能会掩盖我们对新兴市场、市场变化的认知漏洞。同时，这种惯性也很可能会让银行将数字化对策聚焦于那些看起来结果正确但成因及目标与我们所需存在差异的方向。

在数字化变革期间，采取多项措施之后，我们还是要回过头再问几句：我们更懂用户了吗？我们真的知道什么是好的体验了吗？我们与用户的关系真的更紧密了吗？原先讨厌我们的人真的改观了吗？

在一个市场高度细分的时代，或许银行数字化本身应该有更为精细化的目标管理。少谈一些数字化，多谈一些要做什么、能做什么、别做什么，可能更加直接有效。

金融的数字化运营是必需的吗？

今天关于体验、数字化经营，大家常常会提到运营。相对来说，运营更聚焦一些。下面就来详细说说数字化运营到底是什么。

1. 数字化运营的本质

在说数字化运营之前，我们不妨先说说运营的本质。前几年人们常常说"运维"与"运营",今天大部分人都知道这两个概念是不同的:一个是以维系运转的"风险性"管理为主要目标,而另一个是以长期发展的"成长性"管理为主要目标。但是究竟什么是运营,似乎仍然没有明确的答案。

往大了说,运营的本质就是实现供需之间的匹配,运营的核心就是让供给与需求实现高效匹配。为什么今天运营变得很重要?核心在于供需之间的匹配难度越来越大。

经济社会的快速发展,对供需关系提出了前所未有的要求,供需关系不是简单的1:1匹配关系,而是用集约资源满足大量需求的关系。举个例子来说,有100万人口的城市不能配备100万床位的医疗系统,如果按此操作就会有大量的资源浪费。所以,我们要评估多少的供给匹配多少的需求,并且供给要随时调整,以不断满足或成长或萎缩的需求。总之,应对策略要不断变化,让资源效用实现最大化。上述这些就是运营的基本工作。流动人口占比越大,这种动态调控的压力也就越大。因为不同需求,其弹性不同,需求的周期不同,需求的基础量也不同。

回到金融领域,道理是一样的:产品是有限的,营销资源是有限的,渠道容量是有限的,运营核心仍然是让需求与供给相匹配。只是伴随数字化的发展,需求与供给常常在规模、时点、方式上出现错配。

而数字化的运营本质上只是通过应用数据、平台等数字工具,让运营效率得到进一步提升,让供需的匹配关系更加合理,让资源更加集约,从而让企业应对各种突发变化时更加从容自如。数字化并不改变运营的本质,只是强化了这一工作的基础效率。

2. 数字化运营的误区

今天很多人习惯将数字化运营与互联网运营做对比,甚至将数字化运营与流量运营、产品迭代、市场营销画上等号,核心原因是将"数字化运营"与"互联网业务运营"画上了等号。

互联网业务下的运营脱离不了业务目标的设定。当业务目标聚焦于用户的时候,注册、活跃就成为互联网运营的主要内涵。当业务目标是 GMV(Gross Merchandise Volume,商品交易总额)的时候,转化率、客单价就成为互联网运营的主要内涵。通过运营结果去改良产品(本质是改良渠道及内容),也就是改良互联网业务下的核心供给,成为一种必然。但是,这些目标并不通用,因为目标的设定与企业自身的定位、发展战略、业务特性密切相关,每个企业的供与需的关系都不太一样。当金融机构提出需要"数字化运营"的时候,或许应该先明确自己今天的战略定位到底是什么,才能够准确找到究竟应该优先运营什么。运营目标主要包括如下几种。

- ❑ 优先进行渠道数字化,培育用户习惯。
- ❑ 优先提高交易率,拉升 GMV 和交易客户数量。
- ❑ 优先运营产品/资金,直接拉动存量客户的经营。

运营策略不同,运营人员所需要的资源及目标也就截然不同。如果当下战略发展定位不清晰,就会导致用户流量激活、渠道产品迭代、销售管理被揉在一起,运营人员不知道自己到底应该干什么。有限的资源被分散投入，即使公司投入巨大，运营工作也无法实现突破。

另外，很多人认为数字化运营的内核是"快"，但实际上"快""慢"都只是相对概念。"快"的好处是敏捷满足市场变化，但这对基础设施要求严苛，可能造成运营的干扰因素增多，形成大量的无效决策，最终同样会影响效率的提升。

数字化运营的本质是效率的提升，与快慢无关。

3. 数字化运营的目标

以前在写文章的时候，凡是写到这个部分，总有很多读者发私信或是留言：您说了那么多，感觉好像什么都没说，没能告诉我应该怎么做。

现实的情况是，不同的企业在供需结构、基础储备资源、短中长期目标等方面的差异都会比较大。所以要解决上述问题，不在于我怎么说，而在于你想怎么做。面对上述读者提出的问题，我通常会反问一句："你的运营目标是什么？"

企业中人群不同，要分析的内容也不同：对于高层来说，运营目标的合理性更重要；对于执行层来说，怎么运营更重要；对于不同部门来说，运营的组织分工更重要；对于客户来说，你怎么运营都不重要，能满足他的需求最重要。

但无论如何，运营的目标都应该是可以量化的，你可以以同业或市场作为基数设定目标去体现自己的市场竞争力，也可以根据自己的历史状况设定目标来体现自身的成长性。但是无论如何目标都应该能体现"运营这一动作"所带来的增量。一切非量化的运营目标，都是虚无缥缈的，比如"产品体验提升"就不适合作为运营目标。

4. 数字化运营的路径

影响数字化运营路径的因素虽然庞杂，但并不是无迹可寻，至少可以研判以下几方面的内容。

- **根据战略目标，明确短、中、长期的运营目标**。在明确目标之后，还要明确短、中、长期目标的界定标准，即在什么条件下目标从短期调整为中期，在什么情况下目标从中期调整为长期。这一过程可以帮助论证目标设定的合理性。
- **从短期着手，梳理运营事项的拆解目标**。明确目标达成是否隐含前提条件。比如，把短期目标设置为获客，那就要明确渠道所拥有的客户量是否达到相应的规模。再比如，把短期目标设为提升产品交易额，那就要拆解产品，看产品规模是不是可以提高产品供给能力。
- **明确运营的调控周期、调控机制及工具**。比如，按月调控、按日调控与按小时调控，机制、工具截然不同。
- **有序配置运营资源**。在上述内容基本确定的情况下，才可能评估运营资源。我们可以通过小样本实验，测试出单位投入规模，进而将测试出来的数据作为运营的基础参考数据。例如，评估出跑通整个运营流程需要多少人，维系这个运营框架运转需要多少人，完成阶段目标需要投入多少资源等。

- ❑ **对差错的容忍**。就像运营一定要有正向的效果一样，也必然存在差错，如果见不得差错，那么运营就不可能真正开展。因为运营对周期、资源的需求不同，对差错的容忍程度也不同。不断回溯并处理差错，也是不断提升运营效果的基础工作。

这时可能有人会说：你说的运营怎么越来越像经营了？没错，运营的底线就是服务于经营的目标，运营的好与坏取决于经营目标是否得到高质量实现。这个高质量来自实现的方式、速度、成本。所以，千万别神化"运营"，也千万别把"数字化运营"当成一个新的概念，当成发展路上的救命稻草。

无论怎么看，运营作为供需匹配的重要工作，是永远被需要的。运营的必要性源于对需求的准确理解。不是所有的"需要"都是"需求"，这是运营脑海中始终要谨记的要素，相较这个要素，甚至什么是需求，也不是运营应该最优先关注的。

如果将数字化运营狭隘地等同于"互联网运营""线上运营""用户运营"，那么金融机构数字化运营的需求或许从根本上就被理解错了。而那些不考虑自身特性的数字化运营，或者那些标准化的KPI运营方案，同样也未必是必需的。

当运营内核得到合理运作时，是否数字化或许只关乎不同时代对不同信息处理的方式而已。

银行数字化营销运营的理想与现实

运营是一个大概念,没有运营就没有业务的正常运转。运营从来不是一个新概念,而今天大家常说的运营,实际上是与客户交互的运营,是为了创利而开展的运营,我习惯称之为"营销运营",用更通俗的话来说,就是"为了达到营销目标而配套的运营"。

身边有朋友问我运营的时候,我通常会问一句:"你说的运营,是什么运营?是渠道的运营、产品业务的运营,还是营销的运营?"因为不同的运营差异甚大。渠道运营的本质是体验的运营,产品业务的运营本质上是供给与交易的运营,而营销的运营本质上是对客户的运营。

营销运营的概念看起来复杂,涉及营销工作的方方面面,包括短期激励、长期激励、广告投放等不同营销事件,但主体逻辑其实非常清晰,营销的本质就是将"信息"有效传达给"对象"以驱动对象形成需求,**运营就是为了提高"信息"与"对象"的匹配效率**。所以营销运营天然包括了对对象的识别与定义,对需求的洞察与预判,对内容的制作与包装,对渠道的选择与执行,对时间的准确把握,对反馈的分析记录。这一整套流程称为数字化营销运营的闭环。

数字化营销运营闭环听起来复杂,但无非就包括几个核心节点,只不过把每个节点展开来看都是一个庞大的设计体系。今天可能有非常多的第三方机构可以勇敢地站出来说自己的系统能提供这样的闭环能力,但现实是只有系统是远远不够的。营销运营体系的基础在于定义和设计业务规则，例如，如何识别标识客户，如何基于识别的标识客户预判需求，需求匹配什么样的内容形式，如何定义渠道资源的有效性，如何做时机预判，要反馈什么信息，如何应用于前期的业务规则。每一个节点的业务定义才是营销运营最难的内容，而这些内容对每一家机构来说都是不同的。所以营销运营对金融机构来说不只是缺少运营系统的问题，更是业务需求分析和再定义的问题，而后面这个问题要比前面那个问题难得多。

尤其是当迭代量级不断增长、迭代需求频率不断加快的时候，对以上这些问题的优化，就演变成新的能力建设效率的问题。新的问题也就随之出现了，就是"迭代"这一动作从"开发模式"转向"运营模式"，所有节点的内容开始朝"可配置"的方向发展，"中台服务"的运营体系建设随之进入新的维度。运营人员面对的不再是运营什么的问题，而是运营能力如何建设、如何使用的问题。

我一直将营销运营中对服务的运营定义为"对运营能力的运营"，这将运营体系再次提升了一个维度。提升维度首先面对的是系统的改造。对于一家有十几年或者几十年运营历史的机构来说，最大的困难是历史系统运营工作节点深度耦合，紧耦合限制了运营的灵活性，因此解耦是系统最开始要处理的工作，也就是将传统服务按照运营模块进行拆解。而拆解就触碰到存量利益格局，改变意识、拆解矛盾不是技术问题，而是资源、人性、机制、授权，甚至策略艺术的组合体。

伴随运营维度的提升，运营在配套人员数量、组织架构、考核机制方面也会出现巨大变化。运营不再是简单的"面向客户的界面上架",甚至不是简单的"数据分析功能上架",而是系统自动化运营,即运营更多地围绕"模型算法"这些数据产品展开,提高自动匹配算法的精准性成为关注点。也就是说,运营的重心不再是提升内容质量,而是协调事务间的匹配和影响关系。

但是,营销运营的需求并不止步于此,运营逐渐向上延伸,就会变成包括运营人员、业务人员在内的所有员工的工作,此时就需要不断释放运营权限,以便所有员工进行工作,还要有相应的机制监测运营人员的行为效果。这一套营销运营体系相较之前,会有截然不同的运营考核目标与运营工作流,自然也就对应着截然不同的运营团队。这就要求做到背后的标准统一以及协作机制完善。

综上,随着营销运营维度不断升高,运营的层次和关联度会变得越来越丰富和复杂。无论是内涵还是外延,运营都已经进入发展的快车道,甚至是加速赛道。

关于营销运营的未来,市面上众说纷纭。我没有办法准确描述其形态,但营销运营有几个特点需要特别注意,大家可以参考这几个特点来评判自己的营销运营工作开展得是否合理。

- **运营是产出需求的**。与传统运营最大的不同是,营销运营会产出"运营需求",这些需求因为要落实到开发中,所以要求运营人员具有持续加强运营的基础数字化能力。你的能力是由运营驱动的吗?你需要管理者参与能力的运营吗?营销运营本身就是各项能力的多层级深入使用,不产出需求、不监测需求开发实施的运营都是停留在表面上的运营。

- ❑ **运营是数据监测驱动的。**数字化营销运营的本质是发现问题，而这种发现问题的方式与传统的问卷调研或定性调研不同，数字化营销运营更依赖持续的数据监测，通过数据的异常波动和服务的热点分布来分析原因、寻找问题，从而提升整体运营效果。但是运营并不能替代数据分析，而是对数据分析甚至是非数据的分析结果进行逻辑组装，做更多维的校验论证。

- ❑ **运营是背负产出指标的。**数字化营销运营本质是服务于业务发展，就必然要与产出密切挂钩。这一产出越靠近核心产出指标，这样的运营就越能够牵动整体模式转型。不与直接业务转化挂钩的运营不属于真正意义上的营销运营。

- ❑ **运营是边界清晰的。**任何运营都无法泛化。运营不是无所不能的，而是一种带有补充性质的协调力，为的是放大公共服务能力、提升环节效率。运营既不能取代某个环节，也不能增加某个环节。运营越收缩、越聚焦，就越能发挥提质增效的生产力。

如今，运营模式多到让人眼花缭乱，但我们要知道，效果好的运营模式都是在实践中不断跟随新问题的变化而变化，最终磨炼出来的，几乎没有任何一种好的运营模式可以被凭空描绘或是横向复制。运营是因需求而产生的服务，运营没有办法规划，只能伴随实践找到更好的协作关系。今天不是是否需要数字化营销运营的问题，而是如何更好地支撑业务、改善服务质量、提升服务效率的问题。

在银行体系中，营销运营体系的成功搭建离不开方方面面的协作，而这种协作的落地因为每个节点对运营认识的不同而困难重重。业务与业务、业务与开发、开发与开发、业务与运营、运营与开发、需求与需求统筹、管理诉求与应用诉求……每一个节点都存在大量、复杂且隐晦的矛盾，其中很多矛盾都不是把大家拉到一起开个会就能说明的，甚至不是高层领导仅凭一道命令就能化解的。这些深层次的运营问题都需要精细化、精准化、精巧化处理。运营的体系化发展依赖于高效的决策和果断的行动力，同时需要对整体目标有深刻的认知，这背后蕴含的是管理的韧性。

商业银行数字化经营有何用？

数字化转型赋能数字化运营，数字化运营支撑数字化经营。有人会问：数字化经营有何用？这个问题可能有很多种答案，例如，这是未来的趋势，这是时代的必然，这是重要的经营要素等。但数字化经营到底对业务的经营发展起到什么作用呢？

直到今天，我们仍会听到一些质疑：数字化经营真的有效吗？如何证明它有效呢？这种质疑的出现是可以理解的，例如以下原因。

- ❑ 过往多级销售管理业务的发展模式仍然在发挥作用，做客户就等于做销售，大范围跨物理区域做实体销售依赖于多级行政管理，因此客户与销售的关系是高度耦合的。

在这种耦合关系下,新的经营模式很难被切分并独立核算。

- 大部分银行仍然是"业务部门"驱动前台经营,做业务就等于做销售,业务与销售是高度耦合的,这就导致对客户的经营被弱化,客户经营变成客户关系管理。当客户资源主要被用于关系管理而不是主动经营时,围绕客户的经营模式自然更加被弱化。
- 银行渠道部门本该是客户的直接经营部门,但过往银行渠道主要承担服务的承接职能,是按照非前台机构进行管理的。即便渠道数字化是数字化发展的重要部分,渠道转型也难以与数字化经营在概念上画等号,渠道在数字化经营中的角色也被弱化了。

如果把数字化经营仅看成传统经营模式下的工具补充,我觉得并没有解决经营痛点问题,而且这种数字化经营很容易碰到天花板和资源发展上的阻碍。毕竟存量与增量的矛盾问题没有被实际解决。

究竟什么是数字化经营呢?**按照我的理解,以"数字关系"为起点的经营,就是数字化经营**。传统经营模式下的经营逻辑,是"业务—渠道—人",即先有业务,然后依赖渠道让产品触碰到人;数字化经营模式下的经营逻辑,是"人—渠道—业务",即先通过数字触点碰到人,再通过特定的渠道将人的需求转化为特定业务。

不论是新零售、新金融还是数字化经营,人货场经营驱动的逻辑变化都是需要重点关注的。但数字时代万物互联,就算继续采用传统模式,也需要借助互联网工具,而新模式也需要借助传统渠道进行落地。所以,看起来仿佛在线上线下融合的趋势中新旧模式合二为一了,数字化经营仿佛成为一种绝对形态。

实际不然。传统模式即便借助了新交流工具进行经营,也仍然是业务导向的,而借助传统渠道的数字化经营模式是用户需求导向的。虽然两者都与数字化深度融合,但它们是完全不同的经营逻辑。

从服务对象的角度来说,传统经营模式是对高价值客户关系进行管理,寻找与业务产品匹配的客户,完成具体的销售转化目标;数字化经营模式是对潜在的高价值客户需求进行洞察,在产品供给侧提供优先级选择,以达成整体经营目标。

换句话说,传统经营模式是对相对确定需求的经营,核心在于业务服务的有效、及时承接。**数字化经营模式普遍是对未知需求的经营,核心在于需求的挖掘与洞察。**而数字化与非数字化的核心区别在于数字化对未知需求的敏锐洞察,以及在效率上满足敏锐洞察后的敏捷供给。

之所以有些业务能做数字化,有些不好做,核心原因就在于"效率"。如果数字化解决不了洞察效率和供给效率,那数字化可能就需要打个大问号了。

所以,如果用传统经营模式的管理视角去看数字化经营,是难以看清它的实质的,因为银行数字化经营在结果层面都需要回到传统渠道。当数字化经营流程完成转化的时候,未知早已变成已知,经营的成效就自动还原到传统经营成效中,新经营流程配上旧经营管理模式，那最终的结果到底来自哪里，谁都说不清楚。这个现象有点像"薛定谔的猫"，转化发生之时，新旧都变得混沌了。

当然，这并不是说这种结果没有方法计量。比如，严格统计分析用户的旅程起点，用时间分析其交易行为的前后影响因素，来确定每个人的每一笔交易到底是新模式驱动的还是旧模式引导的，或者是用户自发的，和经营不经营都没什么关系。但是这对于考核的颗粒度要求非常高，至少目前我没怎么看到有银行能做到这样的颗粒度。

虽然很多内容很模糊，但是这并不影响我们理解数字化经营。我们只需要确定处于数字化经营过程中就可以了，至于是业务优先还是产品优先反倒不重要。因为业务只是需求洞察后的供给环节，而不是经营的驱动要素，销售转化的推动不再依靠业务行政管理能力，而是对自然的市场需求满足。

在数字化经营中，地位不变的是渠道，因为渠道是承载经营行为的核心场所。虽然地位不变，但渠道的角色发生了变化，曾经的服务承载变成了经营的场所。

可以想象，伴随商业银行间夺取数字用户的竞争日益激烈，"全域渠道经营"是不可阻挡的发展趋势。前台经营绝不会再是业务部门的特权，前台一定会与渠道而非业务深度捆绑，甚至经营的授权会逐渐向各种类型的部门延展，只要能合规创造价值，任何能碰得到用户的机构都可以开展经营。这也是未来金融的供给侧模式调整的必然趋势。业务管理只是管理业务的合规性，而业务产品的适配性在未来的新经营模式中不一定是业务经营的范畴。

数字化经营中的"人"

存量客户时代，金融服务供给越发丰富，而人的金融服务意识在觉醒，存量需求的挖掘将替代传统的客户增量红利。未来"人—渠道—业务"的数字化经营模式会逐渐占据驱动地位，一方面成为新价值创造的主要驱动力；另一方面成为构建服务黏性的主要驱动力；传统经营模式则在确定的客户关系下，落实属地化管理，实现服务深度承接、服务区域化等功能。

数字化经营本质不是对某一业务的经营，而是对"人"的经营。在金融业务中，对"人"的经营就是对"时间"的经营，所有对人的洞察都是寻求对时间的精准、及时掌握，通过掌握需求发生的时间从而改变资金的走向，这可能才是数字化经营的真实内核。如果不能运营"时间"，那金融机构就需要为争夺"时间"而用利润买时间，当然我们也不排除未来的经济社会就是这样的利益分配机制，但是时间仍然是不可忽视的运营要素。

所有的数字化经营手段都是对"人"的探测，通过不断的"信息测验"来与用户对话，理解用户的潜在需求，了解那些靠传统方式根本掌握不到的用户诉求、发生时间、持续周期。这一行为才是真正的用户洞察。

而在传统经营模式中，对人的管理更依靠形式要素信息的收集，对信息的质量和维度都难以做到动态校验，对用户/客户的画像难以做到每天跑数（即利用专业的媒介策划 / 市场调研工具进行数据分析）迭代、不停更新，毕竟效率是有天花板的。

在银行机构中，业务经营部门很常见，但有几个能定义为实实在在的"客户经营部门"呢？或者，能够把客户关系管理与客户经营做出明确的区分呢？既然经营是价值创造，那么有没有独立核算的基础能力呢？

总结而言，数字化经营是通过数字工具或渠道的交互，围绕用户行为创造增量、高频且多维度的数据资产，并通过这些数据资产挖掘潜在需求，及时反馈业务信息并开展经营。

数字化经营既不该聚焦于某一业务，也不该聚焦于某一渠道。数字化经营本质上是还原到第一性原理的经营，是跨渠道、跨业务的经营方式。

在这其中，经营的对象既可能是存量的高价值客户，也可能是存量无法判断的潜在高价值客户，更有大量可能是完全不能确定价值的长尾未知客户。无论客户是谁都没有关系，因为通过数字工具进行经营，范围越大，边际成本越低，只要交互足够频繁，交互量级足够大，转化就会自然发生。毕竟**金融是刚需，只要时间正确，收益性、流动性、安全性在产品供给侧都能满足预期，加上一点权益激励，以及相对更鲜明的品牌声量，转化是必然的结果**。

所谓的**竞争力差距**，只停留在"渠道有效性""信息处理效率水平""产品供给丰富度""精准营销运营""数字品牌打造"几个核心要素上。

数字化经营本质上不是为了替代传统的经营模式，而是作为一种用户习惯的必然应对方式，去了解未知世界中的价值点在哪里，通过运营引导用户注意力转移，找到撬动需求转化的支点，最后"温柔"地送上推波助澜那一下。但如果只从业务经营的视角去看数字化经营，或是将传统业务经营与数字化经营相比较，看孰高孰低、孰长孰短、孰好孰坏，不能转变经营的逻辑惯性，认为经营就是业务经营，那么数字化经营也就总不会得到该有的重视，或是在发展中逐渐跑偏为传统经营模式的新枷锁。

数字化经营有用与否，取决于从什么视角进行评价。

金融数字化运营究竟运营什么？

大家所讲的金融机构缺少数字化的运营，这个结论多半是出自一种笼统的感受。当高层领导下定决心匹配运营资源的时候，大家常常会发现，运营这个事好像说不清、道不明。过去的业务人员做的不是运营吗？是没有运营还是投入运营的精力不足呢？总体来看，金融机构不是只有"运维"没有"运营"，大部分机构的现状是运营的目标不明确和投入的精力不足。

1. 数字化运营是做什么的？

传统运营以维系项目正常运转为核心目标，所以很多人说"运营就是杂事专员"一点也不为过。只要能让项目正常运转，一切归不到业务、产品、开发的事情，几乎都是运营的职责。在这种传统运营的背景下，大家要求运营去解决创新、持续优化、体验升级等问题，实在是有点为难人，毕竟杂事会耗费太多资源和精力，这些资源和精力都是成本项。这就导致运营给人们的印象是"又苦又累又费钱"，运营好像变成了"劳动密集型"工作。

今天我们说的运营，目标发生了转移，更准确地说，目标被前置和升维了。"创收""价值创造"成为运营的更高阶目标。为什么运营有这样的新定位？多半是因为在"杂事"箩筐中浸泡久了，对各个环节的信息，相比专职人员来说，运营人员反倒掌握得更全面了。所以今天运营做的事情绝不缥缈，能够"在串联流程的过程中，提升转化效率"。靠什么提升转化呢？靠的是"内容的产出"。这种内容既包括客户所需要的市场内容（依靠内容影响客户决策，完成价值创造的目标），又包括对内的决策内容（依靠内容影响经营决策，获取更多的内部资源，放大价值创造的基础量级）。总结而言，今天的运营做的就是"内容产出"的事情。数字化的运营就是基于数据基础去做"业务内容产出"。所以，大家常常问"我要运营什么"，不如先思考一下该产出什么内容，能产出什么内容，产出的内容给谁看。

2. 数字化运营从哪里着手？

运营的概念千千万、分类五花八门，如分为用户运营、产品运营、广告运营、内容运营、平台运营、客户运营、数据运营、自媒体运营……没错，万物皆可运营，任何环节也都可以运营，甚至任何事情都可以冠上"运营"的帽子。但当运营的概念泛化时，其实大家也就不知道如何运营了。如果运营抓不到核心目标，那很多运营就会回到"老运营"的套路上。

运营的锚点应该是"业务营销事件"，我个人甚至认为今天运营破局的主要突破点，就是营销事件的运营。为什么这么说？因为营销是最接近价值创造、接近市场真实需求的一件事情。"营销事件"不是一个抽象的概念，而是一件实实在在的落地事务。不同于互联网以用户为中心的经营模式，金融机构的营销事件本身就需要连接复杂的存量资源，包括"物理渠道的销售管理"和"集中化电子渠道的用户管理"，并适配所需的业务产品，辐射机构品牌认知与风险管理。很多金融机构认为，数字化的运营是互联网平台运营，但越深入，你越会发现金融机构的商业运作逻辑、基础基因与互联网平台差异巨大，大家第一曲线的成长节点也不相同。今天金融机构的平台运营如果脱离了"业务营销事件"，很容易落入"流量为王"的认知陷阱，甚至沦为巨大的成本包袱。今天流量的多与少、高频与低频，与业务关系的深与浅、信任程度的强与弱以及转化率的高与低，并不直接画等号。

当然，我们不是说平台运营没有意义，而是脱离了"业务营销事件"为驱动的平台运营，很难持续。

3. 数字化运营往何处去？

数字化运营以营销事件为锚点，有助于驱动渠道、产品、品牌与公共关系的融合，有助于连通传统流程中的断点。

但是，金融机构的运营发展任重道远，因为传统流程链路中的断点太多、太杂，每一个环节都是一个小闭环。以前与分行的同事们交流，大家总抱怨很多服务没有人运营，最后不了了之。其实不了了之的原因未必是没人运营，而是这些零散的功能服务没有人去做串联，也很难串联。这就如同你扔出去的不是石头而是沙子，如果想靠沙子砸出水花，那么用的力量要比石头大多少？运营的关键是把沙子粘连成石头，而不是去拼命制造更多孤立的沙子。

从营销出发，我大致将数字化运营归纳为如下几大类。

- **活动运营**。这类运营的核心工作是活动的组织与产出，保障活动的高效运转。锚定量化目标是活动的参与人数、活动完成人数、活动的客单成本等。分支工作包括活动内容设计制作、活动用户分析与管理、权益管理等。产出的是活动事件内容。
- **销售管理运营**。这类运营的核心工作是营销数据成果对销售渠道人员的赋能。锚定量化目标是销售商机的产出量、接收率、执行率、成功率等。分支工作包括员工平台运营、销售工具管理、商机分析与内容生产、客户分析与管理等。产出的是销售商机内容。
- **流量运营**。这类运营的核心工作是私域推送、公域广告位的应用与广告内容的产出。锚定量化目标是各个内外部渠道流量总量提升以及广告资源的转化率等。分支工作包括私域流量管理、平台运营管理、广告投放管理等。产出的是流量与广告内容。
- **产品服务运营**。这类运营的核心工作是根据活动客户数据供给产品服务。锚定量化目标是特定营销事件下的产品转化率等。分支工作包括存量产品适配、新产品定向开发供给、产品内容设计制作等。产出的是产品服务内容。

❑ **客服运营**。这类运营的核心工作是客户投诉的处理与意见反馈。锚定量化目标是客户投诉处理时效、单位处理成本等。产出的是市场诉求反馈内容。

对运营进行分类是为了把零散的运营分类对应到具体的对象上，从而帮助运营找到自己的目标，而不是为了运营而运营。在这个框架下，"营销事件"或许可以逐渐向多级发展，甚至可以向"泛化"发展。从特定大型事件向日常小周期经营事件转化，营销的工作层级逐渐从总部向分支机构总部、分支机构网点延伸，运营的配套人力资源体系才能"成长"起来，运营也才会从"特定工作"逐渐落地成为基础服务内容。

第2节 存量客户运营的本质——共享、深耕和创效

金融机构在长期经营过程中积累了大量客户资源，但对存量客户的经营，其深受二八定律的影响，将有限的经营资源优先供给存量中已知的高价值客户，而针对剩余的规模巨大的存量客户缺少体系化的运营策略，这导致常常出现存量经营、渠道运营、产品供给的错配。为此，我们首先要理解存量客户运营的出发点。

创效是存量客户运营的根本目的

存量客户运营的核心是以最直接的业务经营目标为导向，因此无论是业务规模还是利润，都可以作为存量客户运营的核心目

标。针对这一目标要再次进行拆解，确定主要的运营渠道、渠道中的主要运营对象、要运营到什么程度、渠道转化要达到什么水平，只有这样才能指导业务、产品确定供给总量和供给结构。

可以说只有以创效为目标的存量运营，才能站在"以客户为中心"的层面，驱动"货""场"更好地匹配协作。

很多机构的渠道部门会说，我们的目标是MAU（月活跃用户数）、DAU（日活跃用户数），这是评价渠道好坏的关键。如果单就渠道运营来说，考量这样的目标固然没错，但如果没有存量客户对经营价值的考量，高MAU背后只能代表高昂的活跃维护成本，对业务的贡献却难以评估。

很多业务、产品部门可能也会说，我们提供了多大规模的产品，我们的产品收益率达到多么高，贷款利率多么低。这些从服务客户角度看固然没有错，但如果没有综合客户创利的考量，看似有市场竞争力的产品就会变成利润增长的"拖油瓶"。上述情况都偏离了存量客户运营的基本出发点。

存量客户运营区别于传统的用户增长与用户运营，核心就是以经营目标为出发点，对全量客户进行分层次、分黏性、分贡献的划分，匹配合适的渠道和合适的产品结构，并以客户维度的反馈为依据，不断调整人与渠道触达的匹配关系、人与目标产品的匹配关系，驱动总体活跃结构、产品交易结构的优化。

有些人可能心生怀疑：互联网不都是圈流量、搞活跃、玩转化吗？为什么你说银行不是这个逻辑呢？对于互联网来说，流量规模与活跃代表了早期估值，大流量漏斗导向业务是没有选择的选择。而对于银行来说,银行已有大规模的账户和资金关系以及成熟的渠道网络,找到价值客户深耕关系维护和业务转化,远比花大量的金钱养流量做漏斗的逻辑更高效。

而处于利润竞争时代的金融机构,创效就是当代数字化运营的核心目标,说这是存量客户运营的北极星目标也不为过。

深耕的核心在于对精细化的探索

今天我们重新审视存量客户运营,就要抛开对存量客户的旧有认知,对未知事物进行全面的探索。展开来说,就是对未知信息的收集和对未知交互的尝试。这种对未知信息的处理,本质上就是一种精细化运作的体现。

过去我们想做精细化但做不到,因为渠道不支持高度精细化的交互,我们也缺乏高度精细化的数据信息分析能力。

今天我们要站在存量客户创利的目标上,有效驱动对客户的"影响",从而形成有目标导向的业务交互及转化。这就需要对客户进行深入了解:了解存量客户在不同渠道中的行为偏好、在不同渠道中的驻留特征。

在这个维度上,渠道总体的好坏并不是关键,每个客户在渠道中的状态反倒变得更加重要,毕竟当需要对某一个客户进行精准运营的时候,这个个体没有渠道能够连接得上,那么再高的渠道活跃水平也没法当饭吃。存量客户的运营就需要把全量的渠道,包含自营的渠道、合作的渠道、自助的渠道和人工的渠道,统统考虑在内。

产品方面也一样，因为存量客户对资产流动性、风险性、收益性的需求不同。"爆款产品"在银行体系内并非那么关键，适配的转化才更加核心，否则试想上千万、上亿个客户都去买一款所谓的"爆款产品"，产品风险性不说，对存贷款的冲击也会非常麻烦。对存量客户的运营，从产品前置到对产品交易预期的探索，需要大量的数字内容与客户进行交互，从而探索出客户对一项业务的意向程度。

所以，**深耕的核心是对碎片化的渠道市场和碎片化的数字内容，以人的维度进行精细化的匹配组装**。内容用于探索未知的需求和可能存在的趋势，而渠道用于有效地连接起真正值得深入建立联系的目标客户。在这个基础上，无论是渠道还是内容，有去无回都称不上深耕，只有来来往往地"试探"，收集、分析反馈信息，优化"试探"，才是深耕的主要驱动力。

共享是存量运营的基本共识

在过去几年，银行业条线间的隔阂还是比较深的，渠道有渠道的闭环逻辑，每个业务从业务管理角度也有自己的闭环逻辑，因此跨渠道不互通、跨业务无互动的现象时常发生，多头管理、多线下达趋同的任务指标也是常有的事。所以，"App过多重复建设，网点拉着客户下载多个App""信用卡不掌握客户存款信息""代发工资公司与个人联动不起来"等现象也就比比皆是。

做到存量客户的深耕，就必然要对存量客户做全面的信息掌握，这就好像一次全面的体检，各个器官功能都得查一查，才能全面掌握一个人的健康程度。今天围绕一个客户资产负债的联动、场景与业务的关联，如果没有共享能力的支撑，那经营的效率就难以提升。

这其中最核心的是共享，就是对客户识别、客户洞察策略的共享。底层是对业务数据的统一加工。各项业务交互，都需要按照一个标准进行加工处理，从而形成标准化的、可被各个条线解读应用的业务能力，很多人称之为"业务中台"。

优秀的业务中台绝不是孤立的，被跨条线公共调用、应用量越大，中台的效能也就越大。过去银行常常无法准确描述什么是中台，甚至因为看多了互联网的中台结构，还会对银行中台的定义争执不下。其实这些争执没有实际意义，教条的定义不如实实在在的共享，能够被共享的且具有业务逻辑封装的能力，本质上就是业务中台的能力。

而银行体系内最容易、最高频被共享的中台能力，更聚焦于用户/客户识别的中台、营销与权益管理的中台。所以，我们说存量运营最好的起步点集中在数字化的营销运营之中。

第3节 存量客户运营的方法论

存量客户运营需要对客户的金融服务生命旅程做完整的规划，需要串联丰富的服务要素。运营的基本方法覆盖了场景与生态、自营渠道、需求洞见、共享服务匹配、关系机制等方面。

场景、渠道服务模式与存量客户数字化运营

存量客户运营需要对场景、渠道的关系,以及场景、渠道内的内容进行重新编排。场景连接的是外部市场,因此场景在存量客户运营时代,绝不是包打天下,而是有更加明确的作用定位。

- **场景,必须进行重新定位**。场景是过去几年金融数字化发展的突围对象,今天需要不断优化场景在金融领域的介入方式,需要再校准"为何做场景"。众多场景中与金融连接最紧密的莫过于消费场景,消费撬动全量金融业务的介入就是场景再定位中的关键。而今天的消费场景绕不过去越来越发挥驱动力量的"平台",以存量资源提效率创效益为目标,是场景建设再造的核心方向。

- **渠道,银行实现业务转化的关键媒介**。今天的渠道发生着巨大的变化。究竟是渠道的大流量带来了业务的转化,还是存量业务需求的增长导致渠道流量大增?从这个因果关系引出了存量时代渠道定位该如何进化的问题。渠道要的究竟是什么?在存量时代如何定义一个渠道"好"呢?线下渠道又意味着什么?这些问题都需要在存量精耕的阶段找到对应的答案。

- **服务,协助银行找到增量信息**。老百姓对金融业务不陌生,但这种关系很浅薄,除了存款、取钱、汇款、贷款以外,老百姓对绝大多数的金融业务仍然缺乏认知。银行从业者常常陷入一种错觉,因为自己了解的金融业务很多,就断定大多数人都能达到类似的水平,但现实情

况却是复杂的,金融业务的普及程度远远不如想象的高。也正因为如此,多数金融服务都是围绕存量熟识客户的"销售",大量业务在腰部以下的客户中常常碰壁,很多时候不是客户没有需求,而是难以理解。在这个过程中,新的服务模式就变得异常重要,需要大量的洞察性、可交互服务作为基础,从而在存量的客户中找到增量的信息。

- **能力,支持以上一切实现破局**。我们不去讲专业的数据与研发能力,仅从业务的视角来看,解答究竟哪些能力对于存量客户运营最迫切、最有效,以及这些能力应该怎样转化为一种"可用"的能力。
- **机制,对存量进行再深耕**。不能只关注"存量"二字,否则就好像什么都没有变化。但恰恰因为经营的对象是存量,并且适配了新的定位、新的能力,才让所有经营的逻辑链路发生了巨大变化,这背后离不开人员、机制的配套支持。其中最需要注意的就是存量运营容易陷入的意识误区。因此,协调好组织的关系,适配好运营的组织,规避可能出现的意识偏差,是存量运营必不可少的软实力支撑。我们将以上述内容为出发点,对存量运营的若干要素进行深度分享。

金融的客户与业务从何处来?

客户与业务的关系其实很奇妙。对于互联网来说,先有客户,后有业务;对于商业银行来说,先有业务,后有客户。正是因为顺序不同，商业模式有很大的区别。但是现在看来，不同模式的最终归宿可能是非常相近的：传统商业在加大网络直营用户的积累，互联网在争取线下流量的加持，在大同的世界发展趋势中，这种发展只是起点与路径不同。

对于商业银行来说，由于是业务先行的模式，因此我们可以从业务角度对客户来源进行细分。

- ❑ **从代发工资切入的客户**。其特点是客户因为企业关系而被动接受，成长性来源于代发企业的发展。其中，搞扩张的企业会带来增量发展，高人员流动的企业会带来增量发展，同时会影响存量的稳定性，收入增长会带来存量客群资产水平和服务黏性的提高。
- ❑ **从贷款切入的客户**。以购房或个人经营需求为主，通过申请贷款而成为客户，以主动选择服务为主，参考因素为贷款的条件，而一旦构建业务连接，则形成较长时间的服务黏性。
- ❑ **从信用卡切入的客户**。以常规消费需求为主，通过信用卡申请而成为客户，以主动选择服务为主，主要参考因素为额度与服务权益，构建业务连接后，服务黏性不一定稳定。
- ❑ **从社会关系切入的客户**。以亲属关系为主，如父母与子女之间资金的汇划，由于社会关系的需要而决定成为客户，以被动选择服务为主，能够较长时间培育习惯。
- ❑ **从优惠价格福利切入的客户**。因"羊毛"福利而成为客户，以主动选择服务为主，几乎没有服务黏性，但有部分激活的空间，会跟随权益情况快速响应。
- ❑ **从小众需求切入的客户**。例如，因对新鲜限量实物的收藏需求而成为客户，与从优惠价格福利切入的客户不同，有更大的激活空间，有传播力。

从经营者的视角来看，日常经营的客户主体又可以进行如下划分。

- ❑ **存量的客户名单**。按照在银行的金融业务数据情况开展交叉营销，以电子银行、短信、外呼的形式进行联系。交叉销售需要刚好契合业务的入口需求，在足够精准的情况下，会提升交叉销售效果，但存在过度营销的风险。
- ❑ **网点的流量**。对到店人群进行交叉营销，由于到店客流普遍具备明确的服务目的，交叉销售难度较大，仅局限于介质、渠道产品的交叉营销。
- ❑ **营销人员的社会关系**。对社会关系的营销由于数据缺失，普遍依靠"广撒网"的产品营销方式对需求进行广泛探索，存在传播效能持续下降的风险。
- ❑ **广告流量**。无论是户外广告还是线上广告，广告的效果与客户看到广告时的诉求都有巨大关联。一种是纯粹的品牌广告，为了加深大众对品牌的认知，但金融这类低频服务很难在需求激活的时候关联到相应的品牌，因而这种品牌传播的折损率较高；另一种是场景化的广告，将产品服务品牌与能够激活业务诉求的场景相关联，缩短需求产生到服务获得间的链路，但交易转化的流程决定了广告流量的经营效率。

绝大多数的场景战略、开放战略无论被阐述得多么奇妙,都将服务于上述两个维度的客户与业务来源。而真正最大的难点在于,如何通过市场策略的设计让不同入口的营销效能最大化。这种效能最大化体现在三个"粗暴"的角度。

- 群体尽可能精准——人对。
- 服务切入尽可能正确——时点对。
- 规模尽可能大——基数大。

最终尽可能推动营销工作达到以下四个目的。

- 知晓,以广告策略为主。
- 问询/查询,以交互渠道策略及内容运营策略为主。
- 转化,以交易工具及流程策略为主。
- 传播/推介,以权益运营策略为主。

以上是对金融客户与业务来源的基本梳理。

用户战略背后的诉求

从直销银行到开放银行,再到场景金融,虽然花样繁多,但核心命题似乎只有一个:如何把用户转化为客户?

这个命题听起来很容易,但实操起来着实困难。因为这个命题的起点与终点是明确的,但路径却有千万条,哪条才是正道呢?

直销银行一直在搞 App 战略,即通过把用户引到独立 App

上,完成线上开户,从而转化为账户与客户。银行后续也推出了一批"非手机银行"的 App,但其内核仍然是手机银行逻辑,只是加了一步开立电子账户,场景或者是手机银行的贴牌翻版,或者局限在钱包这一支付消费上。

开放银行或场景金融一直在搞 SDK(Software Development Kit,软件开发工具包)和 H5(Html 5,第五代超文本标记语言),通过接口方式实现用户在外部的合作场景端开户,从而转化为账户及客户。可能最大的差异在于开放银行属于消费场景的再延伸,更聚焦于信贷场景,场景金融还是更聚焦于支付场景下的支付工具推广。

但无论哪种形式,似乎账户都是用户经营中浓墨重彩的一笔。那么用户转化为客户是否一定是"用户—账户—客户"的逻辑流程呢?

这条主线看似通畅,是因为过往银行获取客户的主要方式均是开立账户,认为只要有了账户就有了客户信息,总会有千万种方法把资金吸引过来,从而实现账户向业务的转化。

通常一些银行总部的朋友会在此刻吹嘘一番:"我们的线下队伍可厉害了,没有他们拉不到的客户!不要小瞧银行网点的力量。"然而,最终的情况大家都很清楚:基层常常叫苦不迭,总部常常无计可施。

强大的线下队伍,强在对潜在高黏性客户的把握,或者对头部、腰部客户群的把握,而非用户的转化上,因为与用户的早期对话很难基于网点渠道开展。

今天火爆的场景用户策略，主要基于银行看中支付场景内的高频用户流量，进而推导出的一种靠权益补贴方式引导客户开立账户的获客逻辑，以满足场景内支付需求为主要目标。

但这只是解释了权益补贴对用户首次行为的作用影响，仍然没能解释用户转化为客户的逻辑，尤其是转化为稳定客户的逻辑。消费虽然直接和金融相关，但很多时候消费的金融延展也就止步于消费信贷了。

"用户依靠权益开通账户，从而形成客户关系"看起来是一条通路，但你仔细回想，账户活跃问题一直以来都是银行苦恼的问题。该活跃的不需要活跃，活跃不起来的费多大劲也不过是短期行为。账户是用户经营的起点吗？账户是用户经营的关键环节吗？这个环节应该如何处理？

从1.0到3.0，乃至4.0阶段的银行经营体系中，纵使行业鼓吹"银行的实体将变得无形"，但账户似乎仍是客户关系的关键点。从我的理解来看，账户的作用早就随着时间的推移发生了变化。即便账户是银行业务的一个关键标志，但在今天，它也只是客户关系中的一个配置工具。有没有账户似乎并不是也不该是用户经营重点考虑的问题，真正要考虑的问题应该是"用户为什么要成为客户"。

在这个过程中，账户是一个过渡性的辅助工具，网点服务也是一个辅助工具，同质化的产品更是一个辅助工具。所有的思考逻辑都应该聚焦在用户在什么环境下产生了什么样的金融需求，以及这个金融需求的供给是否在这个需求产生的环境中融入得足够好，体验是否足够轻、足够顺滑，是否有足够的后续工具可以留下宝贵的用户黏性。

在这个条件下，线上与线下的协同作用才不再纠结，权益才能发挥"第一次"的敲门砖作用，运营才能发挥"习惯养成"的黏性培育作用，宣传才能发挥吸引眼球、引爆话题"传播"的作用。核心只在于，用户的一个行为背后有一个他自己从没认真琢磨过的金融需求，在产生金融需求后，你的服务成为他在当下排序第一的选择。

需求的激发取决于大众对金融的认识，这也是金融普及在业务营销中作用非凡的原因。

对用户的了解需要脱离客户分析那一套逻辑，去琢磨用户行为背后的动机。

但用户是复杂的，对用户的理解是需要多维度、精细化的。

在自有渠道，用户理解依靠渠道内的埋点，从而分析用户的行为流程及断点。这些用户普遍具备明确的金融需求，更多的问题在于体验。

在外部场景，用户理解依靠数字内容，依靠用户在不同频道、不同栏位、不同文章内的停留。这些用户未必具有明确的金融需求，因此需要根据用户行为反馈相应的数字内容去激发需求。

内外场景的用户经营方法在本质上存在极大差异。假如我们再去拆解，不同的场景类型、不同的时间节点，也存在差异，断点的接续、需求的激发也有各自不同的方法。

如果简单地说用户经营，恐怕难以回答什么样的用户该用什么样的经营方法。

此外，到底用户和存量客户是什么关系呢？权益、运营、宣传，原本就是面向用户层的经营工具。今天银行所命名的"客户"，很多人的理解就是银行数据库中在册的全量客户。但本质上有效客户只有高价值的活跃客户，对于这批客户，银行已经形成了一套相对成熟的客户经营体系，虽然增量略有乏力，但跟着社会经济发展节奏的红利，存量升级仍然有效。那些存量的非活跃客户本质上已经成为"用户"，或者说除了存量活跃客户以外，其他都应该重新归入"用户"这一目标群体，采用完全不同的经营逻辑。

所以在启动用户经营之前，我们应该明白：到底谁才是我们要经营的用户呢？你所说的用户，与平时听说的用户、互联网上所说的用户以及目标该聚焦经营的用户是一个意思吗？不同用户都需要什么？

对于那些非活跃的海量用户群来说，如果不能突破渠道体系的市场定位，很难真的触动这些用户。只有真正把渠道变为场景，把视野放在场景中的内容互动行为上，弱化"账户"的作用，才能变革用户经营逻辑，找到银行与海量用户之间的微妙关联。

场景金融不仅仅在于支付场景本身，如果聚焦于这一点，无非是拉低自己的维度，与互联网巨头在不对称竞争中盲目地硬碰硬。场景金融更应该将经营视野放到存、贷、汇的大业务场景理解中，去找到用户进入某一场景背后的需求，找到他背后有钱、缺钱、收钱、转钱的原因，从而挖掘更深层的金融需求。

场景本身到底是什么，可能并不关键，场景背后代表的行为心理才更重要。

只有这样，场景的价值才不会仅仅局限在支付动作发生时使用支付工具这一件事情上，场景的用户才真正具有经营价值。否则，用户经营无非是存量价值客户经营的变种，它在场景中的作用难以有效发挥。

最后，关于银行用户战略，我想说用户经营不是一堆名词、标签的处理。很多人都在讲新的用户归类，但是，我们真的了解他们吗？我们可能会说有些用户常用哔哩哔哩（bilibili），有些用户常用快手等。然而，他们用这些平台背后的原因是什么？他们打开平台时所处的实体场景、所花费的时间到底意味着什么？他们为什么愿意用时间去交换流量呢？

这些了解用户的方法未必有多高级，从渠道场景特性、栏目内容就能做出虽然粗糙但相对精准的经营策略。触达的方法也未必多么高级，可能只是一个横幅广告的问题。最终转化也未必是完全的线上行为，甚至可能是最传统的线下模式。

如果我们不理解用户，不能靠对话、互动从行为中找到蛛丝马迹，只是通过数据统计刻画用户，那么用户经营就总是卡在一些看起来很高级却无从下手的环节，用户经营模式也会停留在我们想象的套路里，用户战略就很难成为真正的战略。这样的用户经营可能还不如存量客户深耕直接。

可能用户经营更应该用实验心态设计，用新的语言对话，用新的工具及流程承接，用新的机构定位服务。

数字化客户经营堵点与疏通

一直以来，"经营"这件事在不同的行业有不同的策略。策略的差异在很大程度上体现的是"先与后"的关系，但归根结底，经营的最终落脚点是从与客户的经济往来中实现服务的交付，并获得相应的收益。

互联网的发展看起来是"渠道"的快速演进，在过去快速扩张的时期表现出来的是"跑马圈地"，但圈完地以后，终究不可避免地回到"客户经营"这条主路上。而"用户突围"也只是在创业阶段建立渠道、获得市场主动权的必然路径。

对于大部分手握成熟渠道及客户的机构来说，这样的策略虽然有效，但效率难以和互联网相比，毕竟大家所处的攻守位置不同，在市场中沉淀的能力基础不同，所以突围者和防守者总会采用不同的策略。然而无论谁先谁后，归途的落脚点是一样的，就是经营客户创造价值。

我们常说互联网有互联网经营客户的模式，甚至这种模式更加单纯，线上运营即是全部。银行的客户经营显然更加复杂，因为客户复杂的金融需求，很难说依靠单一渠道就能闭环直接解决，也很难说仅靠线上平台就能自助解决。大部分客户仍需要跨渠道的运营与维护。虽然有些互联网渠道做了金融的尝试，并在长尾广度促进活跃和基础金融业务小额覆盖上得到验证，但经营深度方面始终存在瓶颈。这其中大众既有货比三家的基础诉求，也有对专业的信任依赖，还有自主、自助的服务主权意识以及深度定制交互的需求。

关于"以客户为中心"这件事情，不同的机构虽然说法基本相同，但落实起来却是花样百出。对于互联网来说，以客户为中心本质上就是以渠道为中心，因为其渠道与客户是高度捆绑的。

对于银行来说却未必如此。其大量存量客户，无论是电子渠道还是网点渠道都很难说能够绝对渗透——各类渠道存在已久且被人们普遍熟悉，但并非绝对渗透。所以，银行的渠道与客户之间的关系，相比互联网来说，耦合度更加松散，以客户为中心和以渠道为中心就不是一回事了。

虽然很多银行还在探索互联网模式的发展渠道，但大部分因为用户群高度重叠、金融功能单一等，互联网新渠道普遍成为存量主流渠道的附庸。这种现象不仅在银行中存在，在互联网大厂中同样存在，同一经营主体的多 App 策略也普遍存在这样的问题。

当然，银行今天都说"以客户为中心"，渠道因为处于服务交易的交付层，天然体现出交易与转化，自然渠道参与经营的意愿也会更加突出。业务提出"以客户为中心"指的是供给侧优化，渠道提出"以客户为中心的渠道经营"或"以客户为中心的渠道价值转化"这样的目标，终究与"客户经营"是有差异的。

银行的"客户经营"主逻辑仍处于薄弱的状态。客户经营从全量全盘发展角度去衡量收入与利润的贡献总量,平衡量与价的关系,调优资产或者负债内部的业务结构,这本质上脱离不了业务的强管控。相比创业狂飙扩张的时期,银行虽有业务扩张的诉求,但对业务的有序管控诉求更加突出,对存量资源的保护和纵深拓展需求也很突出。

自然,渠道经营脱离不了业务管控,而业务管控脱离不了全量客户(业务贡献基础盘)的管理。全量客户在全银行中不是能够通过单一渠道完全渗透的,需要拉平全渠道、全业务来看待客户经营。

银行渠道深耕渠道体验和渠道服务完整度建设多年,但讲实话,它暂不具备业务管控及客户关系全盘管理的能力。这些能力同样需要多年的深度沉淀,其中既有数据能够解释的技术要素,也有数据解释不了的经验要素。因此,渠道和业务都不可避免地要回归到全量客户经营的合作协同角色,且这种合作协同需要完整地打开全部自有能力,来共同推进能力朝着客户经营的方向持续提升便捷性、提升效率,也需要完整地接收全量客户经营策略和目标。

此外,客户经营除了要能够应用全量渠道对客户施加影响之外,还需要对客户进行有效的评价和定义。我暂且把"运营""评价"看作客户经营的两个要素核心,像螺旋双子星一样相互影响、相互改良。这些评价统统来自渠道的记录,但如果渠道不深入参与客户经营,这样的记录只能是无差别埋点存储。在这种情况下就会产生大量冗余信息,影响决策的准确性和效率,也会产生大量不必要的科技与运维成本。全量客户的运营是以"有效运营"为目标的,而不必通过某一个渠道来解决运营,否则就会触及过度营销等消费者保护的问题。

从另一个角度来说,客户经营永远不可能是一个分部门就能解决的事情,更不可能是喊着"以客户为中心"的口号各干各的。"以客户为中心"必然不能只是一种信念,而需要落实到企业级系统能力和配套机制中,才能够打破企业内部管理维度的信息不对称,实现真正的以客户为中心。

在这个目标中,企业级系统能力和配套机制同等重要。在过去中台能力大行其道的时候,很多人认为中台的共享能力需要做原子化设计,以供开放调用。但当技术脱离了客户经营机制中的分工规则,缺少了业务管理规则,客户管理规则封装处理,盲目共享复用时,看似技术与能力层统一了,实则应用层的分崩离析只会增加管理难度,甚至应用层的无章无纲远比能力层的竖井孤岛更加严重。

只有渠道参与并承担全量客户(而非自己渠道用户)的经营目标,或许才能有良好的转向作用,才能让"以客户为中心"的渠道经营与"以价值创造为导向"的客户经营合二为一。或许这也是网络金融等新兴渠道破局升维的新窗口。

第4章 CHAPTER

基于存量客户的场景平台定位与重塑

场景平台既是连接新客户、新市场的重要途径，也是拉升存量客户黏性、激活沉睡客户的重要工具。场景在银行经营中的定位开始潜移默化地发生改变，抓住场景的新特征，有助于我们找到金融业务场景经营的连接点。

第 1 节　场景需求的再校正

场景不是唾手可得的，存量时代场景建设的效用成为最核心的考量因素。无序的场景扩张时代基本已经结束，场景的价值点在哪儿，需要重点考量场景核心连接的相关经营对象。

银行 2C 的生意与非 2C 的需求

在场景经营金融业务的过程中，有些情况越来越突出，比如 2C 业务对 C 端需求的满足发生偏离。很多机构没少做 2C 业务，但客户经营服务的偏离似乎越来越明显。

在参与渠道和业务的工作中，我经常会问以下问题。

- ❑ 客户需要线上和线下联动与互动，但真的需要线上线下一体化吗？联动等于一体化吗？
- ❑ 客户需要强大的银行服务，但真的需要万能的生活服务吗？银行服务未来等于生活服务吗？
- ❑ 客户需要体验感极强的线下服务，但是真的需要科幻感吗？科幻感代表未来服务吗？

❏ 客户需要场景服务，但真的需要在场景中开展银行服务吗？

其实这类"简单"问题还有很多，这些问题极大限度地影响了我们对市场、对客户需求的判断。很多时候我们认为客户需要，但实际上客户并不真正需要；或者我们认为客户极其需要，但实际上对客户来说可有可无。

1. 关于 2C 的生意

银行的 2C 服务发展至今，我认为还是可以将服务形态划分为两个主要维度：一个是渠道维度，另一个是客户维度。

渠道维度就是大家熟悉的如下内容。

- ❏ 线下网点：银行内场景，以营业型网点为主。
- ❏ 线上工具：银行内场景，以手机银行这类工具 App 为主。
- ❏ 线下场景：银行外场景，以线下非金融经营型机构为主。
- ❏ 线上平台：银行外场景，以流量经营的移动互联网平台为主。

客户维度反映的就是客户的关系属性，具体内容如下。

- ❏ 强活跃客户：极其忠诚的高黏性客户，以头部客户和信用卡贷款客户为主。
- ❏ 弱活跃客户：忠诚度尚可的客户，以金融服务为主，以工资代发客户为主。
- ❏ 准零活跃客户：忠诚度几乎丧失的客户，金融服务基本已经迁移。

❑ 非存量客户：未建立忠诚的客户，未在这一机构开展过金融服务。

两个维度间的客户关系如图4-1所示。

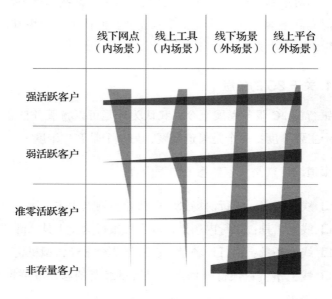

图4-1　两个维度间的客户关系

注：图中阴影面积表示数量占比。

现在的市场是一个高度细分化发展的市场，既然要做2C的生意，至少应该了解"4×4"组合中的16种2C经营状态。这16种状态对应的是不同的需求起点、不同的市场策略，看似相似，其实大有不同。

很多人认为这是"业务运营策略"，是应该靠分支机构和平台运营去解决的问题。实际上这是"市场策略"的问题，是总部应该考虑清楚的问题。

很多银行经常提到"千人千面",我想在实现千人千面之前,能够先做精"16类人16面"已经是很难得的进步了,而且可能会对业务发展有更直接的帮助。毕竟在不了解客户诉求的情况下,千人千面有什么意义呢?千人千面并不代表业务需求的激活。

2. 关于非 2C 的需求

从"场景营销"开始,B2B2C 的作用在不断放大。这种趋势实际上就是零售业务的批发化,而其根源是客户直营和渠道管理能力的衰弱。或者更严重一些:"你已经越来越难以理解客户,难以与其产生直接对话。"

在这些能力弱化的背景下,人们最直观的感受是越来越多的 2C 生意都受到那些非 2C 需求的影响,其中最严重的影响莫过于极大地干扰了对 2C 需求的理解。例如以下问题。

- ❏ 对内对上的管理汇报需求,将朴素的 2C 需求升华得过于繁复。
- ❏ 对政府公共服务、公共管理的需求,与 2C 经营客户需求相混淆。
- ❏ 对场景运营企业的发展需求,弱化了 2C 客户的需求。
- ❏ 对场景的依赖,将 B 端理想需求替换为 2C 客户需求,将场景需求与客户金融需求画了等号。

这些问题的出现是由于没有对大量非 2C 的需求进行区分和

分级管理，对 2C 与非 2C 领域的资源投入缺少全盘考量。同时业务开展中的授权机制不清晰，导致越来越多的 2C 需求难以在 C 端直接发现，并且通过大量的**"第三方加工 + 自我猜想 + 追风仿制 + 多次加工"**操作形成了诸多"伪需求"。

因此，对于现在的很多银行，一名普通金融消费者的体验如下。

- ❑ 比起大量吃喝玩乐的内容，消费者更希望银行提供完善的金融教育服务，从而明白如何通过妥善利用金融来支持生活和梦想。
- ❑ 比起高档次、高科技的网点机构，消费者更希望银行在温暖的生活场景中提供近距离的服务，而不是仅能通过电视间接感受。
- ❑ 比起充满运营色彩的复杂的手机银行，消费者更希望能够快速解决业务问题，并且有人主动提醒下一阶段的注意事项，使自己可以少操点心。
- ❑ 比起业务人员拼命发通知、打电话推介相关服务，消费者更想了解在家庭金融安排上应该注意哪些事项，更想让服务满足特定阶段的需求。
- ❑ 比起理财产品推介，消费者更希望得到收入筹划服务。

每种渠道都有其基因和特性，每类消费者也都有自己独特的阶段诉求，而不同的消费者在不同的渠道中又呈现出不同的需求起点和期待。

金融服务曾经附着于金融产品交易，而未来金融产品交易将附着于泛金融服务。所以到底什么才是"金融服务"呢？

比起设计"产品"，设计"服务"要更深入了解客户本质的生活需求。在C端赋权的时代，这样的特征只会越来越鲜明。

虽然那些非2C的需求也很重要，它们能够串联在一起形成服务C端的生态圈，但这并不代表应该本末倒置，忽视真实朴素的2C需求，影响对需求的直接理解。毕竟教育市场更多是针对品牌和流程习惯的教育，而不进行根本需求的变革。

金融与场景的关系

一直以来我们都想要探索金融与场景到底应该如何结合，或者说如何融合。原因看起来很简单：金融低频，而场景高频，金融想要靠"高频""平台化"的场景来获得客户、获得业务。那么在存量客户时代，我们到底要如何看待这个问题呢？

1. 场景中不容忽视的风险

对于以场景为主营业务的人来说，场景进入金融领域是再好不过的价值交换方式了。场景提供客户与基础需求，金融提供变现的方法，无论是用"一次性推广费"还是用"持续的业务抽成"，场景人都可以获得自己的收益。

大家都知道困难时期的"金主"在哪里，相应的收益也就变得很好获取。当前在金融领域，看起来场景的需求是刚性、高频的，再加上市场上有足够多"嗷嗷待哺"的银行机构、小贷机构，做场景的人只要随便撬动一下，就会有送上门的生意。这就导致很多人过于理想主义,忽略了其中隐藏的风险。

现在的问题就在于,场景可能是刚性的,场景中人的需求可能是真实的,但"场景"的运营方却未必是稳定的,而被互联网资本吹起来的新行业、新场景就更加不稳定。换句话说,更多的金融机构仅考虑了场景中消费者的风险,却忽略了场景运营方的风险。多数"轻资产"用场景换收入的场景运营方和历史上用"固定资产"扛信贷风险的金融机构,明显是不一样的思考与合作逻辑。

当金融把风险从金融业务向外延展到企业"经营风险"的时候,我们随便算一算市场上每天成立和倒闭的企业数量和号称"人比事更重要"的"资本新贵"淘汰比例,就可想而知这样的金融场景创新导致金融的风险被放大了多少。场景再好,抵不过场景运营方自身的经营风险大。

这就像前几年,以核心企业为主导的供应链被认为是非常好的业务模式,但当核心企业的风险被低估、风险复杂性被掩藏时,风险就被放大,伤害的就是全链条的参与者。

2. 理性认识场景

虽然消费与场景密不可分,但"场景金融"是否应该与"消费金融"画等号呢?恐怕未必。

场景金融的核心价值在于通过场景的特殊属性,掌握场景内用户的潜在金融需求。在这种需求中,消费需求只是一部分,在消费需求背后还隐藏着大量收入端的金融需求。但凡存在资金流时间差，两端的资金服务价值就会很可观。

但无论是资产业务还是负债业务，场景与金融的边界都应该是清晰的。场景与金融的融合深度取决于金融对场景本身的风险把控能力，而不在于任何第三方的运营企业。如果有途径盘活场景生态资产，那金融就可以融入得更深；如果没有途径和资源盘活整个场景生态资产，那场景就只是"连接的工具"。

或者说，市面上绝大多数的场景，对于金融来说都应该只是一个连接的工具，付出的成本也只是"连接的成本"，任何关于业务层面的成本与责任都不该由场景承担。

在"连接工具"这个定位上，场景的职责和价值交换只是"开扇窗"的问题，以及"开扇什么形状的窗户"的问题。金融在场景中触摸到真实的流量、被真实的流量有效看到，才是正经事。这也是为什么我一直说对待生态场景，大型金融机构应该自建数字广告体系。因为生态场景中的"水"、外部流量采买中的"水"，你从来不知道有多深。

在"业务融合"这个定位上，场景就更需要确保运营责任主体的风险。要么是自建团队，要么是有对等信誉基础和风控机制的运营主体，再或者应该是有完备的风险处置能力，能够在"场景属性不变"的情况下，快速找到"接盘侠"接续场景运营的主体。

但是，如果场景运营本身是违法的，那么资金损失就是既成事实了。即便相关风险被锁定到个人头上总体可控，也会产生"金融不向善"的声誉质疑。

场景有意义，但终究有边界。场景是金融发展的一种支持工具，但不是金融发展的救命稻草，更不是转嫁风险的桥梁与目标。

第2节 消费市场的升维

消费是场景的重要组成部分。之所以重要，是因为消费既是场景需求的直接关联信息，又是存量金融客户识别与建立金融业务联系的重要连接点，同时也是存量资金在C与B之间流转的重要节点。

关于消费的新理解

消费是市场经济中的重要一环，它不仅连接了需求与供给，也连接了B与C的资金关系，所以无论是零售商业还是金融机构，对消费的争夺从未停息过。在消费市场的争夺中，大家争夺过"电商平台""支付工具""消费内容""优质商户"。近几年消费市场出现下滑，相信各种尝试之下的无力感大家都有感受，消费到底应该玩什么，成为大家比较挠头的问题。

1. 源头资金带来的需求分化

消费的需求源头是收入，虽然消费金融在不停地想办法撬动、放大这个源头，让大众有更多的钱可以用于消费，但撬动的杠杆仍然受到收入的制约。收入越低，保障类刚性消费占比就越大；收入越高，升级类、奢侈类消费占比就越大。这一点直接影响的不仅是消费交易规模的大与小，也导致了"价值商户"结构的变化。

谁是这个时期对商户有价值的机构？是否有价值不取决于商户服务内容听起来的高级与低端，而在于是否能为主要的消费现金流提供服务。

说到源头资金，就不得不提到公司与个人的关系。大众与企业是劳务关系，社会职业岗位供给与就业需求的变化同样会影响源头资金。即便供需数量波动较小，但供给的结构发生变化也会带来巨大的源头需求影响。原因可能是如下几种。

- 职位供给结构变化，收入相对较低的保障类供给增加，岗位特征影响消费需求结构。
- 企业经营压力加大，为了缩减成本降低薪酬待遇，收入规模影响消费需求结构。
- 无法降低成本的情况下，通过加大工作量来获得额外的生产价值，可消费时间影响消费需求结构。
- 灵活就业不确定性增大，收入波动风险影响消费需求，波动影响消费需求结构。

无论是上述哪一种原因，从企业端来看，要么是降低了可消费资金的总量，让可消费资金尽可能回流到基础保障类的消费项目上，要么是压缩了可消费时间，让人们没有充分的时间参与到消费决策中。这就带来了一种现象，传统中高端消费者行为持续线上化，模式也趋于固定，线上消费决策跟风现象，培育了"带货"的生长土壤。线下更依赖于临时产生的刚性需求，菜场、便利店、餐饮店流量占比更稳定，或是一些不得不依赖于线下体验的活动类商业，由于大众对"新鲜感"的渴求，得到了一部分流量机会。

不管怎么说，近几年需求的变化带来消费市场巨变，比起账面上的波动，这些巨变更多体现在结构与个体方面。每一个商业的活跃周期都在快速变化，消费市场不仅是迭代周期加快的问题，结构也在发生快速的变化。因此，金融机构对消费市场的争夺，本质上很难躺在过去的功劳簿上，甚至过去的功劳簿可能成为今天最大的短板。消费市场的争夺已经进入一个需要快速迭代的周期，以适应市场本身的高淘汰率和消费需求结构的快速变化。对"好商户"的判定可能也需要新的评判标准。

2. 流量商铺的资金窘境

新零售的兴起让商铺开始考虑流量经营的方法，以"线下交易＋大规模线上流量注入"的方式形成一个又一个网红零售店。但是，高流量带来高流水，对于网红店来说，有效沉淀难度并不小，要么回流到了品牌方，要么负担了人员成本、店租成本。大部分高流水背后对应的都不是真正的资金沉淀（或者说沉淀效率并不高），而是大量的开支流出。在遇到市场流量波动的时候，很多流量商户会因为固定成本，难以抵御这种流量波动带来的经营风险，因此流量商铺普遍出现"冰火两重天"的状态。

我们有时候会说商铺是消费资金的主要承接方，实际上仔细看，消费资金承接的最本质主体未必是商铺本身，虽然有短暂的资金停留账期，但最终要么是品牌管理方（或采购供给方），要么是物业方，要么是工作人员。或许在消费场景里面，不同类别也需要对应不同的资金服务方式。例如，是否自有物业，物业是企业产权还是个人产权，是自己家庭经营还是雇佣人员经营，模式是自营还是加盟，依据不同的分类来考虑商户的综合价值。

从资金经营的维度来看，消费场景的分类经营模式或许已经超出对"行业""对公或个体商业"的划分，而更要看商铺背后的资金链条。关联度越高，资金沉淀的效能越高。商铺不是承接的终点，是资金承上启下的连接点，而这个重心原本是在C端支付，前几年伴随"优质消费内容"的匮乏，重心逐渐向商户B端侧重，而今天这个重心似乎在进一步后移，向物业、人力、原材料转移，因此今天的"消费金融"的定义或许也要发生一点点变化，服务于"消费场景"的金融可能需要从前端向后端迁移。

3. 分级圈层带来的可能性

个人有个人的权益，消费场景也有消费场景的权益。个人的权益在于消费优惠，消费场景的权益在于消费者导流、扩大消费额（我们一直说"手续费减免"，但这并不是消费场景的核心诉求）。在"减费让利"的大环境下，对于机构来说，针对消费者提供消费优惠，普遍有抓手、有工具，大多数是不定向的，但定向导流扩大消费额显得异常乏力。乏力的原因，一方面是客户很难被引导，另一方面在于"力度"不够大。

但是，给多大的力度能"刚刚好"，既能刺激客户导流，又能控制整体风险，对商户的回馈又合情合理？这其实就是消费场景运营中的核心。要回答这个问题，就要联系以上我们对"好商户"的评价方法，与商户最终资金沉淀的效果相关联。例如，核定不同商户的年度回馈总额，折算成足够引爆消费者兴趣的优惠，并强化自己的通知渠道，给消费者一个简单清晰的查找方式。但对于商户来讲，它达到了一个什么样的标准，进入了一个什么样的圈子，这个圈子能给它带来什么样的权益（包括商业引流的权益、费用减免的权益、信贷服务的权益等），更需要有明确的感知。否则，商户对银行的感觉仍会停留在非常弱的水平。

相比于改变消费场景对银行机构"结算""账户服务"的定位，扩充"权益"与"圈层"服务定位可能更重要。个人需要分级，消费场景需要分级，基于两者的分级匹配，形成一个区域内的"特权"品牌或许更容易在小范围内引爆知名度，以圈层为主要运作对象形成相对稳定的黏性。但从落地角度来看，大家都会说"这可不是一件容易的事情"。在短期撬动市场客户尚有难度的情况下，优先撬动员工，形成消费场景与员工家庭之间的需求联动，或许更具落地的现实可行性。如果员工都不能成为盘活、拉动"消费场景"的主力军，又怎么能说服更广阔的消费者参与呢？

针对存量客户的支付与收单的思考

支付场景一直以来都是银行中间业务收入的重要来源场景。

在消费欲望不断膨胀的时代,显然消费支付场景是银行机构不得不重视的重要场景。

但第三方支付机构的普及,使得原本顺畅的收单和收入间横亘了一道支付工具,蛋糕被强行切走一块,剩下的银行机构自然会感到不太舒适。而从市场方的反馈来看,收款这件事情似乎不太需要与银行打交道了——只要打开手机 App,打印出一张收款二维码,贴在店里就够了,第三方机构甚至还提供二维码素材的快递服务。当然,对于大部分商户来说,不管用什么工具,能收到钱、落袋为安就行。

面对支付收单的变化,影响确实是体系化的。

- ❏ 两大第三方支付工具已经不能再被当成纯粹的民营互联网企业产品,而是更接近一项服务全民的基础设施,因此安全与信任将不再是这两大第三方支付工具与银行的对比项。
- ❏ 以两大第三方支付工具为轴心的移动支付已经上升为新时代中国创新的代表,获得了引领消费支付习惯创新的高层定位。
- ❏ 牌照体系完善,已经形成不断迭代的监管制度,行业也已经进入相对成熟的发展阶段。
- ❏ 用户侧已经形成不可逆的支付渠道习惯,并形成强烈的品牌认知。
- ❏ 商户侧已经默认两大第三方支付工具的必要性,这些工具是开展经营所必需的。
- ❏ 银行侧从支付工具的提供方逐渐演化为支付权益的提供

方，从拼商户端收单价格变为拼用户端权益价值。

不过除了这些变化，我更想说一些容易被忽略的情况。

- 公开统计数据显示，1978年全国个体经营者只有14万人，到2018年10月底，全国实有个体工商户7137.2万户，增长了500多倍。个体经营者规模巨大。
- 随着网络技术的发展，人的个体作用在不断发生变化，如果说过去的个体户发展更多是为了"糊口"，那么数字化时代的"个体户"更是个人细分品牌市场的爆发。
- 《中华人民共和国电子商务法》的实施，让网店个体户进入正规管理阶段，进一步明示了新时期个体工商户的发展方向。
- 个体工商户允许使用个人同名账户作为收单结算账户，配合线上支付工具，收单准入可以全线上完成。
- 对头部，银行更青睐于大型企业商户，对于微型商户的精细化管理一直关注不足。
- 过去银行支付业务将用户端与商户端分割管理，而资金却是在本行C、他行C、本行B、他行B之间不断流转，在资金承接方面主要依赖银行的支付工具来做管理。
- 从互联网的大发展方向以及疫情的影响情况来看，在线内容生产者、线上服务供给者将进入加速发展阶段，进一步扩充未来"个体经营者"阵营，拉动消费结构变化。
- 物流基础设施、电商平台基础设施、庞大的需求流量、工商管理法规、各种保障类中介机构都为"个人创业"提供了丰富的共享能力支持，也为个体经营商户的发展带来新的助力，个体经营者成为未来流行品牌的起点。
- ❑ 数字化加速的进程中，线上与线下在消费链条中的职能正在发生微妙的变化，线下支付行为的线上化不仅仅代表移动支付替代银行卡支付，也代表交易决策的线上化，而线下作为体验需求的满足，成为全线上交易链条的配套服务，因此线下商户的"线上化"更值得关注。

从金融运营的角度来说，支付与收单越来越接近一盘棋，这盘棋既不是支付业务，也不是收单业务，而是对消费场景的运营服务。对于银行来说，这盘棋的玩法不再限于自己体系内，不是自营支付产品与第三方支付产品的比拼，也不是对支付流量的迷恋，而是站在资金流量的角度考虑两端的综合资金贡献。

从场景运营的角度来说，服务好非自己行账户的使用，服务好非自己行收单商户的账户需求，服务好线上商户的新金融需求，更需要把支付消费场景做得更开放，把收单场景做得更轻，跨平台、跨主体、跨内外的全量场景运营成为趋势。合作并使用好第三方支付工具这一渠道场景，以及商户这一行为触发场景，可能是更重要的运营入口。

从服务对象重心和中长期价值来说，与以往C端影响商户不同，未来商户会对C端流量行为的改变发挥更重要、更积极的作用。银行惯用的"羊毛"权益，可能更要从消费者向商户侧转移，强化刚性消费的后向服务，聚焦好个人经营者的连接，通过金融服务培育其业务服务，提早布局有孵化价值的个人商户，为下一步企业化发展构建长期服务忠诚度，为企业业务长期发展提供洞察能力。

数字货币会推动银客关系的变革吗？

数字货币是一个新事物。近几年虽然试点进程不断提速，但这项新业务会使金融机构与客户的关系发生什么样的变化呢？首先我们看一下数字货币的特征。

- ❑ 从数字货币的属性来看，数字货币本质上属于 M0（流通中现金），因此数字货币资产并不在银行的结算账户体系中。
- ❑ 作为一种电子化的现金，数字货币形成了一种新的取现用现方式。
- ❑ 从现金的属性来看，数字货币与法币一致，大概率不会具备限额约束，对于大额现金的使用场景形成一种工具补充。

各家银行金融机构作为数字货币的中间层运营方，承担了与终端数字货币使用者的直接交互职能。在这个过程中，银行运营发生了什么根本改变吗？

仅从市场关系的角度来看，数字货币的本质影响可以总结为两个方面。

- ❑ 银行第一次具备了对 M0 资产深度运营的机会。
- ❑ 银行第一次脱离结算账户关系开展客户金融服务。

这两个第一次的意义在于，第一个方面代表了新的业务经营形态和增量资产范围，第二个方面代表了运营模式将会摆脱结算账户的束缚，形成新的银客关系。

当然，利好的背后也有新的挑战。

- ❑ 数字货币运营能力成为第三方支付账户的有力补充，可能会提升中大额资金的流动性。
- ❑ 数字货币与百姓的关系运营会与"基础设施型"互联网平台做捆绑，资金运营黏性可能会更加分散。
- ❑ 数字货币的使用与电子银行的服务是截然不同的需求逻辑，银行现有的数字服务体系恐怕与数字货币场景并不匹配。

总结而言，数字货币体系作为国家级基础设施，可能会逐渐拉平银行金融机构与非银行金融机构的竞争起点，核心运营能力仍然会分化为"金融服务能力驱动"与"客户服务关系驱动"两大阵营，并从不同的起点形成不同的运营优势。

而无论是银行还是非银行机构，金融客户关系的运营，或许都需要从结算账户进一步升维到全量的客户资金体系。既然账户的性质已经与存款截然不同，只有摆脱账户管理的思维，才能真正构建数字货币运营的基础逻辑体系。

面对客户关系仍然处于弱势的银行业机构，数字货币能够为其拉取新的竞争高地并使其占据优势吗？这需要我们进一步考虑如何与客户的全量资金建立联系。

基于存量客户的消费市场升维的思考与实践

存量客户经营时代，场景不再是缥缈的战略目标，每一家机构都应该有一个明确的规划，以构建满足自身经营需要的消费场景矩阵。这可以从如下几方面进行考量。

- ❑ **构建场景需要相当大的前期投入。** 如果场景本身无法对业务提供直接的助力，那看起来再美妙的场景战略也难以得到长期贯彻。场景中的定位有很多，关键在于不同的机构如何用好场景。从场景的选择来看，存量的行业优势是必不可少的，消费市场延伸至生产制造与流通，因此构建一个有相对优势的相对垂直的消费市场目标，有助于消费资金与对公经营的联动。
- ❑ **在消费市场的选择上，存量客户的消费偏好。** 存量客户与消费市场布局的契合度越高，存量资金在体系内循环的效率、留存的总量也就越高。
- ❑ **新资金引入方面的场景。** 优质的消费市场场景可遇不可求，虽然从拉新促活吸取外部消费资金角度来说，龙头的垂类消费市场或者大型KA（Key Account，关键客户）很有吸引力，但场景竞争也更加激烈。

对存量个人客户经营来说，场景中的相关方既有消费者的活跃消费频次、消费客单价这些消费者一侧活跃及业务连接的因素，也有场景个体商户、场景内员工的内部服务场景业务连接的因素，还有场景作为一个物理存在辐射外围用户的连接因素。

此外，消费市场场景既是一种连接的渠道媒介，也是一种营销权益的供给主体。

因此，对于一家机构来说，场景的主战略取决于其存量经营目的：若是存量高价值客户活跃，那么就是龙头消费场景的引入以及权益能力的释放；若是存量沉睡客户唤醒，那就是场景的广泛性和辐射外围用户在宣传层面能力的释放；若是存量资金的高效应用，那就是商户侧结算服务的承接，以及商户内员工的深入服务能力释放。

场景经营在今天绝不仅是简单支付合作的问题，撬动场景经营也不是瞎推、瞎试，而是对存量客户消费结构、存量资金消费支出结构以及存量行业布局的深度分析，基于此找到适合自己并能够快速见效的场景经营模式。

第3节　平台经济的逐梦

平台经济的核心在于"平台"：一个要素是"平"，讲求公平性；另一个要素是"台"，是要托起更多的服务在一个舞台上大放光彩。历史上银行的很多服务都被定义为平台，但实际上只是一个系统。"系统"与"平台"常常被混淆，但其本质要义相差甚远。服务存量客户的过程中，平台经济有新的使命，用平台的思维服务存量客户，会改变传统金融服务供给的逻辑。

难以成为平台的"平台"

如今"平台"这个词大家应该都不陌生，很多机构标榜自己建立了"平台"。平台看似简单，搭个台子，邀人唱戏，实则不简单，因为平台化的发展需要很多容易被忽视的基础要素。

很多金融机构做平台,将目光放在了一些做得不错的对标平台上,却在实施过程中照虎画成了猫:一方面流量的活跃与黏性不高,另一方面增量贡献不足,导致与存量的纠葛不断,触及内部矛盾。平台化发展在多数金融机构中似乎都不太对味,到底少了什么呢?

1. 平台的市场定位

要搞清楚平台到底为谁服务,哪怕定位分析再粗糙,也需要搞清楚这个群体的规模有多大、质量如何。在这个基础上,需要考虑平台在服务这个目标群体的过程中,是否存在能力缺项。

举个例子,你想要服务大学生群体,那么是不是全国大学生都可用,还是部分省市的大学生根本用不了,或者大学生中男女用户有差别,年级有差别,学习成绩好坏的学生有差别?这些都是导致目标群体服务不完整的因素。

你想要服务全部老年群体,那么是不是只能服务自己机构的老年客户?能不能服务其他金融机构的老年客户?不同子女属性的老年群体是不是有差别?不同年龄层和健康状况的老年群体是不是有差别?这些都是可能导致目标群体服务不完整的因素。

这个"能不能服务"不仅体现在形式上,还体现在服务中是否有明显的用户体验差异上。或者说,平台的定位会涉及是否设置了"不确定的前提条件",这样的前提条件是否脱离了市场的普遍要求。

多数金融机构的平台定位是存在明显缺项的,这种缺项造成的市场定位扭曲，会直接影响平台未来的整体发展。造成缺项的原因有很多：

- 以银行账户作为服务基础。
- 把金融服务中的KYC当作信息平台服务的核心。
- 平台内容的不平衡。
- 地区服务、营销与传播的限制。

……

定位可以精细化，但是不代表定位内部有缺项。不解决定位缺项的问题，平台封闭，无法在跨业务和跨人群方面形成服务能力，平台也就难以被称为平台。

举个例子，微信里面的广告是平台吗？当然是平台，因为它跨越了不同的广告主，跨越了不同的公众号渠道，汇集了不同的观看用户流量，并对三方都实施了开放接入。

2. 平台的内核功能

平台不是凭空造出来的，稳定的平台一定有自身非常关键的内核功能。就像一个舞台，你只有台面，没有骨架支撑，舞台就立不起来。

当你细数那些耳熟能详的平台时，无论平台规模大小，都至少有一个最基本的内核功能作为支撑，例如信息检索、消费决策、社交沟通、娱乐消遣、安全检查等。

很多时候，这些最基本的功能形成了平台发展的核心竞争力。但是，金融机构在场景化发展中的平台，内核几乎是真空的。正所谓没有主角何来配角,如果舞台上只有配角,那还是一出好戏吗?

这个内核,可能是非金融的场景功能,也可能是深度提炼的金融功能。无论是以什么作为核心功能,可以肯定的是,内核功能的流量质量,几乎决定了整个平台的流量质量,以及未来的发展潜力。

其实,无论是非金融类的场景功能还是金融类的功能,都有可以造就高频服务的空间。核心在于整个功能应用流程中数据更新的频率。**高速变动的内容数据是拉动流量频次的基础。**

关于核心功能,虽然我们无法预知未来,但是选择一个有明显增长势头的定位方向,恐怕是必不可少的。再退一万步,如果金融机构对场景实在不在行,通过对金融服务的流程再造,增强对广义资产服务的创新,同样可以作为核心功能,提升平台的流量质量与频次。

但是,一旦以金融作为核心功能,更大的挑战在于,金融机构普遍仅聚焦于自身的金融服务,会不可避免地因为对同业竞争的担心以及部门利益,而主动逃避服务的充分平台化,用户服务注定难以站在更高的维度视角。

3. 平台的发展规律

除了上述两个核心问题以外,还有一点是金融机构时常忽略的,就是平台发展必要的时间轨迹。平台的发展注定需要经历一个必要的时间周期,即从核心功能的建立,到种子用户的积累,到核心功能的打磨，到核心用户群的衍生需求，再到衍生需求与核心功能的平衡，以及新用户需求与核心功能的平衡。

核心功能的自然生长力，需要经受时间和自然传播的考验，这是最简单的试错验证模式。很多时候，机构依靠单纯的行政命令，难以得到公允真实的市场反馈。

同时，平台中的用户体量和流量规模、质量与平台上加载的额外功能需要平衡发展。失衡是平台发展中的重大隐患。

因为平台一旦失衡，影响的是核心用户群的体验，会造成核心用户群的流失。这种流失不仅仅会造成短期内的数据不好看，更严重的是，它会对市场内的认知、口碑造成中长期的影响，有些影响甚至不可逆。另外，平台的"招商"能力会因此受到影响，内容服务商的利益难以得到保障，合作共赢的目标也就难以达成，这是一个恶性循环的起点。

这种平衡控制本质上考验的是动态运营能力，即从用户画像分析，到不同用户画像的应用行为与对内容的关注，到内容的质量、展现形式与更新频次，再到内容提供者的服务等多个环节的运营能力。

这个过程不该也无法忽略，寄希望于开发一个平台，然后用大规模"招商"的方式快速构建大量内容，通过下指标快速扩大注册规模的发展策略，是不现实的。在实践中这样的做法基本都难以构建核心竞争力，同时有可能让"虚胖"的平台千疮百孔，难以经受市场的竞争冲击。因为这样揠苗助长式的发展模式违背了市场中的客观发展规律。虽然我们不能说绝无机会，但终究是一种赌徒心理，不该被鼓励。

总结来说，一想到平台，多数机构就不可避免地陷入"大而全"的发展黑洞，"不大"显得战略高度不够，"不全"怕无法与存量平台抗衡，缺少市场竞争力。然而，平台已经不是10年前的平台市场，平台化的发展已经进入细分平台的时代，细分价值决定了服务黏性，而细分平台之下，对用户的无差别、低门槛服务，是平台所需要具备的基本素质。

如果金融机构始终站在"工具服务""客户服务"视角，或是将平台依靠于外部服务的堆砌，平台也就难以真正成为"平台"，难以构建一个具备市场竞争力的合格平台。

如果平台无法在核心功能、获客能力方面获得发展，建设平台也就没有了意义。换句话说，如果金融机构在数字化发展中不能通过产品服务解决获客、提效两个基本问题，那也就给金融机构的基本商业能力敲响了警钟。

舞台好不好看并不是核心，有没有观众、有没有高质量的内容，才是平台发展的关键。而这样的关键，更需要机构尊重事物发展的客观规律，避免因为焦虑与浮躁导致失衡发展、跳步发展。

对于人来说，我们总说多大年龄做多大年龄该做的事情，平台发展也是一样的道理，什么阶段就做什么样的战略选择。在当前状况之下，以小、快、准的目标集约发展，强化对市场的理解、对核心功能的雕琢，比过早布局过于宏伟的架构体系更加重要。

"生活"从来不易

银行探索平台化发展的主要案例是各类"生活平台"的崛起。自几年前招商银行进驻"生活"并收获大量用户以来,很多银行都在效仿,用生活的概念,加之互联网化的运营,究竟能不能闯出一条生路呢?

这个问题看起来很简单,有"成功"的案例在前,但实际很复杂,因为"生活"想要成功,天时地利人和缺一不可。这不仅仅是提供什么服务的问题,也包括谁来提供服务,用什么方式提供服务,以及大众接受服务的动机到底是什么。

这些问题的背后,还有更关键的因素,一个是时间环境背后的市场机会,一个是究竟如何定义"成功"。

2021年10月邮储生活(中国邮政储蓄银行旗下App)关停了。一个项目的退出到底是好事还是坏事呢?是否证明掌上生活一定是成功的呢?其他各类"生活"是否开始敲响了警钟呢?

1. 生活到底提供什么服务?

"生活"是个大概念,生活是每个人的刚需,衣食住行都是刚需,但不代表生活中的每一个服务细项都是刚需。因此人们说"生活"带来必然的需求,或许有些偷换概念。

生活中的每一个细项能做好都是一个巨大的市场,所谓细分圈层的崛起在这个时代越来越明显,但如果定位为海纳百川,那一定不是一个可以深度挖掘的市场。即便我们回看过去已经相对成功的互联网生活服务,也无不是从一个垂直品类开始的，或者是从一个相对空白且没有形成寡头垄断的市场开始的，进而通过垂直服务吸引一个价值圈层，再不断延展服务，把控品质。

如果你说你做的是米其林星级之选，可以算是一项实打实的服务。然而，如果你说你做的是"生活"，那这个定位几乎是站不住脚的，甚至不如做"搜索"实在。因为所谓"生活"服务，除了"羊毛"，几乎没有服务的内核驱动力。

2. 谁来提供服务？

银行提供生活服务，这个命题对吗。银行服务于金融，而金融的场景覆盖生活的方方面面，自然金融服务于生活，这没毛病。但这始终是银行从自身视角出发对自己的定位。

对于市场而言，数字化生活的直接对象不是金融，而是信息，因此信息资源的供给才更接近于生活服务的供给模式。这就如同人们在生活中可能需要的确实是钱，但在数字化生活服务中，人们需要的首先是帮助自己做出更优"决策"的信息，而无论是银行自己的实力以及业务牌照还是消费者的认知，都不具备明显的供给优势。

因此，银行提供生活服务这个命题从大逻辑上说得通，但在市场的推动过程中未必走得通。而走不通的表现，就是用户黏性不强、忠诚度不高、复购不足、运营不稳定等。

3. 用什么方式提供服务？

过去几年，App 模式走得通，也能够在一定程度上建立竞争壁垒，但今天，App 的壁垒正在被小程序、微程序打破。App 内的支付也在反垄断环境下逐渐被冲破。今天的市场竞争环境与曾经生活崛起的时代相差甚远。用户正变得越来越懒，懒得去下载一个新 App，懒得去学习一个新 App，懒得去用一个新 App，而且遍地都是优惠、遍地都是补贴。

能驱动这种懒惰改变的因素，要么是社交圈层的强大吸附力，要么是一个绝对垄断独一无二的信息源，要么是一个足够新鲜能够充分调动虚荣心的服务体验。我们今天总喜欢把发展不好的原因归结于"体验"，但真正的原因未必是体验而是"信息"的价值、口碑与社交、网络外部性。

今天的"生活"是否具备了这样的方式呢？

4. 大众接受服务的动机是什么？

我们每天都在面对生活、接受生活，然而"生活服务"又是什么呢？大众接受服务依靠的仍然是信息的必要性以及独特性。今天必要性的信息在各大渠道平台几乎都能找到，通过无处不在的检索也基本可以找到所需要的信息，接受新服务的难度可想而知。

所谓的双 App 模式，背后的本质其实是借记账户和贷记账户的服务需求差异。储蓄卡通过手机银行进行存量资金的管理。贷记卡通过消费积分服务获得权益增值。两个事物本来就属于不同的服务场景与内涵。生活 App 做得好的，大部分都是信用卡做得好的，即便 App 不叫"生活"，也有其活跃的内在逻辑。信用卡业务市场口碑不好的机构，即便生活覆盖得再全，也很难形成稳定的竞争力。所以到底是 App 拉动了业务的发展，还是业务本身的基础构建了 App 的壁垒呢？这个因果关系恐怕需要再进一步分析。

大众接受服务的动机，很多时候不是"生活"本身，而是在金融业务框架下权益的升级、金融服务的升级。

说了以上这些，我们并不是看衰银行涉足"生活"领域的未来发展潜力，而是想说明"生活"体系的构建，在很多时候不依赖于一张大网的铺开，而是依赖于一颗种子的深度嵌入。网越大，下沉的速度越慢，在足够大的海洋中能捕捉到的鱼未必很多。种子够深，探到活水，能够生根发芽，总能形成内生的循环。

生活体系无论如何包装，都离不开内核。这个内核有可能来自银行服务能力蜕变后的信息服务能力，这取决于足够强大的信息生产能力，而不是信息搬运能力。当然更有可能的内核，还是源于一个以消费为核心的金融业务所带来的权益和成长体系。内核价值对应的是信息价值以及圈层的成长潜力。

没有内核的生活，即便用户暴增，看似数据辉煌，但以银行的角色和价值逻辑来看，也可能成本远高于收益，难以长久维系，背后的苦恐怕只有银行内部自己清楚。

若是没有这些，再刚性的"生活"也抵不过市场的筛选。毕竟"生活"从来不易，也从来不缺，消费者要的更多的是生活背后的东西。

平台思维与存量客户

平台思维对于互联网来说是个成熟概念，但对于银行来说总归是一件新鲜事。平台思维在银行内的价值不是为了证明银行有实力做出一个高活跃度的互联网平台，而是在于银行能用平台思维进行自身业务的经营。对于存量客户的经营来说，平台思维至少有如下几个核心作用。

1. 手机银行服务重心从交易向前延伸至内容服务

平台思维不仅仅是聚合金融业务的交易功能，这仅是将线下渠道的交易功能做到线上化与自助化，但渠道的运营重心并非交易功能，而在于渠道内客户/用户的动线、服务内容的展现、交互方式的打磨。今天手机银行的内容推介还主要体现在广告资源的配置应用上，对于模块内内容的供给、通知形式的迭代却缺乏关注。各项基础业务交易功能在服务中的组装，因为缺乏业务逻辑的聚合，导致只能将交易功能做静态的展现，而不是灵活地应用内容服务驱动用户行为导向交易目标。

2. 生活服务重心从活跃流量转向权益供给

生活服务的底层需求是日常的消费需求，而消费需求背后能够撬动用户行为发生改变的主要是丰富多样的权益供给。权益作为一种经营工具将主要用于驱动用户金融转化，而非如互联网一般驱动平台活跃。在这个服务中，越发丰富的权益供给才能提供给存量客户更加专属的回馈体验，从而形成能够形成长期习惯的服务黏性。当银行侧支付业务利润变薄时，银行在消费市场的核心布局将自然而然地转向权益供给，生活服务平台自然承接了这一重任，权益供给的平台化将为存量金融业务的激活提供更加丰富的支持。

3. 私域服务重心从客服转向业务连接

过去的客户经理销售队伍（无论是远程银行还是网点），在数字化时代不可避免地要对交互渠道工具进行变革，人与人的连接方式也从简单的线下面对面与电话沟通二元结构向多渠道混合形式转变。银行 App 内需要人的连接，在即时通信软件中也有大量的人的连接，因此私域内的服务本质上已向平台化发展，不仅仅是业务产品供给的平台化，员工工作计量也在平台化。私域的服务不再是一线销售岗位员工的服务，"全民营销"最大化发挥人力资源在业务经营上的助力作用，在私域工具下也不断变成可能。

第4节 金融生态的关系

生态是一种多个主体之间资源流转的闭环平衡状态。银行参与生态，或是打造生态，打造的到底是什么生态？过去几年很多人将生态定义为跨界联合，但在存量时代，跨界不再是核心主题。银行参与的生态主要就是"资金生态"，从最简单的B、C两端联动，到细分的B-B-C联动，再到连通政务服务打造服务社会生活的G-B-B-C联动。这种生态的稳定性取决于资金在生态内的循环程度，当资金不断从生态内流出时，要么说明生态建设体系不健全，要么说明还未形成有序的生态。

存量客户时代如何定义银行与互联网的关系？

我们正处在一个"流量过剩"的时代。流量过剩是由于我们的行为高度数字化，导致流量激增。从互联网来看，流量发展已经进入瓶颈，可以说流量的增长已经难以靠用户增长来驱动，而要依靠内容叠加来形成。虽然用户增长趋缓，但内容消费量仍然在激增，这就是现状。

对于银行来说，存量市场的竞争最发愁的是"资金"从哪里来，其次才会还原到资金背后的客户从哪里来、数字连接的用户流量如何增长这样的问题。在互联网流量分配极其不均衡的今天，银行与互联网之间的关系是我们需要重新审视的。

过去我们一直有个判断，互联网的平台属性跨越了不同的服务提供主体，大家把这个模式对银行的影响比作"降维打击"。但互联网所打击的并不是业务本身，而是一种银行与客户的服务关系。

今天银行体现出来的存量客户关系弱化，一方面来自互联网新中介的定位冲击，另一方面源于银行自身应对市场关系变化、构建市场关系能力的不足。

今天全市场用户流量都在激增，渠道高度碎片化，各项应用服务在数字化转型中变得唾手可得，"数字化的客户关系结构"再次发生了变化。

现如今流量充裕且仍在快速增长，但流量变现的效率并不高，在巨大的流量市场中，优质的内容服务仍然是极其稀缺的。因此我更愿意将"优质内容"生产者视作跨越平台的新一代"降维打击"者。因为无论是看与听的内容，还是体验收获的产品服务，都因产品内容的垂直与专业性而体现出跨越平台的服务优势。

与此同时，这个时代对市场品牌的锻造，也再次从流通渠道回归到内容生产者这一主体上。尤其在互联网市场，对渠道的忠诚度正在降低，对内容的忠诚度在不断攀升。对内容来说，内容的构成是多维度的，我大致将其分解为以下几个类别。

- 人——情感的价值。
- 信息——认知的价值。
- 产品——交易的价值。

三个类别相互组合，侧重点及起点不同，也能形成截然不同的内容形态。

银行作为传统的商业机构，无论是对人、信息还是产品都具备垂直专业的能力，也因此而具备跨越平台的服务能力。但是少了点什么呢？一是流量的识别能力，主要是流量背后对存量客户的识别与连接能力；二是市场策划能力，主要是应对新市场的市场关系策划执行能力，而不是销售能力。

这个时代是不缺乏流量的，因为互联网的发展已经集聚了极其丰富的流量基础。流量在发展中根据运营权限和运营方法，可分化为很多个细分流量类别。

- 媒体类公域流量。特点是浅层链接，大量，形式标准，内容多样。

- ❏ 场景类弱运营权公域流量。特点是功能嵌入，规则严格，资源有限，场景捆绑强。
- ❏ 场景类强运营权公域流量。特点是规则灵活，场景捆绑弱，自主性要求高。
- ❏ 共享型私域流量。
- ❏ 自营公域流量。
- ❏ 自营私域流量。

……

流量来源的不同导致流量的应对方式不同，如有些流量依靠采买，有些依靠自行营销，有些依靠业务合作置换，有些依靠行政命令……对当今的银行来说，数字化经营当然需要自建渠道，但是否只能有一个渠道？是否只能依靠自建渠道？显然这样的考虑过于狭隘，多维度、多类别的流量掌握，以及针对不同流量属性配套相应的经营流程，更符合今天的银行互联网经营或是数字化经营需求。换句话说，该买的流量就去买，该换的流量谨慎换，该建的流量用心建，该用的流量别浪费。

获得流量并不难，核心在于流量在经营侧的合理应用。**多创造效益，少造成浪费，没用上的流量宁可做"回锅肉"也别扔掉**，这就是闭环流量管理的意义。但这个闭环有个前提，那就是银行需要知道自己缺乏的到底是什么流量。如果只是为了一个流量的总体数值，那在今天存量经营的时代是收效甚微的。

面对新的流量市场结构，流量的定价管理更重要。人工推广需要成本，流量采买需要成本，合作置换流量也需要成本。对流量成本的考量可能要更加开放化，不能从一笔交易价格来评判流量成本的高与低。同样，流量在不同的业务场景中，也会产生不同的转化效率，所以流量定价管理是一个动态持续的过程，目标就是在现状基础上提升投入产出比。

互联网自然有其流量变现的诉求，但金融机构也有其流量转化经营的诉求。诉求不同，也就没有那么强的竞争关系，更像是生产者与流通者之间谁赚多谁赚少的协商关系，竞合关系中"合"的比重看起来更大一些。

虽然对互联网来说客户关系与渠道的捆绑更重要，但客户关系本身就是不断变化的，生活水平的提高与消费的升级，自然会带动金融服务需求的升级。在升级的过程中，渠道的藩篱会受很多因素的影响被打破，而市场所追逐的核心仍然是服务产品自身的专业性、体验感，进而形成对产品服务提供者的认可。

总结而言，产品本身的同质化导致市场对产品差异化的认知不敏感。人与信息这类软实力成为用好流量、实现数字连接的核心竞争力。而多维度的数字渠道连接能力、精细化的流量运营能力以及强大的市场关系运作能力，是将银行软实力、跨平台服务优势发挥出来的基础。

从跨服务降维到跨平台降维，降维之路总会此起彼伏，找到自己的诉求点更重要。

数字化时代银行的生态梦

在2015—2017年，银行纷纷进入从电子银行向网络金融的转型期，随后除互联网金融以外的各个部门也相继拥抱互联网。确切地说，从 2014 年开始，银行已经开始向自建场景或直销银行领域深入探索。那个时期，互联网虽然已经进入下半场，但还是留给了市场很多的遐想空间。

银行也普遍认为其在互联网市场中应有一席，以便为金融在新时代的逆袭留足空间。

不过互联网的发展速度远超大家预期，互联网增量瓶颈的出现显得意料之外却也在情理之中。伴随几轮场景的重组洗牌，各类场景的龙头企业或独角兽企业相继产生，大的机构服务要么已经成为人们生活的一部分，要么基本越过了盈亏的平衡点，而流量也不再是关键，因为用户的可用时间已经被瓜分殆尽，剩下的新兴机构难以长期渗透至人们的生活习惯中，自然也就难以持续抓住用户的时间。

"补贴，买来用户短暂的时间，没有补贴，用户时间流走"也就成为包括银行在内的很多机构在互联网大势中苦苦挣扎的应对方式。

在这种艰难的市场环境下，银行仍然在努力追求"场景"，追求高级的"生态"，为的就是建立一种能够与客户或用户长久连接的方式，但是这样的场景与生态，真的还是曾经我们所理解和所需要的场景与生态吗？或者说，今天的场景与生态的构成要素，还是我们心中那个答案吗？每个人的答案又真的一致吗？

至少到今天，我仍然认为，大家对场景与生态的理解虽不一致，但类别很相似，仍然如当年一样，把场景与生态归结为产品或渠道的变形。

获得场景，就获得了用户黏性，这个判断近几年来几乎没有变化，但是搭建了场景平台与获得场景并不能画等号，开展场景合作实现功能嵌入也无法与获得场景画上等号。因为在场景与用户的关系中，银行的角色定位实在非常弱，银行在场景中能够形成的运营效果也实在有限。

这不是银行本身的问题，也不是场景的问题，而是因为人在面对场景时行为习惯的决定力在不断强化。你能改变场景的样子，却很难改变人的原始需求，以及与原始需求相匹配的顽固的习惯。

今天的场景遍天下，场景真的还能"获得"客户吗？客户在场景中开了一个电子的账户，完成了一笔附带权益的支付，留下了一个手机号，还能够被定义为"获客"吗？到底什么才是"获得"了客户？

这样的问题恐怕需要再自我拷问一遍了。如果我们还是以自我认知的方式去考虑获客，那么银行对客户的获得乃至对业务的获得，可能随时会面临更为严峻的挑战。毕竟对大众来说，没人愿意再被获得了，大家只看是否气味相投、彼此顺眼。

说回生态，如果对场景的认知变得如此艰难，那么生态的概念就显得更加模糊了。生态有大有小，但生态与场景的诉求并不一致。场景只是满足人们特定的需求，带有一种即时性，而生态追求的是共生与循环，促进中长期的多方互利共生，生态的构成主体一定是利益（养分）上的循环。举个简单的例子，银行、广告公司、内容创作公司、合作商户或企业、用户、媒体平台可以共同构成一个小型的生态。

银行激励内容创作公司产出内容、提升内容运营效果，广告公司为内容创作者提供价值变现的空间，合作商户或企业提供联合推广的成本，用户与内容交互为银行业务提供新的数据，媒体平台实现用户流量的持续引入。在此基础上，可能内容的审核公司会加入，专业的设计服务公司会加入，技术公司会加入。

各方有各自的利益诉求，有各自的业务循环，小的业务循环连成了大的生态循环，更多的场景、更多的角色、更多的用户类别加入进来，相互促进，共同推动用户交互的增长，从而不断创造价值，实现生态的自行生长。

我一直不太认可所谓的"行业生态"，因为行业更多的是产业链条的串联，线性的关系更强，而生态则更立体，价值创造的方式更多样。

银行的生态梦很美好，而生态的构建很多时候需要遵循自然的法则，尊重"成长"的逻辑。生态的建设如果过分追求大规模企业级的发展起点，就势必要有更多的人为干扰机制作为供给，否则就可能像人造器官的移植，虽然蓝图很美，却很难真的融入人们的生活，如果处理不好，大概率会发生极强的"排异反应"。

数字化加速弥合了信息的不对称，也加速抹平了很多本应存在的差异与特性。这是一个流量遍地皆是，服务唾手可得，同质化服务层出不穷，用户行为习惯顽固又懒惰的数字化时代。

今天的场景，或许已经不再由那些"物理属性"很强的需求构成，更多的是由"人"的属性构成，因此场景更需要依靠打动人心的沟通来建立。

今天的生态，或许不再是由场景的堆叠或者产业链条的连接构成，更多的是由不同的"商业/社会诉求"拼合而成，建立在那些与每个人密切相关的小事情上。

联合 G 端开展存量客户运营服务

近几年来，金融机构对 G 端的关注度明显上升。这个关注度不是指传统机构业务的关注度，而是希望通过 G 端实现零售服务的拓展。

关注 G 端，主要是为了开展便民惠民工程。各地政务服务开始实现数字化，在政策指导下，移动政务、流程优化、联网上云开始进入加速期，背后的逻辑自然是为了更好地提供便民政务服务以及对社会实施数字化治理。政务的主题非常多，就某直辖市的政务服务分类来看，有 30 余个细项。

金融机构普遍认为，政务服务是刚性服务，其流量可以带来与金融服务的更好互动。金融机构基于其网点的便利性、服务客户的强实名特征，可以与政务服务更好地融合。

但是，政务服务本质上是一项低频服务，政务场景与金融场景均是低频刚性的场景。金融与政务如果仅在办事功能上进行融合，实质上仅能起到完善存量客户服务的作用，对金融增量获客与流量运营的价值贡献并不突出。

当然,这不是否定银行和政府在数字化合作中的价值,对 G2B 的模式来说,政府主导的采购平台、招标投标公共服务平台、公共资源交易平台、中介服务交易平台是几个有重点交易价值的 G2B 服务平台,有大量 2B 金融服务的空间。此外,通过软件开发服务、云服务,满足政府机构客户在数字化发展方面的诉求,获得机构客户的存款、结算业务是最直接有效的合作。

那么,G 端服务如何更好地促进零售领域发展呢?我们不妨换个视角,站在用户的角度,将用户还原到公民身份,去思考用户与 G 端的关系。

G 端是维度最高的信息中介,而且具备强信息校验能力,而这些信息的实际应用并不在省级、县级层面。当 G 端服务下沉时,我们不妨把视角落到乡/街道、村/社区这一行政级,去看看公民在行政末梢的需求与行为,以及基层组织治理方面的交互诉求。

人与家乡所在地、居住所在地、工作所在地、亲属所在地的关系,都与基层 G 端密切相关,而对这些与自身密切相关的末梢区域发展的关注,相比政务功能服务本身频次更高。而相比省市政府信息而言,因为面向基层的信息化服务不足,信息流动性更新频次不强,信息不对称性更严重,行政区划末梢信息更加封闭,数字化需求满足程度较低,所以面向这些层级的服务或许还有比较大的空间。

而末梢也是最能够触及目标人群、实现运营交互的环节,所以在我看来G端的真实机会在于基层组织的数字化服务，完善区域的运营能力，提升区域治理效率，获得民众对基层服务的认同，而政务功能只是叠加在上面的低频必备服务。

在此之上，完善面向基层的活动补贴，公共基金的查询管理，各项补助发放，社区服务与商业的整合，物业服务与保障保险，社区项目定向投融资等，金融的触点也就不断精准了。

今天政务服务的痛点在于缺乏高效专业的运营机构指引社会中的各个组织更有效地使用政务服务。现有政务服务中虽然有一些大型互联网平台提供这样的支撑，但对复杂的经济与行政连接关系仍然缺乏运营。对于银行的大量存量客户来说，政务与经济关系的连接必不可少，如果能发挥更有效的运营支持作用，那么金融与政务之间的联动也会变得更加通畅、高效。

围绕G端的金融服务话题还有很多，但都在尝试摸索阶段。或许在G端服务不断下沉的过程中，将有更多的机会涌现，毕竟很多时候顶层合作需求与基层市场需求之间的差距还是不小的。

第 5 章 CHAPTER
数字化渠道的全面协同

渠道是金融服务的场地，由于渠道是业务与客户的直接联系通道，因此，渠道的优劣直接决定了银行与客户的关系。今天的市场客户对渠道的直观感受远比对金融产品竞争力的感受更加强烈。渠道需要流量，但在存量竞争市场中，渠道更需要存量客户的认可与依赖。在今天认可与依赖不再是流量漏斗的结果，而是流量变现的原因。这种依赖需要我们重新探索用户对渠道服务的预期以及动因。

第 1 节　流量市场的突变

流量是渠道建设无法忽视的元素，无论是线下渠道选址，还是线上 App 建设。但流量背后不只是"量"大小的问题，更为关键的是流量"质"的结构。存量市场，找到"质"最高的那部分流量，是机构需要突破的核心问题。

银行对流量的理解是否跑偏？

一直以来，我们常常听到关于金融场景高频与低频的争论，也正因为如此，银行越来越关注用户与流量。但在实际工作中，我们也常常看到，有些银行对流量的理解过度依赖高低频的划分，甚至以追求高频流量作为数字经营发展的主要驱动因素，这恐怕并不准确。

从大的原则来看，流量频率的高与低并不直接决定数字经营的好与坏，低频流量也可以创造大量价值，高频流量也有可能带来低效的运营结果。因此，比高低频更关键的是流量的质量。而评价流量质量的依据是用户需求运营空间的大小，包括需求的起始状态、持续交互的时长、可运营的方式与权限等。接下来我们通过三个问题来说明。

1. 互联网什么时候需要高频流量？

互联网早期追求流量，是因为商业模式短期无法盈利，高频流量与用户是核定其价值并持续引入资本、持续经营的关键指标，也是持续运营创造价值的关键。但是高频流量就一定能带来盈利吗？我们看到，绝大多数互联网在未形成极高的活跃用户量级以前，虽然收入增长可观，但盈利仍然有较大的压力，毕竟流量的规模效应还没有显现。

高频流量的背后一定需要丰富的变现手段，去转化尽可能多的用户，从而实现盈利。然而，为什么互联网流量可观，但是与金融产品的合作不多呢？

监管虽然是一个原因，但核心原因还是在于，金融固然好，但需求远不如日常消费品，单靠金融难以满足长尾用户流量的运营需要。所以，今天互联网进入商业化阶段，就形成了一种平衡：金融转化收益高，但是转化率低，互联网接入需求并不强烈；商品转化收益低，但是转化率高，互联网甚至渗透至实体经济中，自建产品体系挖掘更大收益。

在市场经济的取舍中，不同的交易属性会通过筛选实现相应的价值，所以我们看到大多数的互联网流量经济普遍应用在消费品电商交易中，真正用在金融领域的还是很少。前几年 P2P

（Peer-to-Peer，点对点网络借款）发展的结果大家心知肚明，把金融做成消费品的流量运营模式势必会放大风险。

2. 银行获得的高频流量质量如何？

很多银行在发展线上渠道的过程中，非常注重渠道的使用频次，最先想到的就是高频消费、高频权益，因此"登录有礼""便利店补贴""缴费特惠""食堂打卡""早点优惠"的营销方案层出不穷。但是有些问题似乎没有回答清楚：流量因何而来？流量因何而留住？花钱补贴来的流量真的创造了价值吗？

流量汇聚的原因有很多，例如补贴、产品价值高、内容价值高等，从银行当前拉取流量的产品服务来看，绝大多数的流量来源都带有明确的目的性。而这种目的性与内容服务无关，主要是与产品和"羊毛"有关。

很多人会忽略流量背后的目的性，但目的性会直接影响流量的后续运营。例如，登录银行渠道本身就带有办理某一业务的明确需求，去便利店就带有消费某一商品的明确需求，吃早点就有吃完赶紧上班的明确需求。

产品和"羊毛"的需求很相似，就是短平快，获得即结束。场景的本质也是一样的。

在传统厅堂营销的背景下，产品和"羊毛"的作用更大些：只要你来，我就可以通过"人"的因素，在 5～10 分钟的聊天中让客户被动接收信息，以激活潜在的金融需求。但是在线上服务的过程中，这种交互的时间甚至小于 6 秒，明确的需求被满足后，流量的黏性就会快速降低。在外部场景中，没有银行营销人员的深度介入，没有场景运营方的深度捆绑，结果是一样的。

这种"所见即所得"的需求，在线上服务中比在线下营销中更为明显。

因此，对于银行来说，获得流量不是这个时代的难题，流量做得高频也不难，留下流量、延长交互时间才是需要重点解决的难题。

3. 银行需要什么流量？

分析银行的流量运营思维，从大类上看首先要看流量的属性。流量分为金融产品流量、支付流量和公关流量。

（1）**金融产品流量** 金融产品不同于消费品，金融的需求不产生于"逛街"的过程中，你绝不会因为闲得无聊所以去逛银行，然后选择某一金融产品服务。金融需求产生于特定的条件下。因此，无论是投资理财还是信贷，撬动金融产品的需求一定是低频的，而低频流量的运营，最核心的是准确性。

通过准确性创造价值的条件有三个：正确的时间，正确的产品，正确的人。因此对人绝对不是无意义地寻找，而是在成熟的流量池中，通过对应的兴趣偏好产生的正确时间，来锁定正确的人，最后给到正确的产品。

所以如果想要主动出击实现线上流量的经营转化，找到大基数且持续活跃的流量池，研究精准营销匹配会比在传统电子银行渠道体系内运营流量更有效（除非电子银行渠道本身已经具备丰富的黏性流量基础，这涉及产品的定位，不再赘述）。

（2）**支付流量** 支付流量带有明确的目的性，即交钱—拿到自己想要的产品服务—结束交易。所以支付流量的运营空间非常狭窄，总体需要依靠持续的优惠权益运营。

另外，支付流量是否有价值，不仅取决于支付场景，还取决于支付工具，以及工具背后的产品逻辑，甚至后者更为重要。

支付流量的价值，一方面来自用户端银行卡结算的收益，另一方面来自商户端的金融服务。如果我们以支付流量来撬动渠道活跃，就要想清楚撬动"什么渠道"的活跃，以及花多大成本创造多少价值。因为短时、高频的流量，并不能撬动大多数非成熟渠道的活跃，也难以解释清楚对价值创造的综合贡献。

（3）**公关流量** 这类流量没有明确的交易转化需求，更多的作用是持续维系市场关系，拉取用户在市场感知层面的关注。这种流量需要更为广泛的覆盖面，尽可能降低年度单用户触达成本。

总结来说，银行业传统的"流量观"是锁定在自建渠道的范围内，这种流量获取的瓶颈会因为渠道产品的设计思路而不同。

今天的"流量观"，更要从自建渠道延伸至全市场流量的范围。当流量唾手可得，用户习惯于所见即所得时，流量经营自然也就进入了新的范式。而金融因为其服务的特殊性，自然更加关注流量的识别与服务的供给，形成交易的闭环。

过分考虑流量频次的高低去发展自建渠道的流量，而忽视全域流量及渠道定位，可能难以达到数字化经营的根本目的。

缺少流量的应用和流量过剩的时代

经历了互联网疯狂生长的时期，"流量"的概念渗透到各行各业。伴随而来的概念还有很多，例如"流量为王""跑马圈地"。也正因此，银行的渠道发展战略发生了很大变化，"互联网化"成为一个渠道发展的选项。当然，今时不同往日，很多问题开始重新被放在研究的课桌上。

- ❏ 银行转向互联网运营，到底是升维还是降维？
- ❏ 流量到底是"因"还是"果"？
- ❏ "场景"的内核是流量价值还是业务价值？
- ❏ 银行真的缺少流量吗？

下面简单说说上面四个问题。

1. 升维还是降维？

我们经常提及用户和客户的概念，然而在经营或运营逻辑中，这两者不是谁好谁不好的问题，而是逻辑截然不同。互联网抓取大量用户，但价值创造依赖于交易，因此用户的客户化是其价值变现的最核心目标。商业银行基于账户抓取大量客户，但常认为银行缺乏客户的活跃，因此把客户的用户化作为提升渠道活跃度的主要方向。

但终归来说，"客户"始终是"用户"的子集，银行账户直接带来客户。用户向客户的转化，是互联网的一种升维经营方式，但把存量客户用户化还是升维吗？可能这反倒成了一种降维。

把高黏性的账户资金关系演变为低黏性的活跃连接关系，在一定程度上降低了客户迁移的门槛。甚至将客户的关注点从业务价值转移到"羊毛"权益价值，这种方式有可能衍生出更大的客户关系维系风险。

因此，我们认为用户经营在增量的客户关系发展中是升维的，但在存量的客户经营中可能是降维的。并不是任何线上渠道的发展都是降维的，这取决于渠道的属性，工具型的渠道和互动型的渠道对应着不同的服务维度，前者以服务客户为主，后者以服务用户为主。

互动型的渠道本应承担更多的用户维度经营目标，但核心在于目标市场应该定位于"非存量客户"，即服务于全量用户，在全量市场服务中挖掘增量转化价值。因此对于渠道的推广方式和目标受众，应有差异化策略，其中非存量的获取与活跃结构情况就是衡量这种渠道价值的重要依据，而非简单的注册量、活跃量。互动型渠道更依赖好的内容供给。

工具型的渠道本身就是存量客户的服务主场，其活跃高度依赖于客户的业务关系、账户使用频率。最好的业务办理体验、最好的客户级权益，就是持续拉动渠道发展的基础。工具型渠道更依赖于优质的业务办理体验。

2. 因还是果？

流量是一种现象，是"人"的行为所呈现出来的现象。流量的多与少、频次的高与低，在一定程度上都是行为结果。

对于互联网来说，流量带来可变现能力，流量多少与变现总量自然是正相关的关系。从价值创造的逻辑出发，流量看起来是个因，转化看起来是个果。但实际上，**流量是互联网互动内容运营的果**，这个果支撑了资本对其发展的想象空间。对银行来说，我们常常认定流量是因，金融交易转化是果，但当你真实运作渠道的时候，你会发现，金融存、贷、汇的刚性需求是因，流量是果。很多时候不是流量带来金融的转化，而是金融业务的刚性诉求带来了金融渠道的基本流量。这些年，金融在运作渠道的过程中没能真正突破这样的因果关系，工具渠道多，互动渠道少。流量的总体数字固然在飙升，但流量因何而来，又去往何处？这样的因果结构是否符合预期？我们是用流量带来收入，还是因成本而带来流量？成本是边际递减的，还是伴随竞争程度的不同而持续增长的？今天的银行流量经营仍需要去辩证看待这些问题。

3. 场景是什么价值？

场景这个话题伴随流量而产生。为什么流量会衍生出场景呢？通用流量的价值创造能力天然存在瓶颈，特定属性的流量在关联品类交易中有更强的转化关系。"深耕场景"从红海竞争转向特定垂直赛道竞争，成为近些年资本在后流量时代押宝的新故事。

但是，场景的概念并不是新事物，与自古"三百六十行，行行出状元"是同一个道理。场景天然存在，只是把海量的用户应用行为用另外一种方式进行分类概括。而场景本身的业务价值，尤其是场景中的C、B业务关系并未发生改变，数字化的场景发展战略只是用了另一种方式描述这样的B、C关系，让特定行业的特定交易环节价值更具象。

在一定程度上需求造就了场景，而非场景创造了需求。场景更主要的作用仍然是带来了"流量"的结果。流量在场景中的角色不是流量本身产生了价值，而是场景的经济关系产生了价值，场景体验的优劣带来更好的流量反馈，流量并不是场景中价值转化的根本原因。

所以，很多金融机构谈数字化，将场景看作获得用户的法宝，但用户价值转化的路径未必贯通，场景的实际价值转化也未必经过流量的获取与沉淀。场景的业务价值与发展客户关系之间是存在关联的，但与渠道、用户流量的关系恐怕还需要再探究。

4. 流量缺少吗？

今天全市场的数字渠道似乎都在焦虑流量不能持续增长，但另一个现实是，全市场的用户时间与流量几乎已经高度饱和，我们可支配的时间几乎已经被碎片化的渠道瓜分干净了。

在碎片化的渠道中，渠道早就开始了焦灼的流量变现竞赛。我们可以依靠朋友圈、公众号体系投出一系列广告触达微信生态。我们可以靠DOU+投入100元带来上千次的视频浏览，而在快手和小红书，同样数量的流量成本可能只有40~70元。

流量几乎已经成为平台既烫手又宝贝的资源，如何变现、如何把流量卖掉、如何养活海量流量背后巨大的运营成本，成为所有平台考虑的问题。这个时代从来不缺流量，只是不同质量的流量的价格不同，没有买不到的流量，只有价格不同的流量。在共享互联的时代，流量本就是通用的，集约化应用别人的流量永远比拼命维系自己的流量要经济。

我们经常会认为自己渠道的流量自主性才更强，自主性的高与低，与可应用流量的多与少一定是相关的。而从流量的属性来看，银行手头上因为业务、补贴而带来的流量，本身具有明确的目的性，本质上是一种行为的结果，将其真正作为转化的动因，所谓的漏斗模型恐怕并不成立。

什么时候银行的"流量"可以成为价值转化的动因呢？恐怕需要渠道能够满足"非存量"客户的使用需求，具备自然的非特定客户扩张与黏性留存能力，这时流量才具备增量转化的基础。当然这样的机会窗口在今天的互联网市场已经非常狭窄了。

或许把握好账户的业务关系，更能带来流量数字层面的飞跃。而为了驱动价值转化的那些流量，未必需要巨大的基数，可能更需要用户结构上的数字。例如，是否带来了新客户，是否激活了老客户，是否带来了对标对手的客户。所以今天银行在流量争夺的过程中，究竟是升维了还是降维了呢？

关于平台、渠道与流量

相信很多金融机构都在研究流量，研究互联网爆发后的一系列新运营理论。关于这件事情，我也曾一度将线上流量看作替代线下经营的新模式。

几年下来，伴随更为具象的实践，恐怕我们需要再好好审视一下流量本身，以及我们常说的平台和渠道。

1. 流量是什么？

流量背后是潜在需求映射出来的行为动作。怎么理解这句话呢？我认为流量的本质是一个动作，这个动作是由明确需求引发的。例如：浏览，本质上是消磨时光的需求以及寻找解决方案的需求；通行，本质上是工作、回家、打发时间等需求。

所以，很多时候流量背后的需求不是被激发出来的，而是对明确需求的一种满足。只不过满足需求的最终商品、服务，通过运营得到了决策上的改变。

但是，这些行为动作不等于交易，而是交易前一系列附带的必经流程。这些动作落实到线上就是一个数据记录，带来了存储上的变化；落实到线下就是一个物理空间中的活动，带来了周遭环境的变化。

而流量的本质都是一样的，不论线上、线下，只是运营的工具形态不同。

2. 渠道与平台

流量作为一种行为，就需要有承载这种行为的空间载体，这个载体我们暂且称为平台，在行为抵达需求满足的彼岸之前，这种公共行为的沉淀都会流向平台。今天我们的数字平台是平台，线下的道路、街区、商业综合体也是平台，大家提供的都是流量沉淀的空间。

但是，平台是不是渠道呢？我想平台严格意义上不属于渠道，渠道本质上是提供交易与服务交付的，所以具体的网店、具体的实体店才是真实有效的渠道。当然，今天很多机构把渠道与平台混为一谈，或许需要先厘清哪些部分是沉淀公共流量的平台，哪些部分是流量转化的渠道，这样才会有更为具体的流量运作逻辑。

有些人会疑惑：为什么这么区分？这是不是咬文嚼字？因为平台的运营与渠道的运营逻辑是不同的。平台核心做公共流量的汇聚分发，渠道核心做转化，如果渠道天天琢磨不赚钱的流量，平台天天琢磨自己的流量变现，恐怕就要出大问题。这也是今天平台经济越来越像公共基础设施或者必须要向基础设施转变的原因。

3. 流量的差异

流量虽然在本质上是一样的，但在不同的渠道环境中又是不一样的，而这种不同表现出来的主要是运营成本效益的差异。

举个例子来说，线上流量看似唾手可得，但是从平台到渠道的引流成本日趋提升。用漏斗来看：

平台流量获取成本 > 渠道流量获取成本 > 买单客户服务成本 > 买单金额收入 > 售后服务成本

线上流量的每一个经营环节的成本都是日趋提升的，而线上作为一个比价环境，绝大部分流量都是以小额交易为主的。所以，线上流量本质上是一个规模经济的发展模式，小渠道注定需要付出更大的引流成本、供应链成本、客服运维成本。很多时候大家看到的是平台经济爆发的流量，以及部分头部渠道的风生水起，看不到的是平台之下更多渠道高昂的运营成本。

对于线下来说，流量的属性则不同。虽然区域流量总有天花板，总规模和线上比起来九牛一毛，但是流量触手可及，因此平台向渠道有效转化的成本相对更低，因为有线下空间氛围和"人"的因素，买单成交以及金额带有更高的议价空间，且售后比率更低。

这是一个很有趣的现状。在线上大家关注平台，平台的利益更容易被放大，平台的流量边界似乎更为模糊，流量也习惯性地在不同的平台间流转，但是平台之下的渠道转化却有着清晰的边界。无论是大数据还是集中化运营，都在将渠道的流量边界筑得更牢，想要从平台获得流量。

在线下大家关注渠道，渠道的利益更容易被放大，线下平台的流量有着清晰的边界，流量总量难有大波动，但渠道获得流量的边界却相对模糊。线上、线下的竞争格局截然不同。

4. 新零售的"人、货、场"

新零售重构了"人、货、场"逻辑，这一说法由来已久。但在我看来，新零售本质上是传统线下的变革，或者说这种变化本质上是在改变"线下平台"的边界问题。通过线上平台构建，模糊线下平台的边界，从而实现"域外引流"，创造传统线下难以实现的效果。

逻辑上需求就是需求，平台就是平台，渠道就是渠道，流量就是流量，而人还是那个人。这个串联逻辑虽有优化，但也不是颠覆的，只是运营侧重点从渠道向前延伸到了平台。归根结底，平台挣的是流量分发和基础设施的钱，渠道挣的是产品交易转化的钱；平台有平台的使命和目标，渠道有渠道的使命和目标。平台做得再大，无法应用渠道能力实现价值变现，也是徒劳的。要么是平台消亡了，要么是平台变成渠道了。

流量背后的需求是刚性的，因此流量也是刚性的。人离不开物理空间，因此线上与线下的流量本质上没有替代关系，虽然占比、权重可能发生变化，但不可能成为零和博弈。

今天金融的诸多服务还都在渠道层，距构建平台层还有相当远的距离。这种难度不是技术层面的，也不是运营人员层面的，而是平台在一家金融机构中的定位问题，要有平台的中立性，要有做基础设施的决心，以及要有能让基础设施存活下去的价值运转模式。如果只是看流量眼馋，觉得流量应该抓手里，平台想做渠道，或是渠道想做平台，都未必能走出一条坦途。毕竟挣的钱不同，道也不同。

金融需要的流量

"用流量转化变现"，很多人笃定这是互联网运营思维，进而希望金融业务可以通过流量的运营完成有效转化。

因此，很多渠道端都寄希望于通过扩大流量的总量与频次，来扩大流量转化的基础盘，以满足流量转化的目标，但真实情况是这样吗？在这个问题基础上衍生出来了另外几个问题：金融需要什么样的流量？需要多少流量？需要付出多少成本来获得这些流量？

1. 需要什么样的流量？

一方面，金融不同于一般消费品。海量的消费品可以满足一个普通人几乎所有的场景，因此无论是客群维度、消费客单价维度还是消费品类维度，都能够找到消费品作为转化标的。但是金融并不是这样的，金融只是直接满足"金融需求"，而金融需求背后的消费需求太不直接，所以流量对金融的转化远不如一般消费品。

另一方面，金融过于专业。除了"转账支付"以外，无论是存款、理财还是贷款，既会涉及自己辛辛苦苦赚来的钱，还会涉及自己辛辛苦苦积攒的信用。对绝大多数人来说，哪怕再小的金额，也需要有"人"来咨询咨询、打听打听，且金额越高，越离不开这个"人"的因素。

再一方面，金融与互联网不同。互联网属于单一流量、海量转化标的，但金融基本属于相对单一转化标的、多种且限制性的渠道工具流量。金融的流量天然带有"多渠道交互""跨渠道转化""强筛选"的特征，复杂的服务会在多个服务渠道进行交互后，最终落在某一个交易渠道中完成转化。

因此，金融需要的是有专业识别的、可跨渠道迁移的、有必要性监管要求的流量,而绝不是传统意义上的广义互联网流量。我们不能简单地把"支付流量"等同于"金融流量",因为"支付"挂靠的是消费与商品,而金融挂靠的是"资产"与"负债",海量支付不等于能够获得海量的资产与负债。

2. 需要多少流量?

流量是不是越多越好?是不是越活跃越好?这个问题一直以来没人说得清楚。不可否认,流量多与频次高确实会带来更多的运营机会,但这取决于"多"的人是谁,"频次高"的人又是谁。

当"羊毛"驱动流量增长时,流量的质量是否满足运营需要就变成了需要考量的问题。我们一直说"有预期需求"的流量才是好的流量,这样的流量再多也不嫌多,"没有预期需求"的流量多了反倒是负担,因为会大大增加运营的难度,造成很多无效的运营动作。

从一家银行的情况来说,一般全量客户中高价值客户、长尾客户、沉睡客户的占比可以假定为 1∶4∶2。其中,高价值客户至少一个月应该完整地覆盖一次交互;长尾客户中,至少 20% 的长尾头部应该每月伴随主要进出款项得到必要的交互。这种交互不是指金融交易(完成一笔消费支付或者一笔产品交易)的活跃,而是有运营属性的服务活跃,要么是渠道侧的内容运营交互,要么是员工私域的交流或线下渠道的服务交互。活跃的量级要求基本可以倒算。

不只是金融,越专业的业务对专业流量的依赖越高,无筛选流量的转化率普遍都小得可怜,从无筛选流量到专业流量,需要大量且长期的内容运营来完成筛选。对于以互联网化运作的渠道来说，要么是完成了价值用户的准确识别与绝对黏性拉拢，要么是完成了对存量客户的数据信息补全，这两项属于这类渠道的底线动作，无论是哪项都瞄准了一个目标，那就是"客户的识别与转化"。

反观"蚂蚁财富""天天基金"，驱动的核心不在于飙涨的流量，而在于日渐专业的内容内核，里面离不开"专业人"这一重要因素，头部无论是客户还是种子，永远是这类平台运营服务的轴心。因此，流量的多少并不在于其绝对量的多少，而在于有经营价值客户的流量有多少，能够在准确的时间范围内实施运营动作的流量又有多少。很多渠道流量看起来很好，但都是事后分析，当你想要运营的时候，客户早已离开渠道，只能再回到发短信、打电话的路径上，这样的单一渠道流量同样缺乏运营价值。运营价值更体现在跨渠道的转接协同上。

3. 需要为流量付出多少成本？

我们说今天流量不是不计成本的"跑马圈地"，整个行业其实都在审计"流量"的成本，为流量不计成本的资本疯狂时代已经结束了。而到底应该为流量负担多少成本呢？

对于一家金融机构来说，流量本身就来源于多个不同的服务形态。既可能是互联网广告买来的，也可能是自己积累的自媒体带来的，也有员工的私域、线下的渠道，还有资深客户铁粉的裂变，当然也有自己建设的线上渠道。

这其中每一份流量都有对应的成本，比如广告流量是广告费，自媒体是运营的人力费，线下渠道是租金与人工费，客户铁粉是品牌口碑推广费，自己的渠道是研发、运营、人力的综合成本。不同流量成本不同，而不同流量背后的不同客户又代表不同的价值创造能力。如果你细细算笔账，应该可以看出到底是什么渠道对应的主流服务客户群体投入产出效率更高，也可以看出很多渠道标榜的"边际成本递减"是否达到了对应的规模点，并顺便推导出这是不是一个准确且有效的流量规模。

当然，如果能把流量做更好的数据定位，就可以定义出连接的流量、种草的流量、服务的流量、转化的流量都分布在哪儿，并通过机制算出每一单价值创造背后的流量贡献。但是这种精细化在今天还远没有达到，所以花多少钱获得多少流量也几乎没有什么清晰的账目。多数情况下，不是因为价值创造所以分摊到流量渠道的逻辑，而是流量渠道覆盖到了谁，反推谁有没有价值的逻辑。

在全渠道覆盖、跨渠道经营的银行之中，这种价值自然就变成了重复计量，客户算一遍、业务算一遍、渠道算一遍。而到底是因为流量的运营带来了转化，还是因为客户转化带来了交易渠道的流量，各有各的说法。对于有大量存量客户的机构来说，如果主要价值点在存量客户，那么自有的、免费的、效率更高的流量永远是优选中的优选。如果主要价值点在增量市场，那么能够快速批量获得、模式可以批量复制、人群可以批量按需触达的流量永远是优选中的优选。对传统转型企业来说，存量与增量兼顾的关键在于不同渠道、不同职能的承接，任何信奉单一渠道包打天下的想法都是危险的。

其实，流量是一个被互联网包装出来的概念，但它是一个技术层面的结果，而不是原因。过去互联网用流量来替代客户关系，但实际流量想要做得好，关键在于"需求"，人们因需求而形成流量，流量高并不代表客户业务关系好。但什么样的流量是主阵地，需要多少流量，永远取决于你要经营谁，以及要用什么样的业务转化，这条业务线的链路无法用粗暴的"流量漏斗"替代。而需求是真是假，是善意挖掘还是恶意诱导，取决于具体的经营价值观与运营策略。想要在流量海洋中不迷失，首先要看清浮躁的用户背后，客户是谁，业务又是什么。

大家常讲"互联网思维"，不如先问自己几个问题：你想要什么流量？你有什么流量？你的流量能否转化？你对流量怎么做？不夸大某一流量的作用，不忽视某些流量的价值，从更高的层面看待人、需求、渠道，或许是今天我们对流量应有的态度。

第2节　对银行渠道运营的思考

渠道运营一方面要保障渠道的稳定性，另一方面要强化渠道的体验。更高阶的运营要上升到放大渠道内承接的金融资产总量层面，但运营的起始点离不开对渠道的理解、对渠道内用户的理解，以及对业务的理解。

电子银行、网络金融与数字银行

很多银行的线上主管部门经历了从电子银行向网络金融的变

迁，进而向开放银行、数字银行变迁。今天我们想说说网络金融的使命定位，以此来看看数字银行发展的问题之源。

1. 电子银行

网络金融从电子银行而来，而电子银行再往前是电算化。其实电算化也好，电子银行也好，核心使命都是改变柜面业务的交付方式。在"自助化"这条路上，一方面是向自助机具迁移交易功能，以 ATM 及现在的自助柜员机为代表。另一方面是向短信、电话方式迁移，以当年的短信银行、手机银行为代表，有些短信银行转换为今天的微信银行。还有一方面是向 Web 方式、WAP 方式、App 方式迁移交易功能。

这样的核心使命在于功能服务在内部渠道体系中的共享，其实与前端经营无关。经营仍然主要依靠网点、客户经理的维护、推介进行，只是在交易环节中客户不再需要亲临柜台，可以说柜面压力的管理诉求大于数字化经营的管理诉求。

而从获客这个维度来说，电子银行的获客也非线上化的，而是需要依托线下的强实名校验，因此与"开卡"相结合，成为一种常规的电子银行获客方式。

电子银行作为柜面服务的"工具化"体现，对于所有持有银行卡的客户来说，理应拥有"刚性"的使用理由。但是，从电子银行的渗透率可以看出，这种刚性并没有完全显现，对于没有使用电子银行的客户，其实需要重新审视他们与银行的关系。

电子银行获客和经营转化推动不来源于线上，因此电子银行并不能称为数字化经营的方式。

2. 网络金融

电子银行向网络金融转型，使命自然应有所调整。在互联网纷纷主动出击的情况下，银行与客户的关系发生了巨大变化，线下客流的过分分流对线下经营资源造成了冲击。显然，被动等待客户操作的"工具化"属性难以满足银行线上经营的需要，应该朝着"基于网络经营金融"的方向发展。

在这一时期，数字化经营的管理需求超过了柜面压力的管理需求，或者说，柜面的压力变成了网点经营的压力。这种压力的根源在于客户关系的变化和营销资源的收缩。

但是，基于网络经营金融，需要考虑三方面因素：流量基础、需求属性、运营方法。流量基础方面，电子银行虽然自带流量基础，但是流量的停留时间短，登录频次低，可用于运营经营的交互时间非常短。需求属性方面，电子银行用户带有明确的交易需求属性，运营对其需求的影响较弱。运营方法方面，银行几乎只是做了广告位的展示，由于基础的数据维度不够丰富，对于差异化的界面、差异化的产品、差异化的交易流程等方面几乎没有涉及。这三方面因素相互制约，成为数字化经营的主要困局之一。

这些因素也是我认为手机银行难以承担网络金融重任的原因。除非手机银行自我革命，对自身的定位逻辑进行调整，否则工具化的定位就会成为长期发展的阻力来源。

在自建非金融场景的路上，银行"客户管理"的思维惯性，使其不自觉地从"业务管理""风险管理"的角度出发进行产品设计。这种问题的出现本质上在于"非利润部门"的电子银行网络金融缺少经营上的动力，也缺少互联网机构的"生死存亡感"，对风险避之不及时宁可折损用户体验，对于吹毛求疵的互联网用户市场，也就难以形成吸引力。

在对外输出的路上，对方平台的流量不等于某一功能的流量。流量的不对等，运营方法的限制、束缚，加之金融业务本身的特性，所服务的场景同样面临着流量不足、金融需求与场景需求难以融合的问题。

3. 数字银行

上述问题的出现，不得不让银行开始思考数字化的经营到底应该是什么样的。

似乎柜面服务的电子化移动化、外场景的功能嵌入、自建非金融场景，都不能与数字化经营画上等号。显然，数字化经营更需要将数字技术贯穿在组织协作的层面，让数字技术变强，让经营能力提高。

今天的数字技术已经不是科技相关部门的特权，它已经渗透到行业及组织管理的各个层级。前端到底如何"经营"，是销售型机构应该着重破解的难题。数字技术赋能全行，激活全行应用数字技术进行前端经营的能力，才是"后网络金融时代"应该关注的主题。

在多年技术影响下，电子银行也好，网络金融也好，都在金融服务的抽离和共享化方面沉淀了相当多的能力，覆盖对公、对私多个服务领域，这样的能力确实与现在如火如荼的中台能力有点类似。但是中台的魅力在于专注的共享复用能力建设，猛抓前台渠道的建设，自然会忽略掉对中台能力的雕琢，过分依附于前台，中台也就丧失了"中立"的属性。

其实，"电子银行"并不是一个严格意义上的"业务"，而是一种"银行业务"的电子化交付方式，更像是一种底层数字中台能力的体现。将电子银行从业务转化为底层中台能力，或许更能在数字银行中找到自己的定位。

中台共享能力就像创新的基础设施，翻好土才能种好菜，完善的共享能力才能让全行开展应用层面的创新，激活创新的活力，找到"工具"以外的数字流量增长点，以及对应的运营机制。

"既当裁判员又当运动员"，终归会打破角色上的平衡。这种一体化的发展模式并非不可行，但更适合以事业部、子公司的方式独立运作。

数字化转型风暴中心的组织部门，总会经历不同层面的定位调整，但调整中有些变了，有些没变。对外部市场痛点和内部应对难点的探寻，可能更有助于找准变化定位中的不变要素，让数字化之路走得更为顺畅。

不变的数字化与变了的用户形态

时代发展到今天，数字经济已经成为未来发展的新动能，而今天的数字经济，在用户端还是我们理解的样子吗？

往回推十几年，在互联网发展的初期——Web 1.0 时代，信息获取方式从线下转到线上，用户就代表了一种"线上的阅读者"。

到 Web 2.0 时代，用户变成了"内容的生产者"。Web 3.0 时代追求个性化内容，用户是数字内容供需两端的互动对象。Web 4.0 时代追求互联网服务的泛在化，用户是整体数字孪生的构建参与者和体验者。

是不是感觉 Web 1.0 ～ 4.0 的世界，和 Bank 1.0 ～ 4.0 高度相似？仔细想想，不是 Web 1.0 ～ 4.0 有多么奇妙，而是大家对未来的预期以及思考逻辑的方法框架是比较相似的。

当一个事物深度渗透到社会生活中的时候，形态总是会向泛在化方向发展。我们总体都处于 3.0 到 4.0 的泛在化过渡时期，无论是 Web 4.0 还是 Bank 4.0，无论是工业 4.0 还是消费 4.0，4.0 的可预想目标几乎就像科幻电影中的通用剧情一样，所想即所需，所见即所得。

无论如何，这样的目标只有依靠数字化才能获得，所以数字化是停不下来的车轮，只是进程速度有差异而已。

1. 用户是谁？

回归用户层面，零售的经营总要回归目标市场，原先的客户变为今天的用户，用户到底是谁呢？

今天的市场如果还是把用户简单理解为服务的使用者（未付

费客户），恐怕我们对用户还是一无所知。对于互联网场景来说用户是明确的，就是场景服务对应的人群。对于一般零售企业来说，用户更聚焦于消费品的潜在需求者，消费品同样具备明确的场景属性。

但对于银行来说，用户很难定义。用户是手机银行的下载者吗？是来网点喝杯水的过客吗？银行的用户概念虽然被提及很多，但到底谁才是用户呢？我们不妨这么定义这群人：**可以通过信息方式与银行产生交互的人群**。之所以这么定义，是因为：首先我们希望把用户定位为数字化用户，而不是过于泛化的用户概念；其次用户需要能够与银行产生双向的交互，有来有往，有供给有反馈；最后是"人群"，即与是否为客户这一判断没有关联性。

在这一基础上，我们对用户的理解就从客户资产或金融行为的维度回归到了生命周期阶段、社会属性、场景诉求上。对用户的理解就是对人性本身的理解，只不过数字化的用户是将人性拆解为一连串行为背后结构化或非结构化的数据。

2. 用户在哪里？

今天的用户到底在哪里？可以说今天的用户无处不在。换句话说，这个时代未必是网络无处不在，也未必是银行服务无处不在，更准确的说法是用户无处不在。用户既在眼前又在天边，用户既很确定又很模糊。

我们时常有种错觉：理想中的用户就在微信里、在抖音里、在各种各样的互联网平台里。但是，今天的互联网看似开放，其实每一个用户都在一个封闭的区隔里。

出现这种明知方位却又未知的状态,原因有两个。

- ❏ **用户赋权之下,"信息传播的信任方式"发生了改变。**这是一种主动的屏蔽行为,你越想让用户看到什么,用户可能越不想看到什么。
- ❏ **在平台数据运营崛起之下,信息传达方式发生了改变。**这是一种被动的屏蔽行为。算法之下,你以为用户可以看到的东西,实际上却有无数的规则让用户看不到。你明明知道他们就在那里,但你很难触碰到他们。

3. 用户在干什么?

我们再来说说用户都在干什么。

很多年前,用户在搜索与浏览,数字化的信息总体上需求大于供给。从需求方来说,搜索、门户是主流。我们只要把信息供给特定行为就可以。

后来,少部分用户和专业机构开始丰富生产供给,数字化信息总量朝着供给大于需求的方向发展。挖掘用户时间,撬动信息需求成为主流发展模式。

再后来,大量用户开始进入生产供给,用户时间有限,供给极大地超过需求。算法与精准匹配等数据应用成为主流发展模式。

而今天,互联网的作用已经不仅仅是信息供需间的价值平衡，它更是在改变人们的生活规则。

互联网加速向生产流通领域进发，向实体渗透。表面上这只是简单的"效率提升"，但是"速度"与"时间"本身改变的是人们的行为准则。

为何要修路？为什么要有飞机？为什么发展高铁？本质上都是为了节省交通的时间。为什么互联网快速发展？为什么直播互动比一般广告有效？本质上是节省了解一件事物的时间。今天的消费互联网、工业互联网，本质上一样是在改变时空的匹配模式，节省从需求原点到最终供给的匹配时间。

在这一框架下，用户对互联网的需求已经不再像几年前一样认可所谓的"黏性"，任何兜圈损耗时间的行为都在被摒弃，互联网越来越追求快速满足需求，互联网黏性平台的属性正在渐渐褪色，一般生活工具的属性、经济发展工具的属性正在逐步强化。用户其实什么都没干，只是在正常地生活，但生活的决策流程及部分目的发生了改变。例如，"消费"的目的变成了"打卡"的目的，"交流"的目的变成了"种草"的目的……

用户从看到一条消息、产生一个需求，到交流验证、检索筛选、转化供给、分享炫耀，这一系列的行为背后，又开始与产品服务的设计、生产、流通紧密挂钩，导致用户的需求在一个闭环当中不断被满足。但这个复杂闭环对于用户来说，不过是点击—浏览—点击的循环往复。其中，很多信息其实越来越难以插入其中，因为守护这个闭环成为大部分互联网必须死守的生命线。这恐怕是用户赋权与平台运营集权之间的一种生态默契，这种收与放的默契恐怕也是大多数银行不太能够理解的核心点，也是今天运营的核心项目之一。

总结来说，我们到底为什么要"善待"用户呢？这里给出几个原因供大家参考。

- ❑ 真实用户远比我们想象的规模要小，我们更应该集中资源优先处理那些可以用信息进行有效交互的用户关系。
- ❑ 用户层的"信任关系"越来越需要着重构建，有服务内容的问题，有品牌的问题。用户层信任关系，更应该从"核心用户"圈延展开，也应该从银行的最核心资源入手，信任关系的赋能有时候比单纯技术赋能更有效。
- ❑ 不同用户有不同的行为准则，老年网络新一代、互联网原住民一代等，总需要不同的用户体验逻辑。大家对数字行为的流程有着极大的理解差异，可控赋权仍然是最核心的内涵。
- ❑ 用户足够"轻"，所以来得容易，去得快。但由于用户的传播属性惊人，因此用户比客户更加脆弱。劣质的体验，对用户层的伤害可能比客户层的伤害还要严重。对用户而言，服务减法远比加法重要。
- ❑ 对于用户来说，银行的业务和服务没有本质区别，也几乎不存在竞争优势，衡量竞争能力的因素更集中在附加价值上，这种附加价值更集中在心理感受层面。业务产品是必备的供给能力，品牌与公关是真正的主战场。
- ❑ 对待用户，要善用算法、敬畏算法。事件的爆发性传播依赖于在网络区隔中找到对的人，形成冲破区隔的传播动力。这一切被一系列隐藏的算法掌握。当然，冲破枷锁不仅需要算法的攻克、融合，也需要商业合作层面的推动、促进。

用户本身没有黏性，用户的交互也不具备黏性留存的条件，好的承接渠道才能获得用户的二次运营权。即便跨渠道的转化率未必很高，也不应放弃对用户持续运营权的深度索取，用户的渠道更应该开放管理。

到底什么是好的客户体验？

关于渠道，大家常反映一个问题："体验"不好。在反映"建议"的时候，也普遍会反映要加强用户的"体验"优化。这个问题听完，大部分人都会认真地点点头，深表赞同，所以自然不会有太多人揪住这个问题再追问下去。对，体验要优化！但如果追问几个问题，恐怕事情就会变得很复杂了：什么是一个好的体验？一个体验的变化，是否能代表大多数人的诉求？体验的变化一定都是好的吗？体验一定和价值转化能力挂钩吗？

1. 关于"什么是好体验"的讨论

"什么是好体验"这个问题很难找到一个绝对的答案，因为好的体验的对标，不是别人的案例，而是自己客户的习惯。很多时候我们会说，你看某某产品的体验感就很好，不是因为对方的体验很好，而是产品在某一个方面的体验感刚好满足了一个用户的基础预期,所以我们认为这样的体验好。

体验大体来源于以下几个方面。

- **故障感**。服务出现故障,不能满足稳定性、安全性的预期。
- **速度感**。服务延迟,不能满足时效性的预期。
- **准确感**。反馈内容与自己要的不一致,不能满足需求的预期。
- **纠结感**。服务链路需要用户自己思考选择,不能满足清晰目标的预期。

但即便我们锁定了这几种感受,除了第一项以外,对其余几项每个人的预期也是不同的:有些人要快,有些人要慢;有些人要绝对准确,有些人想要随便看看;有些人想要自动跟随,有些人想要自由发挥……所以我们无法严格地定义什么是好与坏,只能看是否符合了绝大多数(或更多)用户的预期。

2. 关于"需求是否代表多数诉求"的讨论

很多时候,我们会说"我最近听到了几个客户抱怨体验不好,所以我们应该做调整"。倾听这样的市场反馈是正确的,但同样需要深度评估适用范围以及带来的影响。

体验问题的背后隐藏的是用户习惯,而习惯背后则是客户关系的黏性,关系黏性的内核是价值需求的满足。这就像互联网体验好,底层原因是满足了用户信息获取的需求,而这个需求的内核是高质量、大规模、有壁垒的内容。大家在获取基础需求的同时，形成了对体验的认知。但是互联网的体验相对更单纯，因为普遍以一个渠道为主。

银行机构的体验却不是这样，它掺杂着品牌的认知因素、线下人与环境的因素、各种各样权益和刚需产品的因素。所以，体验是很立体的。今天银行服务能力提升，虽然离不开线上服务体验，但核心锚点恐怕并不是这个狭义体验的问题。

大家虽然说的都是体验问题，但可能每一个问题都只代表了其中一个小群体的认知，而这个小群体的价值贡献能力、转化难易程度、忠诚度是不同的。这个体验背后的底层因素也未必是一个线上数字化操作体验的问题，而是一个笼统的体验感受。

3. 关于体验变化的影响

我们说今天任何一项产品服务的展现结果，在一定程度上都体现了历史存量客户的诉求。因此，体验无论好坏，呈现的结果都有极强的合理性，且都有一批忠实的拥护者。任何体验的变化，未必带来新增，但一定会带来流失。所以体验变化的根源逻辑、变化的细节内容、变化的速度节奏，都是评估影响的关键因素。

体验不是别人好自己就一定会好，体验也不是足够炫目、足够颠覆就是好的。步子迈大、节奏变快，就会造成存量习惯者的超预期流失，而如果没有内核价值的提升，体验即便与对标者一模一样，也未必带来新的增量用户/客户。很多时候我们对"好体验"的追求，其实是在拉平市场，让习惯的壁垒不断降低。

从另一个角度来说，体验是用户维度的事情。从用户得到体验感，到用户有实际需求，再到用户能够找到对应产品，中间甚至还经过了线上查看、线上线下咨询等各个环节，中间的链路筛选很长。好的体验是应有之义，但是价值转化核心还是在于客户需求本身。

我们说金融的需求很特殊，需求虽然是刚性的，但受到很多制约因素的影响，取决于一个人一个阶段自身的现金流状况，所以虽然需求一直都有，但时机更加重要。一个用户在产生真实需求的关键节点，服务有没有及时跟进，跟进的感受是否良好，服务能不能顺利、快速地达到目的，可能更加重要。

我们常说需求无处不在，每个人都可以提出成百上千的需求，但终归资源是有限的，需求是变化的。体验的好与坏都带有时间的属性和对比的属性，或许体验是一种大多数需求反馈的结果，但未必是一种改变结构结果的核心因素。甚至今天金融渠道不是需求满足得不够多，而是过多、过于分散了，所以导致超出了可以做好的能力范围。

对于体验这件事情，虽然重要但无须过度解读，可能要把因和果再翻过来仔细品品。

对银行互联网渠道运营的思考

我们一直以来说银行缺少互联网运营，但是互联网运营对银行意味着什么？"运营"到底应该是什么，应该具备什么能力呢？这些问题好像大家都有些感觉，但又普遍有些语焉不详。

我认为运营首先要回归到几个基础要素：有效的触达、有效的识别、有效的交互、有效的反馈。其中，触达体现了渠道自身的市场能力；识别体现了数据分析能力；交互体现了产品体验设计能力；反馈体现了产品业务经营能力。这些内容都是运营，但是对能力要求的侧重点截然不同。

过去我们通常效仿互联网的做法，尝试追求 App 的高 MAU，但是银行与互联网在模式上并不相同。

- **产品属性不同**。银行产品为低频工具型产品，转向高活跃缺少场景支撑，场景与金融品牌也未必匹配。
- **商业模式不同**。银行产品不追求广告变现和估值提升，追求的是综合经营价值的提升，战略落脚点不同。
- **存量构成不同**。银行存量业务庞大，追求高价值人群，主流年龄层较互联网更大，兴趣关注点和市场影响因素不同。

因此，从产品的特性来看，单纯追逐高 MAU、DAU 的做法，恐怕并不能代表银行的互联网运营需求。如果只是为了追求 MAU、DAU 的活跃指标，就不可避免地出现依赖各种补贴、发券来拉升短期活跃度的情况。

但这样的高活跃度带来了成本的大幅提升，并不能带来银行经营效率的长效提升，也无法构建银行与客户的高质量连接。

要解决这个问题，我们或许先要将"运营"拆解开来，将运营分为"获客/市场运营""活跃运营""交易运营"三个部分（见图 5-1）。

图 5-1 运营拆解示意

这些不同的运营环节是从外到内、层层递进的关系，其运营的侧重点各有不同，其属性也是从渠道拓展逐渐过渡到金融业务产品经营，如图 5-2 所示。由于专业性不同，做好运营的分工更为关键。

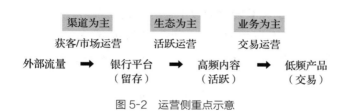

图 5-2 运营侧重点示意

如图 5-3 所示，对获客/市场的运营，本质上是对自营渠道的推广。这个推广既有渠道直接面向市场流量的，也有通过内容、产品的市场运营，间接将流量转化到渠道上的，实现从外部进行存量的激活。而从当前市场运营趋势来看，基于内容和产品的市场运营（以金融场景为核心），更符合金融类渠道产品的市场运营策略，并有更大机会形成增量价值。

对活跃的运营，基于内容的交互更符合当前用户市场对活跃运营的预期。而活跃运营需要依托快速迭代的内容，因此内容交互需要有强大的内容产出及管理能力。由于银行自身普遍不具备这方面的专业化运营能力，开展合作运营、生态化运营，做好合作机制及活跃交互体验，或许是更为有效的运营策略。

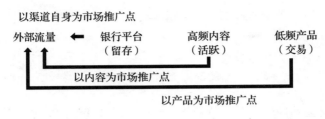

图 5-3 市场运营示意

对交易的运营，是运营体系的最终目的。在这个过程中，既需要理解客户的属性并洞察需求，也要深度了解金融产品和业务特点，要将人的经验转化为数字化的形式。因此，它主要是经营部门的责任，对 AI 本身的优化也更应该依赖于传统业务经营的数据积累，同时嵌套更多的销售管理工具、客户管理工具。

总的来说，"运营"不只是广告位、弹屏的运营，而是全界面的动态布局、产品的动态排布、优质内容的算法展现、用户行为的交互引导、关键节点的营销推送等体系化的运营。

这些数字化发展中的问题，看似是渠道的问题，但仔细想想，当前银行客户对渠道的敏感度着实不高，数字渠道也并非消费者选择主办行的决定因素，本质上还是市场管理、客户与业务经营上的问题。用户的数字行为最终还是要高度还原到客户业务经营的目标上，不能脱离对综合经营效益的全盘考量和调控。

眼下，互联网从对流量的价值获取转向对用户的价值挖掘，一些虚无缥缈的风逐渐停了下来。在商业模式普遍回归本源的时代，银行运营或许也该适时地从对平台工具的活跃关注，转向对存量资源的关注，转向对"人"的关注，对运营做更为细化的分工，去充分发挥渠道应有的价值。

在银行与长尾客户连接黏性不足、渠道活跃渗透尚不理想的情况下，有效提升平台工具的流量承接体验，在开放、海量、成熟的外部市场中，识别存量、触达存量、洞察存量、转化存量，达到客户关系和业务转化的平衡点，可能是未来开放化数字广告 / 市场运营的趋势。

运营不应只专注于在自我体系中对活跃的追求，而疏于在开放环境中对经营的深耕。

第 3 节　渠道能力的新变化：从线上化到存量化

渠道从来都面临着瓶颈，也就是服务渗透的瓶颈，再强大的渠道也难说达到 100% 渗透，这是这个时代差异性的体现。在过去，渠道能力未达到渗透率瓶颈阶段，渠道数字化的重心在于各项服务的线上化，通过业务线上化实现渠道渗透率的拉升。当绝大多数业务已经线上化时，这种渗透率瓶颈逐渐显现，数字化的核心开始转向存量交互的拉升与业务意向的洞察和转化。

渠道的变迁

金融面临的经营压力的源头在哪里？对此众说纷纭，费用资源、文化机制、组织架构……似乎都是，但若是继续深挖会发现，最后所反映的几乎都是渠道的问题。

在效率不高的渠道中，营销费用显得无法有效提升转化率，低 ROI（Return on Investment，投资回报率）的营销投入也就难以为继，这一方面可能是渠道本身形态与设计的问题，另一方面是渠道运营能力的问题。

在新型渠道中，用户经营与业绩经营之间虽然有关系但是并不那么直接，导致以经营业绩考核为核心的文化机制难以重点支撑对用户的大规模获取，自然也难以提升对渠道的体验设计、运营设计的关注度。

渠道的发展遇到互联网的下半场，大规模渠道难以建立，也就形成了部门间的渠道竞争。渠道的建设权、运营权、基于渠道的产品经营权相互独立，体现为组织架构的问题。

至于金融产品本身价格市场竞争力的问题，我认为这是一个经营策略的问题，它与风险的经营模式、客户运营商业模式、业务服务的流程策略密切相关，并不能简单地归为产品竞争力、价格因素的问题。

在问题的分析过程中，大家习惯于剖析费用资源、文化机制、组织架构的问题，但在我看来，矛盾的源头集中在渠道所受到的市场冲击。客户体量越大的机构，面临的渠道质量冲击越大。

对于"渠道"的概念，金融机构会不自觉地用线下渠道去做对标，毕竟线下渠道对金融机构来说再熟悉不过了，甚至可以说接近于线下零售渠道运营的典范，毕竟金融机构线下渠道的信任度在各行业中几乎排在首位。这种对标不无道理，当你仔细去分析线下渠道的时候，你会发现线下与线上运营没有本质区别。

❑ 线下从招牌设计开始，就在建立品牌向市场的传播。
❑ 用户看到招牌，走近、走进大堂，完成了用户的交互。
❑ 大堂经理根据人的神态、办理业务的询问，实现了对用户的洞察。
❑ 金融机构根据用户需求，通过流程体验、办理业务、完成交易、设计活动，实现从用户向客户的转化。
❑ 客户对服务进行评价，大堂经理几句寒暄，完成了服务的反馈和交易后服务。
❑ 客户经理发放其他宣传材料并添加客户微信，然后与客户温馨地告别，为服务的二次传播黏性构建基础。

这种体系和互联网强调的 3A3R（Awareness，用户感知；Acquisition，用户获取；Activation，用户活跃；Retention，用户留存；Revenue，收入；Refer，传播）运营模型几乎无差别，毕竟商业运营的本源是相通的。只不过未来市场对线下金融服务的需求在降低，这个场景的入口流量频次越来越低。大家自然而然想到把这样的服务挪到线上，但运营的实际情况似乎发生了变化。

❑ 线上的招牌在互联网市场中，似乎缺乏了影响力、号召力、感染力。
❑ 用户走近、走进的理由变得低频且不充分。

- 对用户的洞察不再高度个性化，洞察的维度与深度受到机器能力的限制。
- 货架般的服务让交互变得单向，缺少互动，转化触发高度依赖于客户自身的需求。
- 客户的数据反馈难以实时应用在服务中，交易后的服务不再让体验形成闭环。
- 业务的目标只有交易，服务与体验被忽视，二次传播与复购流程难以运营。

看似一样的运营框架，从线下挪到线上就出现了很多的问题，原因是复杂多样的，如果一定要分析，问题可能出在这么几个地方。

曾经对线上渠道的规划，是作为线下渠道的辅助客户服务工具，而不是主要渠道，缺少对渠道运营的关注。而线下用户与线上用户的起点不同，线下用户的起点仍然是金融服务，而线上用户的起点是场景化服务。用户运营的起点发生了变化，自然市场策略也应该是不同的，然而这样的区分并没有体现出来。

对客户的分群经营不足，缺乏科学的分群方法，导致难以找准特定客群的场景需求，以产品为核心的线上服务工具属性难以向以客户为核心的互联网渠道属性转化，难以改变低频交互的渠道现状，存在明显的频次瓶颈。

线下运营虽然效率不高，但由于人的因素，服务的体验获得感得到提升，且由于线下人数多，一定程度上分摊了运营难度。线上运营普遍采用集中运营的模式，人在运营中的参与深度降低,差异化、精细化运营不足,体验获得感降低。机器运营还没有达到人员运营的深度和体验。

线上渠道的质量高度依赖于线下人员的传播与激活,线上独立获得市场、独立经营能力无法得到充分体现,因此引发了资源、文化、组织方面的质疑与争论,协作效率受到影响。

其实金融机构的线上渠道发展之路注定与互联网不同,因为存量业务基础、业务属性、人员资源构成、资本投入模式都不尽相同,粗暴地复制互联网发展之路一定会遇到诸多水土不服的情况。而很多新零售的理论基于实物的消费,但是金融这种高度数字化的服务没有"试用体验",所以金融新零售也注定与很多市场上新零售的故事不同。

因此,对于金融渠道发展,我有几个大胆的观点。

- 无论线上还是线下渠道,未来非金融的服务都将逐渐增大比重,但不会脱离与金融的转化关系。而相比功能,内容会成为新一轮战略资源。
- 线下渠道不会消失,反而会发挥更大的场景化作用。线下渠道由于所处的区域经济、社区场景、客群构成不同,服务差异性会被不断放大。经营重心将逐渐从账户经营向客户享有权益的经营转移,更多地体现为"客户成长体系"的运营。
- 线上渠道的有效发展,将离不开线下和人员的支撑,人员在线上渠道交互中的作用将越发重要,甚至具有决定性的优势。线上成为远程获得用户和体验的入口,线下成为权益经营阵地，人员成为线上精细化运营的参与主体。
- ☐ 线上渠道运营的核心将从场景运营转向针对用户角色特性的运营，运营关键是对角色转化节点的运营。
- ☐ 线上渠道布局将围绕客群需求区别设计，同类客群的服务将被整合，差异化客群进入独立发展阶段，金融服务中台作用将被放大，渠道注册用户规模不再是关键。垂直精准客群的覆盖程度、活跃占比、活跃频次质量将成为主要发展目标。
- ☐ 线下渠道中，客户经理将从销售人员转化为线上社区的意见领袖，职业的认同感从销售业绩转化为社区服务能力和影响力。
- ☐ 差异化渠道的建设经营主体将回归到客群经营的责任主体。

对于金融机构来说，金融业务应坚守严谨性与适当性，而渠道策略应该更加开放。或许在更加开放的渠道中，更多人愿意参与互动，愿意在金融服务的大框架、大背景下表达生活需求，获得相应金融与信息资源，养成更好的金融习惯，这本身也是开放金融、普惠金融的服务目标。

网点变少是因为数字化吗？

最近网点的话题热度不断攀升，在网点增长与撤并的过程中，消失了千余家网点。网点的今天和明天究竟意味着什么？实话实说，我已经有将近两年没有走入网点了，甚至对于我来说，网点意味着什么，答案仍然是模糊的。在我看来，今天的金融服务，几乎可以完全脱离物理网点而开展。

这种答案源于今天的需求，不再需要依赖纸质现金，绝大多数的消费、缴费、理财、信用贷、账务管理业务都可以通过网络渠道解决，也源于忙碌的工作导致无暇前往网点，更核心的问题在于用户有权自主地选择金融服务。

当然这个答案是有失偏颇的，毕竟社会上还有大量人群对电子设备的使用不精通，对线上渠道的信任感不强，对金融服务更依赖于线下的人与人的交流，这样的群体大有人在。但是上面所说的问题，只是人们来不来网点办理业务，与网点的开设与关停有直接关系吗？今天网点业务的计量仍然主要依赖于客户归属关系。

所以，网点有没有人来并不是关键。有些人天天泡在网上，从不来网点，只要是活跃的，也一样可以支撑网点的利润和发展。今天网点撤并、新增的本质不在于有没有人来，而在于网点掌握的客户是否活跃。在银行没有明确客户关系从网点迁移到"直销经营体系"的情况下，我认为线上和线下渠道的关系与网点的开关并没有太直接的联系。所以，很多的文章把网点关闭和ATM关闭搅在一起讨论，或是把电子渠道与网点渠道搅在一起讨论，实在有些乱。

当然，这种活跃离不开线下物理区域的经济发展。所以在国内经济格局不断变化、区域经济发展水平不断洗牌的今天，人口流动、资金与资产的迁移、劳务关系的变化，对网点客户关系下的金融行为活跃水平造成了更大的影响。还有一些原因，如区域市场服务集中度增加,导致客户关系高度聚拢,收入抵不过成本,退出当地市场竞争。

我们不禁会问:讨论网点关停有太大的意义吗?网点关停是行业之错吗?在企业内部来看有可能是不好的,多少有一种市场"失败"的感觉,但站在企业整体经营水平和全社会的经济发展角度来看,**网点的开与关本身就应该是充满活力且动态的,在一定程度上,它所反映的就是市场服务需求,也反映的是区域经济的活跃**。至于有些银行网点关停了,有些网点开设了,更核心的原因在于是否在区域经济中获得了区域市场连接的机会和基础能力。有些地方需要更大的网点去服务更大的区域,满足"大网点大区域"的策略需求,有些地方可能仍然需要采用"小网点小社区"的深入策略,因此以数量看网点本身就不具备科学性。

所以,我并不认为网点的问题在于线上和线下几个维度渠道联动不足,或是现金货币使用减少和电子设备发展导致客流减少,毕竟客流只是反映"活性"的表面结果。网点的问题更在于如何承接区域市场的需求,激活区域范围内客户关系的持续活跃,哪怕不是面对面的实体客流,只要能够持续激发区域内客户的活力就够了。这种活跃有些或者说大部分都是线上激活不了的。

活跃离不开与区域小生态的关系以及自身定位。简单来说,也就是网点到底在"社区""商圈"生态中代表了什么。它看起来是一个物理空间,但这个物理空间是为了卖货吗?是为了推销App吗?可能网点更重要的是掌握什么资源以及确定活跃谁的问题。

举个例子，今天我们去看老年市场，难道网点中老年客户活跃真的只是因为多数老年人不用智能设备吗？更多的因素是不是因为网点满足了老年人的社交需求、心理需求？这个问题我没有去做更细致的调研，但很多年前我还在网点的时候，我切实感受到老年人的转化有很多是附着在社交需求被满足的结果上，而非前置需求。

同样的道理，网点服务于学生市场，是满足了什么需求呢？网点服务于白领市场，又是满足了什么需求呢？然而今天我们看网点，似乎只是看到了它满足的是交易的需求。如果网点只是等于交易渠道，那么网点就只能看到线上和线下联动，但是老百姓需要的真是联动吗？

关于网点的今天和未来，或许可以换个思路：是数字化不足吗？是服务办理速度不够快吗？是排队吗？是员工不会跳舞、拍视频吗？

剔除零售高度活跃的线上渠道因素，**网点更需要服务于区域企业**。区域企业带来新增的零售客户关系，零售客户关系带来多级衍生的客户关系。而区域网点带动区域内消费场景、生活场景的满足，核心是不断扩大网点在区域内的零售市场感知力，扩大影响力，不断激活客户金融行为的活跃，从而创造更多的交互机会。

这种活跃离不开快速流动的市场，所以也就离不开更灵活的归属关系。不过目前似乎还没看到归属模式上的变革。所以直销没有突破，网点区域之间的矛盾也一直存在。

我仍然认为，未来的网点是区域运营中心，而且是公私紧密联动的运营中心。网点是需要调动区域客户活跃的一级单位，虽然今天很多网点都在说没有人力资源去做这件事情，但区域活跃靠总部是不行的，区域的关系只能靠区域分支来精细化抓取。网点也不该只是交易的渠道，它还应该是一种新型的场景体验中心，而不是"概念中心"，它应该实实在在地告诉大众怎样能够体验到"充分应用金融工具"和"不怎么应用金融工具"的差异，以及"成为客户"与"还不是客户"之间的实实在在的权益差异，从而让服务更有型、更有魅力。

网点是一个物理空间，而物理空间本应该讲出更丰富多彩的故事，这个故事的内核可能不是数字化，而是生态与定位，以及金融背后的消费者需求。这个故事要从"管"的思维上释放出一些想象力。

渠道依赖与脱媒时代

一直以来，关于银行推广方式的报道有很多，总体来说批评居多。这种批评之声不仅发生在市场客户群体之中，也发生在基层员工群体之中。似乎营销这件事情正在不断撕裂银行的利益相关方。我们把这种现象归因于渠道依赖，更严重的问题在于，在脱媒时代，渠道依赖正在变成加速脱媒的主要驱动因素。

渠道不只是渠道管理部门的事情，更多的是渠道资源的应用者的事情。过去，员工找客户销售，线下承接业务办理。这样的逻辑之下，渠道的作用是单纯的，是承载服务的主要载体。渠道的核心目的就是业务的转化、价值的贡献,自然线下渠道的充分应用是卓有成效的。但当移动网络兴起时,线下渠道的作用开始分化,渠道不仅仅是业务转化,还变成了新渠道的推广渠道。这句话有点绕,但你仔细品渠道在做推广渠道的事情,新渠道并不直接创造价值,缺乏有效运营的新渠道就更难以创造价值,尤其是可循环自生长的价值。

当渠道开始推广渠道的时候,矛盾就出现了。当一个渠道开始推广多个渠道的时候,矛盾就爆发了。基层质疑,压力大,要抓住一个客户重复营销。客户投诉,因为在他们不知情、不了解的情况下被强制安装了一堆App。

恐怕聚焦业务的交叉营销,都没有今天疯狂营销用户新渠道的矛盾大。毕竟交叉销售剔除掉不适当营销、过度营销的问题,还是可以直接带动价值转化的,也满足了多方的利益需求。但渠道工具营销,很多时候不仅带不来直接的价值转化,反而会带来用户的使用价值与客户下载的时间成本不匹配的问题,从而激化了多重矛盾。这不只是产品的问题,更主要的是渠道依赖的问题。线下渠道与营销目标之间缺乏相互选择的机制。

商业银行在网络端没有高频、高黏性流量基础,所谓的"用户"普遍来自"客户基础",用户战略不是独立发展增量,更多的是从存量客户群中"清洗"。而对客户群的拉取,最有效的只有依赖线下网点的营销渠道。"基层员工"似乎成为万能解药,只要任务指标派发,只要买单激励,没有办不到的事情。

"人"确实在互动中有更强的优势,但也有弊端。网络可以靠算法去提高匹配度，无差别地对全量用户"投其所好"，但人并不会。即便有丰富的客户分析工具，人依旧会遵从最简单粗暴的方法，有什么就推什么，有多少人就推多少人，什么赚钱就推什么，什么任务压得狠就推什么，毕竟这个时代没有多少人有时间和精力去对不同的人用不同的方式营销。所以在实操过程中，面对每天来来往往的客户，员工不会真的考虑客户的接受程度，而是以完成目标为主。

不过也有例外：对于高价值的客户，普遍会认真对待，轻易不会过度骚扰，大家都会更加小心翼翼地维护与高价值客户的关系。但对于那些无法判断资产规模、看起来像是中长尾的客户，以及陌生的还未建立信任关系的新客，大家都知道，一次接触基本已经到头了，所以赶紧抓住这为数不多的机会，把能营销的全都营销了。

最后的结果大家都清楚了，越是处于中长尾的客户，体验感越不好，信任越难以建立，脱媒越严重，交互越少，黏性也就越低。因此，基层就越会用一个"超级大的新客礼包"去应对这种可能转瞬就会失去的客户关系。这是一个不太容易破解的死循环。当然，金融总是刚性的，人口的成长、工作的变动、资金需求的变化总会让人们不断迁移金融服务关系，总会有一波又一波的新客户走进这样的循环。

因此，虽然头部服务是稳定的，但中长尾是不断游移的。对银行评价不高的恰恰就是数量巨大的中长尾客户，他们总是感觉哪家银行的服务都差不多，第一次去花一个小时得到一个"营销大礼包"，之后就再也不想去现场了，恨不得减少这种交互。所以，电子银行渠道的活跃看起来数据不错，但也不能太骄傲，因为有的时候不是因为工具够好，而是因为大家不想被动接受烦琐的营销。

有些人说：不对呀，互联网也地推啊，为什么感觉不太一样呢？互联网地推是面向新客户的，但银行的地推普遍是面向同一群客户的。为什么都是同一群客户？因为渠道依赖。

这也就在一定程度上造就了今天的银客关系，客户主权崛起，投诉暴增，信任关系薄弱，"薅羊毛"需求旺盛。在二八定律的"八"这个群体里面，银行与客户的关系很微妙，有时候有种相互看不上的感觉，久而久之的结果就是双方无感，你不在意我，我也不在意你。

所以这时候，**谁在意"八"这个群体，谁就会创造新的话语体系**。新的媒介、新的渠道、新的交互体验，哪怕没有"电话客服中心"的解释和道歉，哪怕没有"客户经理"一对一、面对面的服务，哪怕没有"大堂经理"和"柜员"的亲自引路，全靠自己点来点去、自己琢磨，客户还是愿意去逛逛、去体验。这种感觉就像人们最常去的理发店一定是"理发师推销话少"的、不容易犯"选择强迫症""尴尬病"的那一家。当然，熟悉并产生信任之后的真诚推荐是另外一回事。

同样，**靠重复营销带来的流量再高，运营价值也抵不过客户自发激励的高活跃**。脱媒现象与互联网崛起不无关联，但银行自己做了什么也值得反思。银行不喜欢客户重复来"薅羊毛"，其实大家都一样，客户也不喜欢被重复"薅来薅去"。

成为用户的客户和成为业务的渠道

数字化发展带来了"用户"的概念,而"用户"的概念源于"渠道"的性质。过去一段时间,大家觉得"用户"不只是对渠道来说的,还是对"产品"来说的,所以"免费"送产品烧钱这条路有一些传统企业跟风互联网搞过,最后发现"自损八千,送敌一万"。

所以,用户的服务逻辑永远是与"渠道"绑定在一起的,因为只有渠道才能沉淀用户,并为将其转化成价值提供基础。可以说脱离了"渠道"的用户策略,几乎都是失败的。

而渠道的建设离不开受众与定位。建设新渠道,要么是为了更好地承接老客户,提升黏性,要么是为了引入增量客户,产生增量价值。但核心仍然是客群的差异化,如果渠道的发展最终发现客户受众趋同了,那只能是内部争夺业务的转化来源,为什么还要重复建设一个新渠道来引发新矛盾呢?

所以,对于任何一个新的渠道来说,看起来需要回答"提供什么服务场景"这个问题,但根子上是要回答"你要获得什么样的用户"这个问题。如果你回答不上来,很遗憾,你有8成以上的概率在做重复的渠道建设,因为你的推广渠道同样会与存量渠道一致,转化的客户也一定高度相同。

对于一家银行来说,渠道多样化是传统银行的特色基因,因为渠道就是为了满足不同客户的"服务"需求(不是经营)。与互联网不同,大部分互联网或"消费零售"是通过渠道激发需求进而满足交易的。但是大部分银行渠道是客户先有了金融需求，随后银行找到便捷渠道来解决问题。这两者有着基因上的差异。

这个逻辑就好像"门户"与"搜索引擎"一样，门户的目的就是琳琅满目，让你不知道干什么的时候来激发需求，尽量用长时间的闲逛来摸清自己的需求。"搜索引擎"是在你明确知道你需要什么的时候，快速地找到答案，一秒都不要浪费。当引擎不再为快速满足需求而服务的时候，案例大家都能找得到。

金融很多时候不是逛出来的，而是明确需求之下的服务承接，没有需求或者需求不明只有两种可能：金融教育不足，不知道金融杠杆对生活的价值；不具备金融服务的基础条件，没有闲钱或者没有信用。

如果硬要改善这样的条件，同样有两个方向：长期的公众教育，扩大基础需求面；不适配营销，硬性诱导转化，形成潜在的服务风险。但是这两件事情都未必和渠道怎么运营有直接的关联，渠道里面玩得天花乱坠就一定能带来新需求和需求转化吗？这个问题相信大家都不止一遍问过自己。

不过，今天很多银行在落地中出现了"渠道的业务化"，将渠道发展和业务发展并行，将渠道的MAU活跃作为渠道发展的主要目标，用传统发展业务营销的人力资源来发展渠道。这在一定程度上突出了渠道的活跃要求，但也忽视了渠道对"金融业务承接转化"的要求。

就好像很早以前的段子所说，搜索引擎的目标就是尽量缩短大家搜索的时长，以此衡量引擎的能力。但如果搜索引擎是以

"延长用户时间"为目标,就会引发系统性的结构定位的大问题。

我们总是听到大家反馈"体验不好",将"体验"捧上神坛,但是什么是"体验好"又似乎很缥缈,是布局不够合理吗?或者前端设计不够好看?还是点击后有时延,点击后报错失败?体验本身是个主观的感受,每个人对体验好坏的标准不尽相同。但不管怎么说,金融渠道服务的是金融需求,渠道体验的好与坏,最核心的因素在于用户能不能用最短的时间、经历最少的问题,找到自己当前最需要的服务并且完成转化。而需求的激发很多时候不在渠道之中,而是散落在生活的方方面面,这种碎片化的需求起点不是一两个银行电子渠道能够解决的,要么是通过精准的广告激发,要么是通过极强的品牌感知,让一个消费者再有这样的金融需求时第一时间想到自己的主服务银行。关于体验的内容我们在本章第2节已介绍过,这里就不再展开了。

经过几年互联网的"洗牌",数字服务实质上已经成为人们的基础设施,依靠渠道下载注册对"用户"进行争夺已经意义不大了,因为数字市场的"忠诚度"以及"门槛"已经足够低,所谓的"用户主权时代",就是"随意选择供给方的时代"。在这个时代中,需求满足得准、快、好,就是对的,这也是构建品牌忠诚度的基本要素。渠道发展离不开真实业务需求的对接,为了注册而注册,为了下载而下载,为了活跃而活跃,都是短效发展,难以形成长期的价值创造能力。

今天数字渠道的发展、体验的优劣、品牌的强弱,其实都不是通过下载、注册、激活、MAU可以准确衡量的。用户平均登录并交易的时间是多少?无交易登录占比是多少?当你追求这些指标并不断试图降低的时候,所谓的体验、活跃人数都会有质量上的提升。

今天银行的用户或许更应该关注那些"你根本还不清楚是谁的人",而电子渠道内其实几乎只有客户并无用户。今天市场已经大不相同,渠道的发展如果还在花重金追求流量的堆积而弱化业务的承接,多少有点"重走老歪路"的味道,因为今天的流量远不是当年的模样。

很多渠道快速成长不是因为花样繁多,而是在于核心需求满足得透彻深入。同样,很多渠道的衰落并不是因为跟不上时代的变化或内容不够绚烂,而是忘记了自己的初心使命,叠加了太多的想象,走偏了定位的方向。

第4节 客户渠道的新变化:从用户至上到客户至上

用户未必是客户,但客户一定是用户。渠道经历了用户增长的阶段,必然需要对人、货、场的匹配关系进行重新思考,渠道用户关系中最重要的就是客户关系,客户在渠道中服务的比重也远大于银行自己想要的销售结果。因此在银行经营目标管理中,业务虽然关键,但渠道的支撑体系也在扮演着越来越重要的角色。

新零售的"人、货、场"完整吗?

伴随新零售的不断发展,"人、货、场"概念席卷金融圈。人、货、场的关系很好理解,基于"场"的概念,人与货进行了连接。而新零售说得最多的就是"重构"了人、货、场三者的关系，核心在于"以人为中心"，或者叫作"以体验为中心"，而场构筑了体验。

这样的一套基本理论看起来很正确，但总让我有些疑问。

❑ "旧"零售难道不是以体验为中心的人、货、场关系吗？
❑ 新零售的"新"只是重构了逻辑关系吗？

带着这两个问题，我们来多说两个问题。

❑ 为什么新零售行业热衷于制造"网红店"？
❑ 网红店的商业逻辑是什么？

人、货、场的概念从来不是因新零售而起，所谓的重构也并不完整。基于人的喜好去做数字化推荐，提升总体运营效果，是"人、货、场"关系转变的一个结果，是信息在其中发挥了更好的需求适配作用，而非新零售优势形成的原因。

以人为中心的概念并无不妥，人的需求是不断变化的，且在人本主义和用户赋权的时代，不是现在才以人为中心了，而是更加以人为中心了，而且是不得不更加以人为中心去考虑选品和选址问题了。

"货"是一种商品，背后代表了一定的价值，而消费者心目中所理解的价值高低，与消费者所处的状态、形成的原始需求密不可分。这种心理上的价值是消费者进行价值交换的主要对标对象，本质上体现了对消费需求满足上的预期，预期高低决定了消费决策。

"场"是一个空间与渠道，它本质上是承载了需求与价值信息的具体呈现，是达成价值交换的必要空间或途径。场可能是一个物理环境，也可能是一个线上的服务平台，大家普遍认为，场是为打通商品销售链路而服务的。

再回到今天的新零售形态，那些火爆的消费场景背后，都有一套新的"消费决策逻辑"，即先远程确定需求，再前往目的地。在这个过程中，场的概念得到了升维，从一个简单提供产品服务的场所，升级到了平台。

而平台是"场"吗？从我们的理解来看，今天新零售的商业模式并非重组了人、货、场的关系，而是添加了新的变量——"内容"。

内容可以是漂亮的包装，可以是迷人的装潢，最终呈现出来的是一种独一无二的品牌观感，刺激的是大众对"独一无二"的炫耀心理。这种炫耀心理衍生出一种"专属感""尊享感"，也就是一种客户"赋权"后"得权"的心理满足感。

内容体现在人的身上，形成了"感官体验""心理体验"。内容体现在场上，改变了"场"对消费的作用，强化了影响客户决策的因素。内容体现在商品层面，商品不再是直接的价值交换对象，而是成为"内容体验"过程中的附属物。

因此在新零售中，这种新形成的"场"所售卖的并非"商品"，而是"内容"，内容才是消费者真正消费的对象。平台承载了内容消费过程中黏合流量的功能，而商品只是在平台之上灵活组装的变现工具。

就好像很多人的消费真的是为了消费吗？还是为了发一张图，告诉别人我来过了，我消费过了？这就是"打卡"的核心意义。内容消费中，获得内容和生产传播内容都是内容消费的结果。

在新零售的生态中，无论是小红书还是大众点评，无不是在弱化产品的属性，强化内容的观感，用内容去助推传播，形成内容生产与内容消费的闭环。靠打卡来带动内容传播、内容消费，再靠内容消费去拉动实体的商品消费行为。

网红般的零售商店更乐意接受这种"打卡签到""快消费"的模式，提高了翻台率，提高了曝光度，增加了平台的活跃度，留存了流量与黏性，可谓一举多得。

回到很多大型商超或者传统零售企业来看，吸引客户的方式还停留在"商品"本身，或是渠道如何嫁接更多功能场景推广下载上，那么以人为中心的新零售就变得越发单薄。但商业不是不需要好的商品，商品的好与坏是延续热度的问题，而有没有热度跟商品本身的关联度已经没那么大了。

今天的银行业对业务的忧虑还集中于打通系统，构建企业级的服务，对体验的理解还聚焦于业务服务和渠道操作表层。甚至银行心目中的银行与金融，跟老百姓心目中的银行与金融，在认知层面还有很大的差异。金融还只是输出产品服务吗？或许内容才是新一代金融消费（不是消费金融）竞争的主战场。

很多人认为内容只是"场"的产物，或者内容是附着在商品上的信息。而在我们看来，内容已经进入"自成体系"且更加"主动有为"的阶段了。

银行与客户关系的本质探讨

如今的银行给人的感觉是，与客户的关系基本靠手机银行、短信、电话来维系，而交互的主要内容不是通知类信息就是营销类信息，这种关系相较互联网化的交互关系实在是差得太多了。但是，即便是用短信、电话作为主要连接方式，大众也不觉得不适应。

下面从市场起源、基本构成、再造可能三个方向说说银行与客户的关系。

1. 关系的市场起源

构成今天这种银行、客户关系，市场起源是一个很重要的因素。作为以账户为起点的银行业务，无论是借记卡还是贷记卡，对市场来说，"银行的定位"天然与"账户的定位"密切关联。开立账户的理由也就成为银行关系的重要定义依据。

而银行作为一种"基础设施型服务"的提供者，服务的保障性比一般消费类商业强得多，交互的语言体系也就更有保障而非服务的味道。账户是你的，账户里的钱是你的，银行与客户的信息交互，更多的是一种"告知性"提示。

例如，告诉你网点开不开业，告诉你业务能不能办，"温馨提示"成为银行与客户交互的主要开头语。而"提示"就意味着这是一种单方向的告知——我尽到责任和义务告诉你，你是否真的了解我不清楚。

长此以往，银行对客交流方式就成为这种并不太闭环的模式。即便在手机银行较好渗透的今天，手机银行仍然是"客有需求主动来，没事轻易不打开"的状态。

2. 关系的基本构成

对于关系，我们需要看到银行与客户关系的复杂性，这种关系在不同的客户分类中截然不同。由于银行深谙二八定律，价值客户被追捧为金融这一商业金字塔塔尖的璀璨明珠。

（1）头部关系　银行的"二"与"八"很多时候不是靠数据或智能方式运营形成的，而是基于原始的刚性账户关系和长时间的经验积累。因此头部客户的交互形式自然是最为立体的，以私银客户来说，团队化的服务本身就是一种立体的、侵入式的、有交互的深度关系。这种关系连接的核心在于专业化、有价值的产品服务，在于资源层的整合，甚至还在于人性与习惯上的依赖。虽然场景等服务可能会改善头部关系，但一定不是核心驱动因素。

（2）腰部关系　腰部的客户是有一定价值的客户，但与真头部客户存在差异。这些客户有着较高的服务忠诚度，但受到收入因素影响，难以成为头部价值客户。由于腰部客户基数较大，团队化人工服务的模式成本过高，因此开篇所说的手机银行和短信就是主流的关系连接方式。

这一类客户关系连接的核心在于账户关系，相对较弱的金融需求导致腰部客户的金融诉求虽然刚性，但更为低频。因此腰部群体作为典型的客户分类，普遍存在一种心理，有事的时候找银行，银行有重要事情的时候通知他，其他时候不希望被打扰。

这种弱关系大体上是平稳的，但是流失也是相对容易的，毕竟账户关系随时可能发生变化。

（3）**尾部关系** 这里所说的尾部，是真正的低价值尾部客户。尾部客户很复杂，里面有真尾部客户，也有别的机构的头部和腰部客户，这个群体在之前过度营销的银行客户结构中规模占比巨大。而无论这个群体是真尾部还是假尾部，无论手机银行、短信还是电话，银行都难以构建起和这个群体的连接，甚至品牌成了这个群体拒绝银行服务的第一入口。因为他们清楚地知道与自己密切相关的服务是谁，也清楚地知道自身与银行的关系是怎样的，显然以现有方式去连接是极其低效的，甚至从全生命周期运营的角度来看，不只是效率低，还可能产生反向的作用力。

这种关系用一句话概括，可能是"让我们彼此安安静静地做个路人吧"。

3. 关系的再造可能

商业银行改造关系的目标其实很清晰，在今天的服务业，关系的好与坏就代表了未来价值创造的能力。让关系好的客户关系更好，让关系一般的客户关系升级，让关系差的客户关系回归正常态，让关系恶劣的客户关系变得理性，大体上应该是这样的多层次结构。而如果我们回到一切的起点，关系再造升级的前提恐怕是对这种"单向"交互关系的改变。

（1）**通知交互的变革** 通知的交互并非错的，而是在于通知背后用户的反馈无法获知，进而无法通过细微的反馈进行持续的交互运营。每年银行花费大量成本进行通知，而其背后用户的反馈信息却被浪费，很多银行计算短信发送成本与短信服务收费之间的利差中收，而忽略了这一重要服务入口的价值。

2016年某行大力推广社交金融平台时，下了极大的力气去变革短信推送的模式，用信息安全的痛点去推动短信向App迁移。虽然无论是市场还是行内的多数员工都不太理解这种方式，但这是对传统交互关系从单向转为双向交互的一次勇敢尝试。大量数据也证实了DAU的快速增长，这种高DAU低MAU的关系，与手机银行低DAU高MAU、YAU（年活跃用户数）的特点形成鲜明对比。或许如果当时在这一锚点上持续深挖，商业银行的新型交互范例也就形成了。

这种关系再造适用于对头部和腰部客户的持续挖掘。

（2）**非金融场景交互的变革** 场景的作用很大，但是绝大多数银行对场景的实际价值认知还是相对模糊。按照客户关系的分类构成，场景本身的价值点应该在尾部客群，因为头部与腰部客群已经有较强的服务黏性。而尾部客群对场景的应用，首先要解决"品牌"的消极影响，这就是我曾经说的，要用新品牌构建新关系，再回补母品牌的模式。

而场景为了满足对长尾的激活能力，势必要高效地连接海量的流量，它一定是一种批量化的推动模式，而不该是单体的项目推进模式。在这一过程中，通过对技术的应用，应该能够核算对接单位流量的最优成本是多少。

自建场景、数字广告、API（Application Program Interface，应用程序接口）功能嵌入，统统都算在这一范畴中，自建真的是最优的解决方案吗？API深度嵌入开放银行真的是最经济的模式吗？数字广告真的是投入最昂贵的模式吗？这些问题恐怕应该有充分且整体的比对，将开发成本、推广成本、运维成本、运营补贴成本、采购成本等都考虑在内。

（3）**金融场景关系的变革**　对于银行来说，场景基因很重要。银行的基因就是金融，如果说场景建设方面技不如人还可以谅解，但金融本身的场景服务能力不足就难以找到开脱的理由了。

金融服务本身有大量"让金融更有趣、更有用"的场景化打造空间，追求高频非金融场景的同时，金融本身也有变得高频的可能性。

金融的服务很丰富，既可以与金融触发的需求做深度捆绑，也可以与常规的金融内容做捆绑，发挥基础教育、高端教育的作用。所谓的开放金融，除了技术的开放以外，内容服务的软实力开放难道不是更好的开放方向吗？

金融自场景的开发，本身就是面向全量客户构建关系黏性的方向。

今天银行数字化所追求的数字化运营能力离不开一个重要的前提：**改变银行单向交互的现状，形成双向交互习惯**。没有双向交互的基础习惯，银行便不存在真正的"数字化经营能力"，只能以一种数字化的公告形式，被动等待用户需求的出现，被动接受价值客户向具备新型交互能力机构的流失。而这一习惯的养成势必是对不同类别的客户进行差异化运营的体现，最终体现在渠道的形态、产品的形态、活动的形态等方面。

从关系再造的角度来说，关系升级的目标不在头部，而在腰部与长尾。腰部的关系升级更依靠金融自场景的再升级，长尾的关系升级更依靠高效率、批量化的场景交互，并通过金融自场景的升级进行新的承接与筛选。

金融数字化与客户关系重建

一直以来，银行不断强调数字化转型，但数字化并非近年来才有的新事物，数字化是贯穿信息化建设始终的举措。因而数字化本身不能算作银行转型发展的关键，而只是一种实现路径。

数字化的根本目标应该是持续提高成本效率，而转型发展的目标应该是应对或解决因市场变化而出现的问题。所以，转型中更迫切的工作应该是重建市场关系，这一时期的数字化也应该重点围绕这一目标去开展。

提到市场关系的重建，需要从以下几方面来依次理解问题。

1. 市场原本是什么样的？

早先的市场关系是卖方主导的，以现金服务为切入点，高度依赖物理渠道的销售型关系。这种关系又经过了两个发展阶段：第一个阶段，是实物现金存储而形成的金融关系，是最为依赖物理渠道的关系，物理渠道多而方便，就是服务的竞争力；第二个阶段，是现金随工资关系直接进入银行账户，在这个阶段，取款成为关系黏性的核心,但客户关系的起点逐渐向企业代发工资转移,渠道的核心功能也逐渐从前端获得客户向后端服务客户转移。

之后,围绕着这种市场关系,市场获得方面更加依赖于批发业务的拓展,同时客户经理的社会关系、理财产品收益、贷款产品的单一业务价格比较,成为拉动市场关系的因素,但是所有关系建立的出发点都是金融需求本身。

虽然金融需求的侧重点不断发生变化,但金融天然具有强劲的获客服务能力,是一种刚性需求。

2. 市场发生了什么?

关于市场发生的最大改变,可能是客户需求发起方式的改变。

内容爆炸的时代,内容占据了我们大量的时间,而业务交易需求变成了时间线中的极短节点。传统客户因为业务需求而建立的关系,逐渐转变为因对数字内容的兴趣而建立的关系,也就是我们常说的用户关系优先于客户关系。

由于用户关系建立的门槛极低,因此集聚了大量的用户基数。大量用户的线上交互改变了社会关系形态,也为业务的横向比对提供了大量的、多维度的信息数据支持。这种用户关系逐渐形成对业务决策的影响,构成了对业务进行资源再分配的能力。

在黏性层面,由于电子支付的兴起,金融基础设施快速完善,消费者对账户这一"金融产品"的敏感度逐渐降低。加之第三方支付工具附着在高黏性、强显性的互联网场景上，进一步弱化了金融机构与存量消费者之间的交互黏性。

因此金融服务的入口在转移、黏性在变弱、感知在下降，是市场变化的结果。

3. 市场需要什么？

通常，银行认为市场变化的主因出在银行没有高频场景上，因此纷纷寻找高频场景去进行搭建或合作。但或许问题不在这里，根本性的原因可能在于银行没有努力主动尝试将金融变得更加高频。

这样的理解误差可能源于没有真正把握市场需要什么。当前市场是一个买方主导的、以信息服务为切入点的、高度依赖电子渠道的服务型关系。

数字化时代市场需要的并不是消费交易场景，其根本诉求来源于打破"信息不对称"，或者说市场的核心诉求是"优先获得更多的价值信息"。这里面有如下几个重点词。

- ❑ **优先**：来源于消费者天然对"特权权益"的追求，是对信息时效性的高要求。
- ❑ **更多**：来源于对数量规模的追逐、对新信息的好奇感，是对信息维度与数量的高要求。
- ❑ **价值**：体现在对低效信息的厌恶上，是对自身需要匹配度的高要求。
- ❑ **信息**：信息需求大于业务交易需求，是对前置服务的高要求。

当消费市场围绕消费品、全周期消费行为去做数字内容支持，满足市场"优先获得更多价值信息"的需求时，金融行业因其牌照的稀缺性，或因二八定律对头部的关注，只是将更多的精力放在以"存量客户服务"为基本属性的电子渠道建设上，而疏于去满足金融领域的数字市场需求，开发围绕金融自身场景的设计与创新。

4. 银行能给什么？

很多银行人员将目光聚焦在支付及非金融场景，这是充分参与市场竞争的模式之一，但同时我们也在考虑：银行是否对金融自身场景的开发过于薄弱？

关于存款、理财、贷款的数字化内容质量几乎可以用"惨不忍睹"来形容。内容与场景之间的关联或是根本没有，或是极度生硬。针对客群、客层的细分内容服务高度同质化，围绕金融场景的内容生态建设几乎空白。

相较银行而言，券商机构不断开展投资场景的设计与建设，开发大量横向、纵向的内容和高频变化的服务数据，不断构筑其证券类客户黏性，整体服务更符合数字化时代的市场诉求。

"钱财"原本是我们刚性关注的内容，但银行这类大型入口型金融机构围绕"钱财"开展的金融场景建设却非常空白。对银行来说，"用好每一分钱"是一个有广阔数字内容开发空间的话题。大家对钱的焦虑始终存在，小钱有小钱的焦虑，大钱有大钱的焦虑，而当下把焦虑大量向消费金融引导，去强加个人杠杆，并不是一个能让人苟同的解决方案。

所以，挖掘金融本身的场景，去提升服务频次和黏性，或许才是金融机构围绕核心主业应该加强建设的能力，同时也是重建客户关系效率最高的方式。

在这个过程中，无论是与生态企业的合作、围绕个人的成长体系搭建，还是围绕员工的职业能力和成长性构建，都能衍生出巨大的价值创造空间。

什么是"以用户为中心"？

大家经常强调以用户为中心，并将这一观点努力贯彻于产品设计、业务推动的方方面面。我们喜欢问简单的问题，因为越是听起来简单的问题背后，回答越可能是模糊的。所以，我们不妨说说究竟什么是"以用户为中心"。

很多人会说，以用户为中心就是站在用户的角度思考问题，去解决用户的真实需求。这个回答听起来没错，但好像并不能解决问题。再往下挖一层，究竟思考什么问题？解决什么需求？

以用户为中心至少需要关注关系、渠道、内容、产品这四个方面（见图5-4）。虽然时代发展会改变用户的行为习惯，但基本只是这四个方面的影响权重发生改变。这四个方面综合在一起形成了立体化的用户"体验"。

图 5-4 用户关联的四个方面

但是,仅看到用户关联的四个方面还是有些空洞,不够细致,那我们再向下挖一层,如图 5-5 所示。

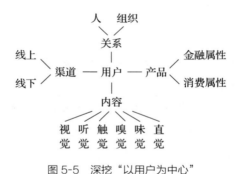

图 5-5 深挖"以用户为中心"

- ❑ 关系是获取交互的来源,以及向外传播的目标。
- ❑ 渠道是沉淀习惯与行为的场所。
- ❑ 内容是影响行为结果的过程因素。
- ❑ 产品是最终实现价值交换的对象。

可见,以用户为中心的设计,本质上就是对各项内容的组合与匹配。以用户为中心不只是运营,更包括渠道设计、产品设计、内容运营、市场传播等多个环节。我们还可以再向下细分,也可以换多个立体的维度细分，大家可以自行尝试，这里就不再赘述了。

当然，一个用户需求的出现，肯定是有起点的。需求的起点有些来自关系的传播，有些来自固有习惯的渠道。需求最终被满足，可能是由于直接的价值交换目的，也可能是由于丰富的内容体验。

所以以用户为中心的产品设计也好，渠道设计也好，整体业务营销也好，都需要先搞清楚用户是谁，用户在业务体系中需求的起点是什么，决策的因素是什么。

- ❏ 以产品直接决策的业务，内容可能并不关键。
- ❏ 以内容为重要决策的业务，产品变成了次要，运营反倒最为关键。
- ❏ 在关系主导的需求中，裂变是重要的，传播的动因更重要。
- ❏ 在渠道主导的需求中，渠道的品牌和流量积累是重要的，流量的接收更重要。

所以有些朋友私信问我要怎么做时，我确实无法回答。因为我无法了解大家到底想要什么样的用户，他们的属性关系如何，现有渠道是什么样的，更不知道存量资源能够积累出什么样的内容和产品。

在这些细项信息都缺少的情况下，用户是不是也就难以作为业务发展的中心了呢？最后可能会发现，还是拿着产品找买单的客户，而不是围绕用户洞察去创造价值。

客户并不需要经营

我们常说"客户经营管理",也常说"以客户为中心的经营管理",这两个概念很多时候被混在一起,从而得出一个结论:以客户为中心的经营管理就是强化客户经营管理。真的是这样吗?客户可以被经营管理吗?

客户的经营是管理视角的说法,对于以管理为主要目标的总部机构来说似乎合情合理,而在基层的实际操作中,如何开展客户经营工作变得非常模糊,客户经营与业务经营的区别是什么也难以言明。对客户推销产品,询问客户需求,似乎就是客户经营的主要动作,毕竟这个经营的主旨,就是从客户身上要效益。自然客户经营与产品经营没有本质区别,所谓以客户为中心也就没有明确的体现。

有些人或许会发出不同的声音:"搞好客户服务,才能要来效益。"这句话不无道理。延伸到营销和权益领域,会听到另一种声音说:"你得先给甜头,才能要到结果,而不能总是让客户先达标再给回馈。"但是如果我先给了回馈,客户没有达到预期目标,岂不是违规回馈、低效回馈了?这样的疑问似乎成为一个是先有鸡还是先有蛋的世纪难题。但这种搞好客户服务的过程,反倒更接近客户经营的本质。

所以,到底是强有力的销售或者我们所谓的精准化的营销带来了金融的转化,还是因为客户的服务带来了强有力的信任关系,从而使原本就是刚性的金融业务实现了自然的转化呢?

一直以来,无论是数字化经营还是新型销售团队直销银行,之所以在银行体系落地中颇具难度，核心就在于"经营的效果由什么贡献"这个问题难以解释清楚。是"人、货、场匹配模型"带来了金融转化吗？还是因为谁优先发出了一则产品广告所以转化算在谁的头上？大家是在吃自己的饭还是在吃大锅饭？

我们经常把"成效"挂在一个"经营动作"上，从而突出经营动作本身的作用，自然客户经营和产品业务经营就很难区分。

从现实角度来说，我们很难将当前的销售工作定义为"客户经营"，因为我们经营的还是具体的产出目标，比如经营的是客户资金，或者经营的是客户资金要转化的目标业务产品，我们越是关注转化的结果，客户经营就越像产品推销。或许客户经营的核心在于关系的管理，而关系的建立并非业务转化的结果，而是形成一系列转化的动因。在以存量深耕且同质化的市场竞争中，客户经营的链路上，了解客户，建立长期信任和依赖感反倒更核心，销售的环节变得非常薄，更像是一种自然而然的转化结果。

在这个KYC或者撬动客户需求的过程中，"客户经营"工作的本质就是开展持续的"客户交互"。"交互"两个字可能还有点技术，换成一个相对能靠得上的通俗词语，那就是"服务"，因为服务满足了一个客户在需求方面的预期，才能形成业务产品经营转化的目标。

这个需求的预期包括对渠道便利性的预期、对服务透明度的预期、对安全性的预期、对专属与增值上的预期，可能也包括一家机构对自己服务定位上的预期和品牌一致性的预期。

今天很多基层反映，在客户经营中产品供给不足或者营销资源不足。这些容易被感知但并不完整,实际上背后看不见的还有很多缺乏的内容,其中最重要的可能莫过于维护和交互能力的不足,导致交互和客户的预期很难匹配起来,信任和自然转化也就变得越来越难。当信任变得不易被建立时,不仅仅增量承压,存量的信任关系也容易被海量的数字信息冲淡,存量的流失也就变得越来越频繁。

所以,今天很多更有成效的经营结果并不是在激烈的推销动作中得到的,而是在客户关系的维护服务过程中自然转化来的。激烈的推销动作有时候更容易催生出更专业的业绩买单群体,在一"要"与一"给"之间削弱了业务的稳定性,也推高了经营的成本。

说了这么多,很多人可能认为这是在玩"文字游戏"。但就是因为文字之差,在策略的多层级传导与KPI加持下,客户服务创造价值容易被解读为"客户推销创造价值"。例如,在营销推介内容方面,存在超出消费者权益保护规范的夸大表述、以利诱导金融产品销售、短期时点业绩买单返佣等行为。毕竟金融与很多实物商品不同,同质化相对来说更为严重。推销不是对卖点的解读,而更体现为对价格的标注。

如果我们以"客户维护服务"作为业务发展的起点,那么客户自然交互的通道、自然交互的内容、自然交互相关的业务产品的敏捷供给,将会成为"客户经营"价值创造的增长推力。我们抱怨的"没有客户流量",背后更核心的是缺少"客户有效咨询的量","营销不足"其实是缺少互动内容的支持,"没有产品"实际上是缺少敏捷响应的供给能力。所以今天的洞察不仅仅是对存量数据的加工、分析、应用，更核心、更有效的洞察普遍来自不断的交互动作。

今天大家更喜欢将主动权掌握在自己手中，但在营销行为饱和、客户权利持续崛起的年代，经营侧的主动出击未必会带来真正渴望的价值结果。

如果我们真的以客户为中心，或者我们换位思考，就应该知道对于银行客户来讲，大家最想知道的就是钱放在你这里，是否能得到贴心的服务。这种感受的来源应该并不是有力的"被经营与被管理"。客户希望"被理解"，而非"被算计"；客户希望"被分享"，而非"被安利"；客户希望"更专属"，而非"被精准营销"。

当我们过度放大对经营与管理的预期，并且将这种预期高度穿透到一线的时候，以客户为中心的经营管理和客户的真实感受之间，或许已经出现了理解偏差与解释屏障。

|第6章| CHAPTER

新服务模式的崛起

今天我们讲经营存量客户，并不是坚持传统的方法，也不是否定这些年电子渠道与数字化能力建设的功劳，而是要用新模式将能力还原至对存量客户的关注与服务模式再升级上。因此曾经没有走通的旧模式在新环境下拥有了再次突围发展的空间，一些看似遥远的新服务也有了落地生根的可能性。

第1节　旧有模式的新价值

过去几年，金融数字化转型形成了很多新服务，这些服务在过去出于各种各样的原因没有形成规模化的服务，甚至逐渐退出历史舞台，但它们其实都具有明确的底层需求逻辑，在新的阶段具有再次思考的价值。当旧模式配套新能力，同时赋予业务价值时，这些服务或许能有全新的发展空间。

直销银行的发展趋势

一直以来，我认为"直销银行"的定位存在以下问题。

- "直销"是从银行经营视角定义的，而非市场需求的定位。
- "销"是交易价值的代表，但对于线上市场以及远程获客，使用价值是更核心的内容。
- "银行"代表了线下的业务模式，缺乏线上服务内涵。
- 银行服务，在总行、分支行各级机构里面，对客户来说本质上都是由银行进行直接销售，不存在代销概念，因此无法对客户解释直销。
- 如果直销是为了取消分支行机构销售所形成的成本，那么就需要完全摆脱分支机构营销渠道，否则就是对现有经营体系的严重损害。

从以上 5 点来看，以"直销银行"之名去打入零售市场，无论从内部管理还是外部市场来看，几乎都没有商业逻辑支撑。但是这种情况从 2017 年到 2019 年几乎没有改变。

无论是代销（传统销售）还是直销（新型销售），构成要素就是三个：**触点、工具、产品**。

- 触点既可以是行内触点，也可以是行外触点。
- 工具既可以是手机银行，也可以是直销银行。形式上可以是 App，也可以是 H5。账户类型可以是 I 类账户，也可以是 II 类账户。
- 产品既可以是存量产品体系，也可以是完全独立的产品体系。

此外，三个要素之间的关系更为重要。

- 从触点到工具的转变，就是渠道端的市场营销，要么靠人营销，要么靠广告营销。
- 从工具到产品的转变，就是渠道内的运营，要么靠人销售，要么靠系统程序去转化运营。

相较传统销售而言，直销有四个方面的不同，如图 6-1 所示。

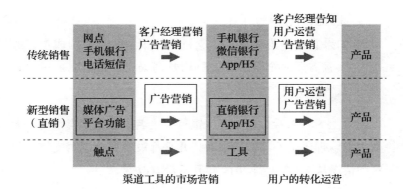

图 6-1 传统销售和直销的对比

- 直销的触点更加数字化,突出直销对触点的直接管理能力。触点的对象与存量客群在特征、需求起点方面截然不同。
- 从触点到工具的转化,直销突出广告营销的能力。广告营销的方法和转化的终点截然不同。
- 工具更加依托网络,突出了对 App 或 H5 的使用。品牌体验的设计能力、工具的形态与流程体验截然不同。
- 从工具向金融产品的转化,突出用户的运营能力、内容服务的运营能力、以产品为广告营销主体的广告设计能力。用户特征和运营方法截然不同。

上述四个环节中,最核心的是"直销"需要脱离原有的销售链路,更加考验**"直接数字化运营"**的经营模式,否则直销就会成为切存量关系蛋糕、重复营销、严重内耗的东西。因此**直销的核心已经不在于"销",而在于"营"**,而且是直接运营,是能够反向向存量关系赋能的运营能力。我甚至认为未来银行的零售转型方向，都是建立直营银行。

当然这些名字都是从银行内部管理维度来说的，在市场上仍然不该称之为"直销银行"或"直营银行"，而应该是更能服务于用户实际需求的服务品牌。在形态上，也未必是 App，可能更多的是 H5 技术的应用、跨越渠道的批量嵌入、广告与数字营销的新应用，App 会成为极其轻量的安全交易工具。

至于那些走偏了的直销银行，恐怕要么是逐渐弱化退出舞台，要么是回到与手机银行合并的结局，再或者从零售领域退出，彻底走向对公小微普惠服务领域。毕竟用户至上的时代，**"它是什么，长什么样，有什么用"**是要优先回答的问题。

数字经济时代，银行急需的不该是直销能力，而应是数字化的直接运营能力。触点、工具、产品的服务体系也应该围绕这一目标去搭建。

数字银行是谁赋能了谁？

银行如何拥抱数字化，如何实施数字化转型？这是大多数银行都在探索的事情。一件事情在说多了之后，量变就会引发质变，总会有概念泛化或者失焦的可能性。

大家说起数字化提到最多的是"赋能"。数字化到底给谁赋能呢？对于这个问题每个人都有不同的答案。按常理说，数字化是为基层赋能的，而赋能的原因是基层业绩压力大，数字化是为了更好地帮助基层完成业绩指标。但是基层业绩压力大，是因为销售工具不够数字化，还是因为市场的需求发生了变化呢？这两个问题看似一样，实际截然不同，不同的原因导致了数字化赋能的方向截然不同。

很多银行都推出了营销的活动，然而在渠道能量薄弱的情况下，活动的宣传推广仍然回到了基层发力的"人海战术"，靠人解决"线上传播"。这看起来数字化的工具并非为基层赋能，而是让基层为数字化赋能。

可能很多人会问：不对呀，私域流量的经营不就是发挥人的作用吗？确实，私域流量就是用"人海战术"完成经营的。但是，私域流量普遍应用于去掉多级经营的"直销"，直销背后是分润机制的变革，对于常规消费品可能适用，但金融不太一样。

那数字的银行究竟赋能了谁呢？有另一种观点认为，数字的银行本质上是赋能了客户，让客户可以节省时间成本，交换到更优质的服务。但如果我们再往前去延伸，假如客户喜爱数字的银行，原因是什么呢？是因为在这个客户赋权的时代，客户不喜欢被推销吗？而不喜欢被推销的背后，是因为市场上已经具备了可以不被推销，同时又满足需求的服务模式及产品。

或者客户喜欢的只是简单服务。而对"简单"的感受，来源于对线下服务"复杂"的对比，是对流程时间长短的感觉，是对业务理解难易的感觉，是对身心感官优劣的感觉。

很多时候，数字化的需求需要刨根问底。在现在的市场上"体验不好""业绩压力大"，都说明不了数字化的本质需求。数字化要解决的其实不是体验不好的问题，也不是谁业绩压力大的问题。数字化本身要解决的是满足用户想要的一种状态。

这种用户,可以是在操作一切电子设备的"客户",可以是为客户在系统中办理业务的"交易员工",也可以是后端业务管理系统的"业务管理者"。前端的用户本身就是复杂的。

数字化所追求的敏捷前台,也是来自这一批自外向内、自下而上的不同类别用户。这些用户在使用各种"前台"中形成了广泛的"数字中台需求"。

所以,数字的银行赋能了谁呢?

- ❏ 数字的银行应该以赋能客户为第一目标,让服务更简单、决策更容易。一切以"流程简单、内容准确"为核心。
- ❏ 数字的银行应该进一步赋能一线的经营者,通过多维度的数据描述,让他们更了解眼前的客户。一切以"了解客户"为核心。
- ❏ 数字的银行应该再赋能业务的管理者,通过丰富的数据和 AI 技术,为预测、决策提供更多支持。一切以"数据有效收集和应用"为核心。

当然在这三者之外,数字化还可以让更多人受益,但本质上数字化不是一个考核的对象。数字化是靠局部赋能带来效率提升,继而获得广泛认同与发展的,是一项实实在在的行动目标。

如果数字化说不清楚赋能于谁,那么大家需要的只是一个放钱的银行账户,并不确定是否需要一整套丰富的银行服务,对于数字的银行,大家又能有多少认知与认同呢?

商业银行的私域流量运营

我们看过很多文章说私域流量的好，私域流量可以大幅提高经营成效，但是我们真的认真探索过私域流量吗？

很多地方过于泛化私域流量的范围。例如，把微信流量全部纳入私域，把网点流量算作私域，导致私域不私，公域不公，私域的真实特征自然难以被挖掘出来，对私域的运营逻辑理解也就越跑越偏，对私域的作用价值难以真实理解。

从笼统概念上来讲，"私域"特指"私人"的那部分领域，就是由"个人"支配、运营的那部分资源。私域的流量，就是由个人经营、个人运营、个人管理的流量。

"私域流量"这个概念一点都不新颖，私域一直存在，流量也一直存在。只不过原来说的私域主要是一种"关系"，而今天说的私域主要是一种"商业模式"。

但是，私域流量之所以能发挥今天的经营作用，离不开其本质属性——"关系"。私域流量的经营、运营，只是将这种关系用作商业转化、价值变现。如果没有价值转化在里面，也就没有"流量"这一商业概念。这看起来是顺理成章的事情，但问题也就隐藏在其中。私域的价值来自关系，然而商业可能破坏关系，过度营销会带来关系崩坏。

做得好的私域流量经营，重视稳定的关系打造，商业变现注重内容打造，注重私域关系链两端的利益获得。这是一个系统化运营的事情，其中包括很多内容。

- 信息的初始分享者有利可图。
- 信息的接受者对信息有足够的兴趣。
- 兴趣带来反馈与交互提升关系。
- 通过私域的沟通达成价值交换。
- 价值交换带来新的分享并形成私域的增量流量。
- 增量流量带来初始分享者及多层级分享者的利益满足。

上述几点代表了一个很传统的私域经营逻辑，也是裂变的主打点。但上述逻辑中的每个环节都是复杂的。

- 利益的满足，需要兼顾物质收益、心理满足。除了自我的一面，还包括炫耀等社会性感受。
- 兴趣既来自物质消费本身，也来自内容消费。
- 兴趣反馈既可以是反向的，也可以是再向下延展的。
- 价值交换可以是即时的，也可能是延时的。
- 增量既可以多层级捆绑，也可以统一回到顶部扁平化捆绑。
- 利益满足既是比例问题，也是形式问题。

通过不同形式构建得到的经营模式以及得到的最终效果是截然不同的。

靠物质利益驱动的经营模式近似于传统经营模式，很多银行机构将私域流量的经营转化为员工销售考核的工具。但在这种模式之下，交易难以产生延展性，私域关系的目的性过于商业。私域流量缺少了"关系"的维护，业务经营效率普遍会快速下滑，增量供给会越来越乏力。

我们仔细看私域流量的经营模式，好的私域经营体系对私域流量经营者供给的主要内容，并非产品和考核手段，而是丰富的内容，尤其是能够让人"快速上车""轻装上阵""简单易懂""便于平铺"的内容。

这些内容的优劣程度决定了私域关系的强弱，决定了是让大家避之不及还是有需要第一时间被想到。产品只不过是在这种关系中的价值交换工具，考核转化为了一种记账和自我激励工具。

不可否认的是，商业银行因庞大的经营体系、大量的员工队伍，以及规模化的存量客户基础，在私域领域的经营价值仍然是巨大的。撬动私域流量经营的方法，可能初期靠考核，但持续经营一定不是靠考核，而是靠强大的内容支持和自我激励，以及源源不断的双向反馈。

毕竟，私域的核心不是交易，而是关系。

第2节 新服务模式的探索

互联网围绕流量变现发展出很多新模式、新方法，这些方法在平台经济中被不断探索和验证，很多金融机构也自然将目光投放在这些全新的模式上。但模式在金融行业的落地并不能生搬硬套，需要对不适配的内容进行深入分析，才能找到有机融合的方法。

"网红经济"在存量客户运营中的应用

与网红经济密切相关的有"私域流量"和"裂变传播"，这两者的核心都在于放大"人"在商业活动中的传播及影响作用。但是它们的概念并不相同，关注的重心也不一样。

私域流量讲究的是"流量"本身，核心关注点在于个体用户所覆盖的流量价值。这个个体用户可能是明星，也可能是草根。无论流量大小，都有传播影响的价值。

裂变传播讲究的是"传播"，核心关注点在于驱动"持续传播"的利益。利益可能是炫耀心理的因素，也可能是真金白银的因素，总之关注点在于持续传播。

而网红经济本身讲究的是"一个人对大量人群的影响作用"，换个更贴切的词网红应该是 KOL（Key Opinion Leader，关键意见领袖），核心关注点在于驱动"大量人群"认同、跟踪、接受 KOL 观点的因素。这种因素可能是颜值，可能是表达，可能是背景经历等。

在历史发展中，"电视购物""网红带货"的逻辑是一样的，这主要体现在如下两个方面。

- **都有足够多的流量以形成规模效应**。大流量不仅是转化的基础，还是大量互动的基础，大量的互动会带来构建黏性的素材。网红带货放大了这种互动感。
- **都有足够强劲的消费体验性**。这种体验性主要表现为带给观看者的沉浸感。

无论是电视台还是互联网，流量的分发、供给都是培育销售转化的核心。在网红经济中，几乎就没有脱离流量扶持而成功的案例，这其中网红的影响力一定是与成本投入挂钩的，这个成本包括资金，也包括时间、心智。所以"素人"一夜成名的案例并不能被复制，这是一个前提。

关于体验，绝大多数的网红带货都是以实物产品为主的。因为实物产品天然带有体验感，"演示"是带动转化的最有效方式。

网红经济发挥价值作用的基本模式如下。

流量扶持→网红演示→制造事件形成裂变传播→发挥关注者私域流量价值→循环

回到金融服务这件事情上，银行做网红必须要考虑三个因素。

- ❏ **流量在哪里？培育及沉淀的机制是什么样的？** 如果没有对网红打造全链路的考量，网红经济也就是在手机银行App上放个视频，与网红经济本身其实没什么关系，视频的效果也与App中随处可见的功能按钮一样，对循环带动业务发展没什么太大帮助。
- ❏ **金融的体验感到底是什么？** 金融产品中除了银行卡、贵金属等实物产品以外，金融产品本身并不具备强体验性，同时金融产品与实物商品不同，不该带有"冲动消费"的属性。因此网红经济在银行金融服务中的玩法，不该是促成交易，而是形成关系。形成关系更适合以"知识/信息"为主要载体。
- ❏ **金融的特殊性。** 对金融来说，KOL是一个富含矛盾的事情，大量的用户关系绑定到个人身上，KOL 的稳定性就成为金融机构需要解决的重点问题。收入政策能否保证 KOL 职业的稳定性？业务经营能否承担流失风险？技术手段和机制是否能够防止跟随用户的流失？销售合规性及消费者保护是否跟得上？这些问题终归要有配套的方案去解决，否则"热闹"过后令人头疼的麻烦会接连不断。

总结而言，网红经济在银行中的应用是一个挺好的话题，也是未来用户进行交易决策的重要支撑服务。但网红经济推动落地的核心一定不是发个文件，要求客户经理纷纷拍视频推销产品服务，至少要包含以下几个要素。

- ❑ 总部需要具备流量采购及分发机制。
- ❑ 产品线上转化（包含用户关系转化及交易转化）的流程体验要能跟得上。
- ❑ 环境、造型、设备、策划都需要有配套的支持，在内容质量竞争激烈的今天，绝不该随意制作。
- ❑ 传播的内容需要进一步明确，以投资者教育、行业分析等入门内容为主，更适合金融关系的打造。
- ❑ 实物产品是辅助支撑，更突出差异性、专属感、体验感。
- ❑ 配套的岗位考核体系，职责要求需要明确。

有人说"网红经济"不严肃，不符合金融服务的调性，这样的论断未免有些牵强。**"严肃"不是金融服务的基本要求，"专业"才是**。在足够专业的基础上，好玩、有趣更好，不是吗？

游戏化是不是激活存量客户的一条路？

游戏是虚拟世界服务中一个非常有特点的类目，因为游戏具有高黏性，并能驱动付费收入的增长。因此以游戏作为样板，去探索其在其他行业的应用，成为大家经常思考的问题。无论是前几年风靡的《集合啦！动物森友会》还是最近比较火的《蛋仔派对》，都是在虚拟世界中还原了一个相对仿真的世界。

有人说近几年虚拟现实与元宇宙很火爆，这背后其实反映的都是一种游戏化投射现实需求的例子。

以《集合啦！动物森友会》为例，游戏高度仿真"时间与空间"，游戏中的时间与现实中的时间完全一致，游戏也区分南北半球和对应的真实生物类别，大家每天就是钓鱼、逮虫、种树、建设、布置、买菜、卖菜、找人聊天。原本我对这个游戏嗤之以鼻，直到有一天，我的孩子开始玩这个游戏。随着游戏的深入，最开始破旧的小帐篷要升级为小木屋，游戏的环节设置让你仔细考虑是否需要贷款，在买卖中钱包的空间有限，引导你形成储蓄概念，也有相应的利息机制。这让我的孩子在游戏中学会了ATM，学会了买卖，学会了生产升级和消费升级，学会了投资"大头菜"，在价格波动中获得收益。

这个过程突然让我有些恍惚："10后"这一代竟然是从一款游戏开始认识金融的吗？

当然，游戏中的银行并不是真的银行，存钱、取钱并不需要真的充值，却是实实在在通过电子游戏的互动创造的虚拟价值，因为游戏中的每一个创造物对玩家来说都有不同的精神意义。

甚至在这种精神价值的基础上，这款游戏已经形成了丰富的周边产业链，让价值从虚拟走向现实。

这种金融普及教育原本应该是金融机构重点关注的领域，但对于不同的人群来说，这个普及教育的起点和方式恐怕都在伴随社会的发展而不断进化。今天很多银行的金融服务，还在追求高大、严肃的服务调性，却容易忽视一些新生的更有趣味的金融服务质感。

其实金融从客户星级开始，本身就带有"成长体系"的设计意图，成长体系的玩法源于大众对成长的渴望，这种渴望需要借助丰富的运营手段去激活与提升，本质上是一种游戏化的延伸。但在实现形式上，却未能将游戏化的体验做到极致。更多的银行只是将营销活动与页面小游戏做了浅层次的结合，并没有发挥游戏在虚拟资产黏性方面和虚拟场景代入感方面的优势。

当然我们的有趣与激励不在于盲目地适配金融消费，而在于普及金融的知识和提高运用金融工具的能力。多媒体娱乐互动逐渐普及，新的中产层也逐渐被从游戏中成长起来的一代代替。未来的金融服务，是不是应该更有趣呢？

关于存量客户与直播

近几年关于直播的呼声越来越大，其实金融做直播也不是新鲜事，发展至今也经历了上上下下几个波段。我们着重说说直播为什么会火，再说说金融要不要做直播。

1. 直播是什么？

大家可能对直播很熟悉，但是直播究竟是什么？

大家细心观察会发现，抖音平台的直播量在快速飙升，一些传统的网红达人快速渗透，很多你以前认为只是拍视频赚粉丝量的人，纷纷做起了直播带货。你甚至会感叹："真没想到他带货起来这么专业。"当然，不只是大量的人进入直播，也有个别"新头部"令人眼前一亮，进而成为大家分析、研究的对象。至于为什么会发生这样的变化，我认为有两个主要原因。

- **需求的再分配**。个别头部直播"陨落"，在直播的需求没有明显萎缩的情况下，流量的再分配带来了更多的市场机会。所以，早先立下"人设"的网红达人纷纷崛起，吸纳直播流量，给人一种"百花齐放"的感觉。
- **同质化竞争带来爆点机会**。当面临同质化竞争的时候，一些特定气质的内容或者大家"没看过"的感受，叠加新时代背景之下大家对人生、哲学的感同身受，导致一些内容快速引爆，成为新的现象。

这是行业变化的原因。而对于具体的直播行为，要带来持久健康的经济价值，离不开以下四个主要因素。

- 稳定的与受众需求相一致的人设与基础量。
- 敏锐及时的用户互动能力（核心是对互动内容的精准筛选与反馈）。
- 稳定的、有价格优势的、具有稀缺性的货源（产品/服务）。
- 健全的内容风险把控能力。

如果没有上面几个因素，可能发展直播还不如拍视频广告。

2. 金融与直播

金融机构做直播，很多人一上来会考虑对不对、应不应该的问题，直播在金融相关行业内甚至被打上了"负面"标签。上面我们说了，直播其实就是"人设+互动+产品+风控"的结合体，因此直播的成功与完美的直播间设备、"吼叫营销"和"误导销售"没有任何关系。

金融与直播的结合点，需要聚焦到如下四个问题。

- ❑ 你的人设与基础量是什么？
- ❑ 你要如何互动？
- ❑ 你的产品是什么？
- ❑ 你如何控制风险？

人设是很重要的。今天金融机构的直播未必需要万紫千红、百家争鸣，但一定需要有一些具备良好人设的头部。可能对基金公司来说，基金经理就是这样的人设代表。而银行业呢？你要打造的是"财富主事人"还是"消费体验官"？直播的人要长得好看还是要看起来很有可信赖感，或者其貌不扬却出口成章？如何体现专业性？要不要幽默？这些问题都是要明确的。人设的不同，对应的是圈子文化的不同，会带来不同的直播基础量和基础黏性。

互动是必不可少的。大家因为互动所以聚集，因为聚集所以产生话题，并可能带来爆点，在互动中快速形成交易决策。金融应该互动什么内容？显然金融不能互动"先到先得"的促销理念，更应该互动的是打消疑虑，建立合适的金融理念。当然，直播到底是要服务长尾还是服务头部，也有明显的区别。对金融直播来说，未必人越多越好，人越定向、群组特征越明显越好。

产品的内核是什么？不同的直播渠道要有不同的产品，毕竟监管对产品与渠道的适配性是有要求的。自有渠道和外部渠道对应的产品自然也不同。金融产品强调适配性，不是价格战的产物。在相对同质化竞争的情况下，产品在一定程度上更依赖于"品牌"，部分依赖于"权益"，而恰恰银行的权益整合普遍是非常弱的，与其聚焦于产品，不如聚焦于品牌与权益。

风控是底线。直播最大的风险来源于两个方面。一是内容风险。直播内容具有随机性和不确定性，内容的随机就一定会放大风险，这里面的案例太多了，相信大家都知晓。但我们要说的是，内容的把控一方面依赖于台本，另一方面依赖于监督，各流程节点都需要有对应的核准、权责明确、风险控制机制。二是人员流失风险。很多机构担心直播带火了"人"，而"人"是不可控的，流失会造成重大冲击。所以直播一直以来都是一个"人"和"品牌"平衡的事情，有些头部"人"就是品牌主题，所以人不存在流失问题。对于金融机构来说，如何把"人"附着在"品牌"上，而不是"品牌"附着在"人"上，需要有特别的内容设计、流程设计与机制设计，不能照搬照抄互联网的个人主播。

金融的直播本质上是带着明确目标的，受众人群的划分也与一般消费品直播不同，因此金融直播更需要根据目标做长期的规划安排，而不能把直播仅当成直播，不能因为"别人都做所以我也要做"。直播作为前端触点，对于普遍触点匮乏的金融机构来说自然很重要，但直播背后用户数据的综合应用、人或数字化工具的跟进营销，与渠道的结合更为关键。

直播看起来是一件短期爆火的事情，但是从早年"电视购物"开始，互动式的营销从来都是长期的刚性需求。对于个人主播来说，短期捞金获得利益自然说得过去，但对于机构来讲，稳健经营、长期维系目标客户圈层，才是互动营销的根本目标。否则，今天带来的流量将在短效的爆火后成为别人的嫁衣。现象级对行业有好处，但对于某一家机构来说，虽然带来了短期的知名度，但也带来了巨大的风险，毕竟现象级是很难复制的。而大众不关心现象本身，当下需求得到满足、获得交流的谈资就够了。

第 7 章
用共享能力破局存量客户运营瓶颈

想要开展存量客户的运营，就需要对客户进行全面的了解，进行全渠道覆盖、全内容供给。无论是数据、业务供给、渠道支持还是工具服务，都需要围绕"客户"这个关键识别要素进行能力的共享。只有共享才能形成更全面的策略判断，才能实现更全面的渠道连接，也才能实现内容与业务的准确供给。

第 1 节　营销活动的共享破局

在各类共享能力中，营销活动是与客户交互最为深入、与经营捆绑最为紧密，也是客户最为需要的高频活动。由于营销活动一端连接客户，一端连接业务能力、渠道能力、权益服务能力，导致营销活动共享成为打破共享能力阻碍的破局点。

银行数字营销那点事

银行对于市场、营销和销售的理解与一般行业不太相同，我们先浅谈一下营销这件事。

严格来说，其实并不存在市场营销和销售这样的分类，理论上应该只有市场、销售两类划分，落实到管理职责，就是市场管理和销售管理两个大分类。市场管理的要务是塑造好"产品服务"在市场中的完整形态，简而言之就是管理市场的潜在客户对产品服务的认知。市场管理部门多数是成本部门。销售管理的要务是推动客户从认知产品服务转向为产品服务买单。销售管理部门多数是收入部门。

而很多互联网企业中，更愿意把商品的线上销售归为运营管理，即用户流量转化为消费的过程管理，本质区别是运营普遍锚定用户，销售普遍锚定商品。而互联网企业中销售管理主要针对依靠线下人员去推动的广告资源，或者针对 B 端的服务产品。由于其渠道客户端产品是免费使用的，因此客户端的推广工作普遍归为市场管理。

所以在讨论数字营销以前，有必要梳理一下市场营销中的一些名词。

对于银行来说，当前的新零售市场营销至少应该包含三个重要环节。

- **市场管理**：数字化金融服务在市场中的认知塑造，对非付费服务的推广。
- **运营管理**：线上用户流量的转化运营，推动线上交易达成。
- **销售管理**：线下人员的销售管理，推动线下交易达成。

一直以来，牌照经营都是银行的根本商业模式。无论是吸储、支付还是代销，都以产品业务为分类逻辑。其背后的监管方式，也都以产品业务划分。

银行的市场主要是公共关系品牌部门在管理，总行层面的业务部门主要采取产品业务销售策略，而销售执行主要由分支行机构自行统筹负责。所以银行在过往的市场营销管理中，市场管理普遍是对银行而非产品服务的市场塑造，销售管理是对产品的指标化拆解，落实到线下销售团队自行管理，而运营管理几乎是缺失的。在这种格局下，前台业务对三者的理解自然就会比较割裂。

而高度依赖分支行线下销售过程管理的业务营销管理模式，使得银行的网点数量、员工数量基本决定了其发展的基础规模，对市场的重要性、运营的重要性难以产生直观的感受。但是时代在发展，新的市场文化在崛起，渠道运营模式在不断进化，传统货架式的金融服务不再满足需求，银行的市场认知开始下降，线下沟通变得越来越吃力，长尾格局变化得越来越快，金融的行为习惯、触发条件也发生着巨变。

❑ 客群特征及客群边界越来越清晰，市场认知管理需要更加精细化、客群化，单一银行品牌向多服务品牌过渡。长尾市场的管理变得越来越重要。

❑ 新型渠道建立了新型销售逻辑，线上运营需要优质、闭环的体验。其中优质体现在视觉佳、速度快、差错少、内容准上。闭环体现在上下有衔接、有洞察、有反馈上。渠道从工具型转化为服务型。

❑ 线下渠道角色开始从销售职能逐渐向体验、增信、客户服务转型，从卖产品逐渐转为建立品牌信任、地区推广和服务、达成场景合作。

因此，当下数字营销更应体现在下面几个基础能力的建设上。

❑ **数字服务的市场影响力**。一方面在银行品牌建设中增加数字化服务的文化内涵，另一方面构建数字化服务品牌，回补银行品牌内涵。同时选择数据统计完善、数据维度丰富的"真"精准广告渠道，进行市场投放和动态监测。
- **数字化、程序化运营能力**。一方面找到或建立强有力、可开放、高信用、可监管的流量渠道，把握渠道的数字化运营权力与合作管理权力。另一方面完善对用户画像的算法识别，丰富可运营的产品服务、工具服务、内容服务，建设快速响应的程序化用户运营流程。
- **线下服务转型的数字化支持能力**。为线下人员提供丰富的运营工具（可与数字化渠道整合），赋予体验便捷、可确认、可统计、可导向的运营权力。

对于银行这样一个经营强监管、信任成本极高的金融机构来说，数字化的市场品牌认知塑造、数字化的线上渠道运营管理、数字化的线下转型工具支持，或许能成为数字化营销的基础框架。但是数字化并不代表冰冷的人机对话，数字化是为人的赋能，与人的深度结合才能让数字化朝着可预期、更美好的方向发展。在此基础上，才能够应用类似增长黑客的新技术方法，或是充分发挥存量渠道的资源优势，获得更好的裂变传播效果，找到更佳的客群经营切入点，得到更真实的迭代需求信息和更为可观的价值转化结果。

金融营销的另一种视角

以存量客户为轴心的营销，通常会通过标签、画像来研究客户，用画像标签来推测客户的需求，进而探索不同产品对不同画像人群的转化效果。其中，对精准匹配、个性化匹配，甚至对千人千面的追求，成为金融营销的主流模式。然而驱动金融产品转化，真的来自精准匹配吗？或许这么问很多人都会质疑，毕竟大家对客群分析及精准的推荐引擎研究了很久了，那么我问得更严谨一点：在当前社会的金融素质水平下，驱动金融产品转化，真的来自精准的客群匹配吗？客群理论有没有漏洞？

我们经常会问自己：年轻人和中年人的金融服务需求是截然不同的吗？家庭主妇和职场精英的金融服务需求是截然不同的吗？以此类推，这样的问题还有很多。对于金融产品来说，我们可以从流动性、收益性、安全性这样的简单划分维度去进行量化打分，从而根据存量客户的历史成交情况，用不同的模型去匹配不同的"属性偏好"，形成一系列推荐模型。但这种属性偏好，可能对绝大多数人来说是没有感知区别的能力的。就像很多的智能投顾产品，我的测评推荐我选择5号，隔壁老李测评出来适合6号，收益比我高出1个点。这样的精准推荐，看似理由很充分，但对绝大多数人来说是无法感知推荐的合理性和适用性的。所以当年在体验一些智能投顾服务时，有一些业内的朋友开心地告诉我："不用看测评结果！你就手动选收益最高的那个买就对了！"当然手动后也还是赔了不少钱。

可见所谓的适不适合，几乎没有一套令人信服以及让人能够有效感知的标准。这一定程度上源于大家把金融推荐引擎与消费品推荐引擎做了简单的类比，采用了类似的推荐逻辑，但是消费品有场景属性，金融却未必有。另外，大众对金融的认知素质能力还远未达到自然识别不同产品服务之间差异的水平。除了头部深度客户以外，绝大多数客户没有能力也没有精力去学习、感悟金融业务服务的内在差异。

而从销售人员的视角看，存在同样的问题：精准与画像在当今环境下有实质关系吗？在销售人员的感知中，很多时候"好卖"等于精准，但好卖未必是因为高匹配，而是价格、口碑、规模驱动的结果。

金融本身作为一项刚性需求，本质上是不存在也不应该进行人群筛选的，唯一的差别只是需求量的大与小，以及需求出现得早与晚的问题。然而这些问题在一定程度上是标准化的。例如，在投资理财的需求上，无论是月薪 5000 元还是月薪 10 000 元，理财的需求都存在，真正撬动需求转化的因素，并不是这个人到底是个高级白领还是个初级菜鸟，而是如下几个。

- ❏ 每个月常规消费金额是多少，偿付完日常消费资金后的盈余水平是否超过了他的常规认知。比如，月薪 5000 元的人，每个月花 1000 元，盈余 4000 元，超过了他对储蓄临界点的感觉认知，自然就有投资理财的诉求。而月薪 10 000 元的人，每个月花 6000 元，盈余 4000 元，这低于他对储蓄临界点的感觉认知，他未必会尝试投资理财。这是差异的部分。
- ❏ 对于年终奖奖金发放的行为，无论是月薪 5000 元的人还是月薪 10 000 元的人，某一次突然发了几倍于月薪的年终奖，都会产生"打理、规划"的诉求。这是相同的部分。

在产品层面，月薪 5000 元的人适合 A 产品，月薪 10 000 元的人适合 B 产品，导致出现这种决策的因素其实是门槛的高低。同理，信贷需求的触达也不因收入的多少而有所区别，更在于缺乏资金的感觉临界点。至于收入因素，它只影响投入多少，而不影响做不做。

在这样的案例中，"感觉"是比职业、性别等更重要的识别要素。这个感觉看似是收支资金层面的问题，其实更有"时间"这个关键营销要素的影响。在金融营销策略的优先级中，节点营销的营销策略或许高于客群营销的营销策略。在传统的画像中，年龄因素可以在一定程度上从生命旅程角度推测这种感觉产生的时间节点，场景也可以成为"感觉时间节点"的识别依据。总结而言，时间运营是金融营销中常被忽略的重要运营目标。

简单来说，金融产品无论如何营销、如何包装，**"时点"的匹配程度可能远比产品本身的宣推重要**。存贷类金融产品不是日常消费品，它无法随时随地产生需求，也不会因为某一时刻看到"好产品"而随时投贷，毕竟投需要先有钱，贷需要背上债，转来转去也需要评估流转的折损。明确的金融需求源于特定的时点：要么是在收入盈余产生时对通胀的焦虑，要么是在支出能力不足时对消费需求无法满足的焦灼。

有些人会说："我告诉他，等他有了需求就会来找我呀。"这种说法可能没错，但我们要明白，很多需求都是在某一个瞬间突然出现的，而在出现的时候，你怎么保证客户会想起某一时刻你发给他的业务短信？大多数情况下客户都不会想起你曾经告诉过他的消息，因为现阶段金融产品很难留下一般消费品种草的情感认知，产品的周期也难以覆盖广阔的时间范围。这时候，谁见缝插针了，谁在客户最口渴的时候递上了一杯水，那么谁就会赢得这次转化机会。

所以，金融营销并不是一个日用消费品种草的转化，而更像是一个"时点匹配"的游戏。**所谓的运营，本质上就是对客户时间、心智的争夺，需求与供给时点的"同频"、与品牌内容的"共振"才是关键。**

为什么银行需要高频的交互场景？就是为了避免错过那个"同频"的机会。而互联网的流量对于金融来说之所以那么贵，是因为"同频"比找到"人的标签属性"更难。

如果只是就人本身的属性去洞察，而不考虑"时间"的维度，无法预测下一个"行为时点"，也无法通过有效的渠道在"特定行为时点"提供运营的支持能力，那么多半洞察只是一种"数据统计"。数据驱动的价值创造，也不过是传统销售模式下对经营结果的反向倒推。

关于"开门红"数字营销与存量客户运营的故事

"开门红"是每一个企业都希望实现的目标，开门到底能有多红，决定了未来一年的压力将有多大，决定了后续的策略制定。

正因为如此，每年的 1～3 月都格外热闹。从营销视角来看，1～3 月可以说是全年最为"拥挤"的一个季度，对于所有的企业来说，面临"市场的可支配时间不足""同业竞争对手竞争激烈""异业干扰因素复杂"等多方面的影响。

商业银行开门红的重要程度几乎可以等同于电商的"双11"，商业银行在旺季面临的形势更加复杂，因为既面临着"容易"的部分，也面临着"困难"的部分。

说容易，因为总有些不变的资金规律，导致金融的基础需求易于找寻。我们很容易辨识那些"该属于自己的钱"，出现在哪里，出现在什么时候，快速找到代发的门路，找到付款上游。这样，开门红所需的基础要素就攒齐了30%。

说困难，因为同时期传播内容规模巨大导致声量被压缩，客户时间的获取竞争极其激烈，未知变化非常频繁。我们很难左右原本属于自己的钱流向何处，也很难了解那些可能流入的钱究竟如何才能流入。这部分要素大量分散，可能占比在70%。

类似的困难不胜枚举，但如果把这些困难高度提炼，会发现困难普遍源于未知。解决未知的最好方法，就是与未知不断交流。无论是温和的还是激烈的交流方式都能打破未知。很多时候我们认为这是一个"精准营销"的过程，但面对未知世界，何来精准？实际上从来没有精准，所谓的精准是不停地在"是与否"之间摸出不断提升的概率。所以解决未知需求不在于精准，而在于"试探""反馈""优化"。面对快速变化的未知，在于快速地实施"试探""反馈""优化"。如何快速呢？核心仍然逃不开高频的黏性。

金融非高频，不代表服务不能高频。手机银行等存量工具，月活跃用户数、年活跃用户数大，面对以周、日、小时为周期的活跃频次，却难以与市场上那些时间的争夺者抗衡。

以前追求年活跃用户数，现在有些银行追求月活跃用户数，这真的够了吗？年活跃用户数平均分配到每一天所代表的价值属性与日活跃用户数是不同的。

前几年，大家提到互联网，评价最多的是用户注册规模，而现在更应看重的是频次与黏性。构建高频次、高黏性的服务基础，才是面对不确定性的主要解决方式。

上面说了这么多，看起来似乎有些跑题，其实核心的命题在于解释营销应该是什么。营销要解决业务的诉求。业务的诉求在于实现销售，销售的诉求在于有效触达与交互，在当今的数字化背景之下，有效触达与交互就是对不确定性进行持续的试探分析，而前提就是数字交互的频次与黏性。

很多人经常会说，"数字化营销"不如"销售"来得实在，或者很多人将营销与销售画上等号。但如果没有对"频次、黏性"问题的集中解决，没有把营销变成存量销售的督导，那么组织对增量价值的持续贡献能力就会逐渐收缩，这不是营销要完成的使命。"销售"的目标是让确定的事情更高效，而"营销"的目标是让不确定的事情变得更确定，营销与销售的出发逻辑不同。所以我们说的是营销及营销的运营，而非销售及销售的运营。

而开门红的营销，就是所有营销中对频次与黏性要求最高的主题营销。频次、黏性直接决定营销的整体竞争力。为了在极其激烈的竞争中放大宣传声量，获得市场关注，就必须要在前期做足铺垫,维系好基础活跃关系和活跃量级。通过多轮次的推陈出新,用不同维度的叙事故事去试探市场,然后快速挖掘市场敏感的叙事点,在关注还未冷却的时候推上一把,构建信任连接,带出确定性的需求转化。并且,需要在营销趋势冷下来、营销效率不高的时候及时"回撤",释放资源。还有,需要及时应对来自同业异业、市场利益冲突的不可控冲击。

这一系列的操作,我们称之为"开门红营销运营"。这个营销运营与一般的营销运营相比难度更大,因为需要关注更多的正向、反向的利益相关方,需要配置、协同更多的资源,并且每一项资源的配置都需要尽可能高效,从而避免出现运营资源的"木桶效应"。

对于商业银行来说,更需要注意的是,线上能够获得用户黏性,但现阶段的交易逻辑并没有要求适应线上的经营逻辑。无论是业务管理规则还是监管要求,都离不开线下的落地支持。因此,还需要让相对可控的"线上营销"与相对更难控制的"线下营销",有相匹配的同频节奏。

线上拉动频次和黏性,线下促进服务转化。线上为了构建中长期用户层心智,通过长尾驱动头部;线下为了快速满足客户层的服务需求,从头部辐射长尾。可以将此称为一、二曲线新旧价值驱动模式的协同,看似无关联,实则紧密相连。

开门红的战场是一片真正充满浓烈火药味的战场,任何一个参战的队伍所面临的敌人都是多元的,多元带来更多的是不确定性。开门红的营销运营,更需要解决的是对不确定性的把握。

当前世界、行业、个体都充满着不确定性，拥抱不确定性，或者被迫融入不确定性之中，构建在不确定性环境下生存的机制，找到自身在不确定性环境中的生存技能，才是面向未来人与组织的核心任务。

营销、活动和权益

很多人说营销太复杂了，营销的能力也太复杂了，营销是刚需，但是营销配套的能力在很多机构都像是一个"天坑"，没人心甘情愿地靠近。

营销因为伴随着各项业务的发展，经历了漫长的进化过程，而营销的内涵也因为不断被附加新定义，导致"营销"的概念变得泛化。给客户推信息叫作营销，做活动叫作营销，给客户提供促销礼品激励也叫作营销。营销对于广告公司这种以"内容"为轴心的机构来说不复杂，对于互联网这种以"单一渠道"为轴心的机构来说不复杂，对于公关公司这种以"活动"为轴心的执行机构来说也不复杂，但对于银行这种产品体系、渠道体系都很庞大，活动诉求庞杂的机构来说，就实在太复杂了。

想要厘清营销的本质，需要从大营销说起。营销的核心是通过信息的制作与传播，让信息接收者达成我们预期的业务转化。营销可以简化为三个名词："内容生产""渠道传播""决策转化"。

1. 内容生产

内容既可以是一段简短的文字，也可以是一张漂亮的海报或一部动人的宣传片，当然，也可以是一个互动感十足的 H5 页面。内容的生产与营销总有着千丝万缕的联系，脱离了营销目的的内容生产，内容再精美也是没有灵魂的。内容的制作分为制作方式与产出形式两方面。

制作方式分为自己制作、合作制作和外部制作。产出形式就是前面说的不同的内容形态，内容因形态不同，应用的渠道场景也不相同。内容管理就是营销的基本要素之一。

2. 渠道传播

渠道是内容传播的载体，不同的渠道有着不同的对象属性和特征。渠道中广而告之自然是一个很简单的方法，但由于渠道资源总是有限的，而营销的需求是无限的，因此渠道中用户的识别是渠道资源放大、避免资源应用漏损的主要方式。而不论渠道如何丰富多样，在渠道中成功地把内容传达给一个需求对象都是渠道传播的核心。如果做不到对象细分、精准识别，并且准确执行触达动作，渠道就算流量再高也将失去效能。

渠道既有自己的也有别人的，既有线上的也有线下的，既有自助的也有人工的。虽然内容可以明确，也可以提前规划好要取得什么样的结果，但由于渠道的差异，这种传播的"触发方式"会千差万别。

3. 决策转化

形成决策转化是个技术活，这可能涉及如下几方面。

❑ 一个产品服务的快速供给，所见即所得，满足大众"效率"上的需求。
- 一个"回馈奖励",满足大众"利益"上的需求。
- 组织一个活动,让客户感受到"专属性""特殊性""优惠"。
- 一个活动如果不是在"资格上"体现特殊能力,而是在回馈上辅助奖励,那么就为决策增加了"利益"的考量。这个利益在最终的落地形态上,就成为"权益"。

不可否认,快速决策依赖于"人性的弱点",这些弱点加速了人们形成特定的决策结果。然而权益绝大多数都是带有成本的,成本的投入自然需要与转化结果的产出挂钩,脱离决策转化的监测(尤其是监测规则),活动权益的投入就是不合理且风险重重的。

我们做个简单总结。

- **活动与权益天然一体,无法分离。**只不过活动有长有短,短活动就是即时激励,发挥促销的作用。长活动就是"会员"般的长效激励,发挥持续自我激励的作用。有些权益是"礼品""优惠",突出在"益";有些权益是"资格",突出在"权"。没有平白无故的权,也没有平白无故的益。权益一旦发生,必然导向一个激励目标,背后也就是一个营销目标。
- **营销不一定需要活动,但活动一定要带有营销目的。**营销可以只是一个简单的信息内容传播,将有价值的、可以改变决策的信息传递给目标对象,而未必需要一个实实在在的带有"时间、地点、人物、条件"的活动。活动只是众多信息内容中的一种形态。营销的本质是把价值信息通过合适的渠道传播给特定的人。

营销能力的内核，在于人的识别、渠道的贯通、内容的供给、传播结果的可监测。活动能力的内核，在于活动规则的设计、营销目标的监测和特定权益回馈的执行。权益的内核，在于持续的高市场认知价值、低成本计价的权益供给，无论是采购权益还是自建权益。

除此之外，对营销的管理就是对大量非活动的内容产出进行管理、对渠道的执行质量进行管理，这些都需要在统一目标下进行统筹协作。这是营销范围内必不可少、不可不碰的关键环节。

要评价营销做得好不好，我想这不是一个简单的权益分不分散的问题，也不是一个简单的活动体验好不好的问题。营销本质上就是一种产出目标明确的综合化运营。

第2节 数字内容的共享探索

金融不缺产品，也不缺渠道，但缺乏产品与渠道的连接，这个连接的核心就是内容。在数字领域，内容的数字化和数字化后理解的便利性，成为数字内容发展的主要方向。对金融机构来说，数字内容同样不是闭门造车、竖井生产的，共享才能让内容不偏离业务逻辑与经营的需要，让内容不只是热闹，还能形成生产力。

存量客户"新知"崛起

数字化经营模式已经悄然发生变化：从新能力建设转到存量能力整合提升，从新流量平台建设转到平台退出整合与客户业务关系的全面拉升，从对支付消费信贷的关注转向资金与大财富的新能力，从大规模的资源投入转向全面的成本管理。

金融机构正在面临"触客难"的问题。原先渠道各自为战逐渐转向全渠道统筹触达管理，触达与转化的全链路跟踪分析持续突破，私域逐渐发挥出触客运营的主动性。受《中华人民共和国民法典》的约束，触达频次、方式与授权正在推动触达内容向整合、筛选转变，组织推动方式从以业务为中心全面向以客户为中心转变。虽然难，但是统筹方向逐渐明确，触达配套能力不断完善。

今天我们所面临的触达与运营问题，其中有一个不可忽视的软实力内核——内容。但内容这个概念现在显得过于模糊、宽广。内容究竟是什么，又如何发挥出价值似乎很抽象，我们做个梳理。

内容不是越多越好，也不是触达越多越好，我们把未来内容触客、获客的方向聚焦于"新知"。近几年大家都对恢复过往甚至超越过往充满期待。内容平台的崛起，使虚拟世界消磨了大家大量的生活时间，大量的碎片化内容丰富了大家方方面面的认知，甚至伴随"推荐算法"形成了一个个内容壁垒，每个人在壁垒之中反复吸纳着相关的内容。长时间的内容被动选择改变了我们的认知，也让我们更容易对"已知"不耐烦，甚至是厌倦。

如互联网，内容供给发生了很大的变化，要冲破这样的"内容圈养"循环只能依靠全新的叙事方式。因此，小众文化、新文化形式摆到大众面前，并形成了一波又一波热潮，大家发现：除了传统的"相声"，"脱口秀"也不错；除了传统的"小品"，各种各样的"舞台喜剧"也不错；"冷知识"成了炫耀的谈资；完全不相关的跨界品牌联合不断出现……这一系列操作都在将大众对内容消费的渴望拉到一个新的范式。这种范式不再由平台创造，而是由形形色色的个体构成，"个体＋商业化"的包装不断提升着内容产出的质量和精准锁客的能力。这种范式让人获得新的认知，也让人以新的认知去批判传统认知，"建立新认知"成为市场的新竞争壁垒。

回到金融与银行上，为什么今天很多银行的金融服务越来越让人提不起兴趣？"银行更安全""投资理财产品保值增值""贷款利息很低""消费 App 全是福利""大行很稳健"……在今天来看，这些都是旧知识，都是传统认知。虽然传统认知还在发挥着惯性作用，但相比传统认知，新的金融认知变得更加重要。

因为当下的内容创造本身就是一个众创与筛选的过程，所以银行类金融机构在面对"新知"崛起环境时，很难跟得上"新知"创造过程中频次与质量的需求，叙事方式也很难在层级审批中冲破传统的认知。而引入外部力量共创，出于合规监管的顾虑难以开放，即便引入优势内容也会支出大量的成本让利润承压，且因为缺乏内容运营和利益分配机制，"有效内容"的供给和价值转化无法持续运转。最终内容产出不少，但是新知不多，普遍是对旧认识的反复唠叨。

过去大家认为是互联网对银行造成了降维打击，2022 年开始，银行与互联网同样开始面临第三方商业内容运营机构的降维打击。它们不是技术派,只是熟识推荐算法规则的内容生产派,这些内容生产派逐渐不再是业务的外行,而是各种各样专业选手的跨界转型。未来可能会有越来越多的机构或者个人通过全新的内容范式来获得信任,获得黏性,构建关系上的壁垒,从而主导价值的分配规则。

金融机构可能会更多地尝试用新知来改变竞争状态,这些新知包括如下几种。

- ❏ 品牌的新知:这家银行品牌格调居然可以这么……
- ❏ 渠道的新知:没想到现在网点还能……
- ❏ 增值的新知:自从买了这个产品,居然会……
- ❏ 需求的新知:我居然从没考虑过……
- ❏ 业务的新知:数字货币是新知,养老金账户是新知,这些还只是起点,新知还有大量的延展空间。

除此之外,还会有更多业务服务成为新知。但是新知更大的价值是靠认知改变带来传统业务关系的发展,而不仅仅是新知业务自身的推广,这可能是需要更多注意的地方。"想不到""竟然会""居然可以",这些超出传统认知的新认知或将成为未来最为显著的叙事方式。

围绕这些新知可以产出形形色色的内容,内容背后又挂接了各种各样可以对价值创造结果进行量化的数据指标。或许大家会觉得这是做表面工程,但未来"新叙事"必然会驱动服务的改变,从而让"新知"触达客户,带给客户切身的感受。

从基础数字化能力角度来看,内容新知的崛起、对应业务的推荐，不会再延续"从标签分析到人工生成推荐策略"的逻辑。业务产品的推荐在客户消费内容的同时便已经发生，内容不再是"用户画像服务"的附加服务，内容本身就是流量与客户业务运营的载体，内容即时发挥经营作用。换句话说，业务产品的推荐不再附着于渠道的广告资源位，而是直接附着在内容上，推荐逻辑靠内容与客户画像同时驱动（甚至内容更是驱动主力）。

今天大众对金融的需求，更大程度上取决于对金融内容的需求。在生成式 AI 大力发展的今天，"旧识"已经退场，"新知"更值得期待，无论是金融渠道、金融业务、金融品牌还是金融权益，冲破"旧识"的围栏，构建"新知"的壁垒，在市场竞争中变得更加重要。

关于财富管理数字化

今天很多银行将业务重点布局到财富管理领域，财富管理与数字化的关系是什么样的呢？前文大体说过数字化的目的：数字化不改变业务本身，虽然偶尔会有流程上的重塑，但核心目标是提升业务经营的效率。

之所以财富管理被重点关注，核心原因在于，对银行来说，存款与信贷的争夺基本已经处于竞争红海，而财富管理，因社会总体待开发需求仍然巨大，且在未来具备引导资金走势的潜力，所以成为当前可见的一片蓝海。

1. 什么是财富管理？

什么是财富管理？财富管理的对象是谁？这两个问题的答案

其实很简单：对于零售板块来说，财富管理是为个人资金配置服务，本质上就是对个人资产的深度运营；财富管理的对象，过去是超高净值，现在是高净值，未来应该是普罗大众，毕竟人人皆有财富，只是财富规模不同，管理财富是刚需，只是管理的方式不同。那么是不是只要你有财富管理的方案就一定能达成财富管理的服务？是不是只要你知道财富管理的对象是谁就一定能参与资金的运营？

过去银行卖产品采用的是单向运营模式：我给你提供产品信息，你来选择，总有你需要的。至于客户有什么反馈，并不那么重要。但财富管理不同，在这个过程中，它必须获得客户的反馈，再形成解决方案，这种反馈甚至不是一下一上就能解决的，而是需要多轮的交互。

财富管理的本质到底是什么呢？有些人觉得是产品的集合，有些人认为是配置的服务。但我个人认为，财富管理最终的落地形式是内容。而财富管理数字化本质上就是数字内容的运营。

2. 财富管理营销的基本逻辑

财富管理的过程，本质上是内容运营的过程。核心原因是激发用户基础需求依赖于内容，建立客户信任依赖于内容，获取客户反馈依赖于内容，形成最终的方案依赖于内容，这一连串的交互都离不开内容，内容与内容之间的串联决定了这种转化效率的高低，决定了客户的感官体验，决定了客户流失的可能性。

过去存款类产品、贵金属类产品、理财类产品、保险类产品、基金类产品等的经营大体上不需要过多地激发需求，不需要建立深度信任，也不需要复杂的反馈。只要找准历史购买规律、掌握他行购买规律、资金流动节点，机构有强大的信任背书，营销人员有良好的客户关系，配上有竞争力的"权益"，转化就是一个相对稳定的事情。毕竟总体上都属于标准品的服务。

但是"用钱换一款产品"和"把钱交给一个人打理"是截然不同的客户认知，信任的基础差别很大。就像你会放心"把钱交给楼下菜店的老板，让他帮你选质量最好的蔬菜并且送到家"，但你一定很难相信"把生活费交给他，他会让你不用再考虑日常生活所需"。

所有需要改变认知的事情，都是营销中最难攻克的点。这就需要不断交互，信任依赖于不断交互，需求来源于不断交互，转化所需的"有效流量"也来源于不断交互。

而银行今天面对的核心问题就是"交互的浅"和"交互的短"。无论是以手机银行为核心的渠道，还是以消费支付场景为核心的渠道，"浅""短"的交互问题都难以有效解决。对比来说，改变渠道本身的交互属性非常困难，能突破这一瓶颈的恐怕只有"社交私域"。

围绕私域，不断通过数字内容建立客户交互，并且通过数字技术评价客户的信任程度、需求状况，才有可能敲开"财富管理"的门，否则无论你如何苦练内功，对于客户来说，信任和需求都难以与供给端进行串联。除非你是"百战百胜、早已成神"的 KOL，天生带有极强的信任光环，但这终归是小概率的事件。很多人认为财富管理就是要造"大咖"，要培育财富网红，对此我同样持保留意见。大咖代表高集中度，高集中度带来高风险，如果财富管理依赖于"大咖",等同于没有任何持续经营的保障。

下面几项串联了财富管理数字化营销的基本逻辑。而这一逻辑,覆盖了财富管理前、中、后的不同阶段,既是售前的 KYC,也是售中的服务交付,更是售后的客户陪伴。

- ❏ 私域的有效连接及专业的品牌和私域人设定位。
- ❏ 数字内容的分类打造,覆盖不同信任程度及专业程度的人群,覆盖不同的媒体形态。
- ❏ 数字内容背后与配置产品服务关联的模型。
- ❏ 产品配置的动态评估模型与可视化内容呈现。
- ❏ 客户需求分析洞察与内容推送模型。
- ❏ 一点点营销与权益的激励来放大内容连接的效率。
- ❏ 交易转化所需的畅通的渠道转接。

3. 财富管理的底层能力

在以客户为中心的经营体系中,围绕客户的数据洞察、数字化的渠道能力、智能化的触达打造引擎,已经成为数字化经营能力的基础。流量瓶颈之下,社交私域也普遍成为客户主动经营的新型数字渠道。在此基础之上,内容方面的引擎却显得单薄。围绕内容的能力建设成为更迫切的需求。

- ❏ **开放化的内容管理能力**。只要符合监管的审批权责要求,内容的制造未必全部由自己完成。合规的采买引入,权、责、利清晰的第三方合作产出,都能成为内容制作的基础方式,系统只是明晰权、责、利的有效方式。
- ❏ **智能化的内容与产出匹配引擎**。一切内容都应有其形成的目的,有些为了活跃,有些为了教育,有些为了关联产品与服务。内容不是核心,内容背后关联的落地业务转化目标才是核心。在海量内容中以什么样的方式关联,关联哪些业务,需要模型引擎完成更高效率的匹配。

- **智能化的内容推送引擎**。此处不详细表述,与各类大厂的智能推送数字能力相同。大量的人与大量的内容,这种撮合匹配难以依靠人力来形成最优解。
- **SOP(Standard Operating Procedure,标准作业程序)与业绩的数字计量**。产品服务—关联内容—私域触达与运营,共同形成了从转化渠道,到内容转化供给主体,再到交互维护运营的记录。这份记录包括一个价值转化交易从产生交互到完成交易的时间,由什么人、什么渠道交互,产生多少交互,由谁的内容实现需求激发,由谁的内容实现直接转化。计量的背后是价值贡献产生的节点,是业绩分配的数字依据。毕竟财富管理不是简单的买与卖,需要的节点维度更多、更复杂,没有利益分配机制,就不会有真正的财富管理转型。

财富管理作为今天的未知蓝海,需要更多的突破。今天的蓝海越宽广,证明未知的复杂性越高,而这种复杂性纯靠人脑形成直接的业务方案决策本身就是不靠谱的。在我看来,财富管理靠不了 KOL、爆款的产品和高级 AI 智投(当然资产配置是必需的硬实力,即便没有数字化,这种硬实力都应该具备),除了专业的能力,大家需要的是一个理由,一个我信任你并将财富交付给你的理由。

第3节 中台体系的共享共建

中台能力是针对企业级可共享能力的组装,其中业务中台能力是对各项能力在业务逻辑上的组装,从而形成服务于业务调用需求的共享能力。业务中台的概念在互联网领域可能非常清晰,但在银行体系很模糊,为此我们需要更清晰地了解中台的业务诉求,从而形成金融机构可用、好用的中台建设方案。

金融、互联网与科技

存量经营时代银行营收压力大,利润压力大。换句话说,达成合作变得越来越难,达成合作能赚到的钱越来越少。这一结果的根源在于供需关系的变化,使得买卖双方的关系发生了变化,而互联网则是这种变化的推动者之一。

互联网通过流量的市场化运作,赋权每一个创造流量的个体。用户至上是互联网抛出的最重要命题。而用户作为体验型经济的主体,并不一定是创造交易价值的客户群体,从而市场和商业的战场就从最终的交易向前延伸到了交易前的一系列"决策"服务。

互联网金融的兴起,只是互联网买卖过程中对资金流的更深层运营。无论是以解决电商信用问题而形成的担保支付工具,还是以社交关系为基础的快速收付款工具,或是基于贸易账期的企业金融服务平台,所有互联网金融都生长于互联网所服务的特定场景。所以先金融后场景的金融机构与先场景后金融的互联网机构具有截然不同的发展脉络,从而金融在当中的角色及发展方式也就不同。

我一直认为金融机构对于用户的理解是过于粗糙的，似乎只有"高净值""长尾用户"，或者"老年""中年""青年"，或者"城市""乡村"，"白领""学生"这样的划分方式，所以在金融机构的场景战略中，从来都不曾真的解决社会的真实痛点问题。

金融机构理应成为推动社会数字化发展的中坚力量，因此构建场景，不仅是解决金融"无场景"这样的自身问题，也是解决社会数字化生活的核心痛点问题。但当我们打开金融机构所提供的场景服务的时候，多数只是想到了"平台化""入口聚合""补贴"，这些看起来的"便捷"几乎都不是人们社会生活中的核心痛点需求。甚至不同的服务不聚焦同一类目标受众，这种大杂烩式的"主题服务"，距离解决痛点需求的"场景服务"还有很远的距离。

所以很多金融机构的场景平台看起来没毛病，但推动市场化，形成高黏性、高频流量的过程无比艰辛，说到底还是没有真的去解决市场的需求，或者是没有了解真实的市场需求。也就是说，金融机构主导的场景化发展，缺乏自己的核心功能场景。

有些金融机构不再继续试探场景的建设与运营，开始做起软件开发公司的生意。软件开发换业务也好，输出也好，本质上是科技开发能力的市场化。然而纵观市场，在软件开发、科技赋能这条赛道上奔跑的互联网企业，无不是基于市场和数据的赋能，而数据赋能本质上也是市场赋能的一种。

过去的很多年，金融是最早数字化发展的行业，信息的积累使得金融成为那一时期的"信息中介"。然而随着整个社会数字化水平的提高，以非金融为主的大数据爆炸式增长，市场价值也从交易节点向决策过程迁移,场景数据的拥有者成为新时代的"信息中介"。对于金融机构来说,围绕数据的科技服务能力也就发生了变化:互联网是对渠道的变革,是对市场关系的改变;科技是对管理的变革,是对服务效率的改变。所以金融机构所面临的,既有互联网渠道层面的冲击,也有科技效率层面的冲击,两者从不相同,问题与破题的方法也不同,需要分别应对。只是有时候冲击的来源都是同一波壮大起来的互联网企业,让人感觉似乎变成了一回事。

金融机构在应对市场冲击的过程中,深耕属地化市场、线上线下的联动、人(员工)的沟通交往。存量的客户基础、资金流的把握、资本的能力,都是极具价值的破局撒手锏,也是能够形成弯道超车局面的优势能力。而识别市场、渠道创新、精细化运营、科技提效,或许值得被关注。

关于业务中台的理解

中台发展的起因和很多平台化发展的起因是一样的,就是提高多产品业务条线的统一管理效率。而中台本身又在后台基础上更进一步,通过将共性能力提取出来,独立强化、发展,进而实现对前端多业务服务的灵活赋能。也就是在管理诉求的基础上,强化了经营诉求。如果没有多业务服务需求,没有对客前端,也就没有中台的概念了。

在这里,很多人将中台和平台的概念混淆,究其本质,中台是一个组织概念,是发展具备业务属性的共性能力的组织,需要具备相应的组织能力，而平台是不具备业务属性的共性能力的整合，是一种应用层面的形态。简而言之，**中台是组织形态，平台是应用形态**。

很多机构说：我已经搞了 IaaS（Infrastructure as a Service，基础设施即服务）、PaaS（Platform as a Service，平台即服务）云，我的分布式核心系统已经很完善了，我有数据仓库、数据中心，这是不是已经具备了中台呢？显然这种对中台的理解还是聚焦在技术视角、能力视角，而没有真的站在业务视角、组织视角，平台的建设并不完全等于中台能力的建设。

一直以来，我认为业务部门对业务中台的重视都是不足的，技术中台与业务中台的发展有所失衡，平台建设与中台能力建设的投入也有所失衡。而如果不用业务经营视角去看待中台，"中台"的价值就难以被充分激发，"平台"的作用也就被打了折扣。下面列出几个问题。

- 数据中台，是要服务于全量数据管理的维度，还是要服务于某一类客户经营的维度？
- 营销中台，是要服务于内部存量渠道运营，成为内部精准推送的工具平台，还是要整合内外部、跨渠道营销，形成大的市场职能中台？
- 用户中台，是要聚焦于内部用户行为的分析汇总，还是要打破信息孤岛，去做内外部用户的串联映射关系，形成全量用户管理和运营中台？
- 业务中台，是要管理好产品销售行为，还是要将产品能力赋能用户、客户管理前端，实现客户经营目标？

这些经营属性的业务中台与触点经营活动密切相关，与技术中台不在一个维度，是技术协作的关系。业务中台更要让中台能力得到持续增长。但是即便这么说，对于很多金融机构内的人来讲，可能还是不太好理解。的确，相比金融机构，互联网更聚焦于"以用户为中心"的前端管理，自然对中台的理解也就更"清爽"。但对大型金融机构而言，中台组织的概念很复杂，原因在于机构的历史经营模式和监管模式都是以产品业务为中心的。机构内的组织设置，既有 B 端服务又有 C 端服务，既有客户维度又有产品维度，中台的能力被分散在职能有交叉的各个业务或客户管理部门。

"业务"到底是什么？这似乎是另外一个值得探究的问题。在金融服务中，信用卡、贷款、理财、存款是不是业务？到底应该算是产品还是业务呢？这个问题恐怕众说纷纭，究其原因，在于银行把"开办/开通产品"作为"业务"，而不是把对客户的服务作为"业务"。

实际上，客户经营的主管部门更需要站在客户视角去研究客户对业务的诉求、对中台组织能力的需要，并切实地管理好中台组织，以满足极速变化的市场需求。技术主管部门更应该研究中台所涉及的系统如何满足集约化的技术研发管理要求，如何提高对中台能力的技术响应速度。

经营要以客户为中心，这也是大中台能力时期经营模式变革的需要。虽然金融机构普遍喊了很多年，但这涉及渠道、用户、客户、产品的关系变革，本文不做具体展开。

鉴于以上种种原因，很多金融机构的中台能力被弱化，并对实际经营目标产生了影响。

❏ 前台业务经营跨过中台，高度依赖后台服务配套，跨部门后台协作使得前端的敏捷性降低。
❏ 中台支撑前台的功能不完整，经营缺少数字化统筹工具，决策依据不完整。
❏ 以业务和产品管理为主视角的后台管理与以市场客户经营为主视角的前台管理之间缺少衔接能力，前台经营策略被后台管理策略牵引、钳制。

总结而言，中台是一种独立的组织形态，这个组织的核心职能就是独立发展与业务经营相关的通用能力，例如客户洞察能力、营销整合能力、支付能力、业务产品交易能力、非业务信息与场景服务能力等。中台组织也需要针对业务对通用性功能的需求变化，而具备相应的成长性。

中台能力的体现，既需要线上数字化平台，也需要诸多线下工作，但终究会融合在数字化的服务中，并不断向前台提供丰富的接口支持。

而前台，可能是移动设备、固定设备、人员，可能是内部或外部，可能是成熟渠道或新型渠道，可能是表层的媒介资源或深度的功能。不论如何，前台客户化、用户化经营，才能发挥中台的通用性、专业化组织能力，才能让该灵活的更灵活，让该强大的更强大。

"数据"的真相

关于数据，我们不去讲宽泛的"数据"概念，只聚焦于"数字"是如何在存量业务运营中被运用的。

很多人都会在运营中提到"数据",比如"我想要这个数据""你能不能给我导出××数据",但是我们想要的"数据"究竟是干什么的?这些"数据"最重要的作用是什么?什么"数据"是真的有意义的?这些问题经常被忽略。

我们知道事务的运行结果要科学评价,必须用可量化的方式来处理,而量化就代表每一个动作无论是过程执行情况还是产出结果,都可以用简单的"数据"来表示,通过"数据"来评价进而发挥更多的作用。总结而言,数据主要具有如下三个作用。

(1) **决策的作用** 决策层是最需要理性冷静的,数据本身越真实,越能带来正向的决策反馈。决策层在对数据的应用方面有明确的优先级,比如,为股东负责,那么"数据"服务于财务结果就是首要目的。

在财务结果为驱动的情况下,才会衍生出业务的结构、发展速度的快慢、客户结构、数字化的发展程度这些新的与数据有关的需求。

今天大部分决策首要还是以财务数据来驱动的,而财务数据因为法制条件的成熟,落地完整性、规范性程度都比较高,基本能够客观反映一些核心节点的量化状态。

(2) **客户体验维度的佐证** 我们常说最前端的东西往往是最真实的,一个客户做了几笔交易,转了多少钱,一分都少不了。客户体验维度的"数据",可以说是质量最高、最客观真实的数据(剔除恶意作假的因素)。这些数据是以客观存在的客户行为为基础派生出来的，并经过渠道或交易系统工具的扎口，具备完整的记录能力。另外，客户行为带来数据，是机构的也是个人自身的数据资产，一旦失真，必然会引发客户的投诉和问询。

客户行为层面的数据，可以让客户真实地掌握自己行为对应的业务反馈，是对自身业务行为的理解，也能够驱动形成更多的业务需求。

（3）**内部业务推动作用** 很有意思的是，决策的数据，因财务的严谨性，具备较高的质量。客户的数据，因客户服务的严谨性，具备更高的质量。但内部业务推动的数据呈现出了错综复杂的状态，似乎感觉总也对不上，逻辑上总是搅和在一起。

我经常听到很多人说："哎呀，你这个数据不准。""你这个数据是错的。""你这个数据不真实。"为什么会出现这样的问题？

财务数据原本是前端业务数据最终形成的一种财务结果。决策层以财务数据派生出业务数据的预期，但这种预期与客户层的行为并不直接挂钩。

客户层以行为操作派生出业务数据，虽然可以在经营或运营的过程中直接发挥作用，但因为行为的随机性、干扰因素的复杂性，以及时间维度的不确定性，掺杂了过多的变量因素，并不能直接解释最终落地的财务数据。

两个方向从不同维度分别形成自带逻辑的数据，并且遵循不同"数据"的供给周期和查看周期，两个逻辑之间想要找到绝对准确的转化公式实在太难。对冲到业务推动管理的这个中间层级，就形成了"数据"上的紊乱，不同口径、不同出发点、不同维度的数据搅和在一起。

但是"准""真"这些问题，从看数据的角度来说，是一种直观感觉，衍生出来的问题则更加复杂。比如，什么是真？你能为真举个例子吗？越真就一定是越好的吗？当准与真难以评判的时候，对数据的关注点就变成了"全"，似乎不管真不真，只要把全量的数据都拿出来就能解决对数据的需求，但真的是这样吗？

今天数字化的极速发展，平台系统规模、复杂程度之高，导致形成的数据普遍都是模糊的，"大差不差"成为数据质量的一个常态。所谓大差不差，追求的不是"绝对量的严丝合缝"，而是"结构逻辑的基本吻合"。

逻辑的吻合，是为了将业务行为与"数据"的结果变化进行模糊关联，看出不同变化之间影响的程度，找到变化的可能趋势。财务数据被分解成业务数据，业务数据被分解成客户行为数据，分拆后用于销售任务的分派、督导。

在这种情况下，大家理想地认为数据就是自上而下统一且真实的，但真实的情况是，数据在自上而下和自下而上的对冲中，在中间层变得紊乱了，并且时常会使用紊乱的数据进行销售维度的指引。当指引失效的时候，人们会认定是"数据"不真、不准、不全。其实，我们执着于对数据"真、准、全"的要求，但其标准早已五花八门。数据背后所谓的客观性、可比性，无论在自己内部还是同业的比较，都是花样百出。比别人不如比自己，看绝对不如看相对，才是运营管理维度对数据的主要需求。

数据在逻辑上是对的，是连贯的、稳定的，结构上是覆盖核心指标的，数量能够与行为挂钩，能够驱动进一步行动的积极性，那这个"数据"在管理维度的任务基本已经完成7成以上了。

数据是变动的，数据的真相也是在随时变动的，所以数据本身无真、无准，也不可能全。就像我们不能一直把"尿不湿旁边一定要卖啤酒"作为一些逻辑的真理一样，不能天真地认为掌握了数据就掌握了自然世界的密码。

在管理维度，对数据"稳定性"的追求，优先级远高于"绝对客观"。不能起到业务激励发展的作用，再客观的业务数据报表也难以应用。当然我们不是鼓励数据的滥用、错用，但是在同一个管理周期内，稳定性才是核心。你大可以在同周期内开展低调的治理，形成更严谨的口径，以便在下一个管理周期内推动行为管理与目标结果更加吻合，但并不是在同一个周期内以追求"数据的最精准"为目标频繁变化口径。

数据的本质是一种内容。发挥"数据"的作用，本质上就是发挥内容的作用。这种内容对决策层有决策的作用，对中间管理层有管理的作用，对渠道层的客户有客户行为管理的作用，对竞争对手有改变竞争环境认知的作用。每一项作用背后，对"数据"的本质需求其实都不是"真""准""全"。

数据最终要服务于角色（内容消费者）的核心目标。所以"要数据"的背后，更关键的是琢磨清楚"要做什么""给谁看""要达到什么目的""要驱动谁做什么""数据在规划的落地中发挥什么作用"。否则"数据"会变成无意义的流水账，看或不看其实没有差别，顶多在被问及的时候，能够有个可以回应的信息。

如果只是为了证明"好"与"不好"，那么大量广泛且复杂的数据总会找到一个口径可以证明出好，屏蔽掉不好。这样的证明可能看起来很好看，但带不来太多有价值的作用。

我们都在追求从行为数据到业务数据再到财务数据的完美串联，寄希望于有一套严丝合缝的公式可以形成绝对的统一计算，甚至为这种期待投入无比巨大的精力和资源。但这就好像一些需要毕生孜孜以求的事业，或是一些需要长期调理的基础病一样，它是一个长期校验、改良、完善的结果。寄希望于短期轰轰烈烈的刮骨疗毒或者化蛹成蝶，本身既不现实，也有可能带来更多不可预测的副作用。

相较对"真、准、全"的激烈追求，"稳"中向好，"稳"中向优，可能是对数据的基本态度。

精细化时代的数字工具能力

零售金融确实是一个有着独特特征的业务，因为它的特征构成非常复杂，既有客户维度也有机构维度和产品维度，既有资产分层因素也有客群属性因素，还有时间点和时间段的因素，多个维度、因素构成了其复杂的需求特征。

过去金融机构普遍以"业务管理"视角看待零售金融，尝试将零售金融抽象为高度概括的单一服务需求，由此发展出金融机构普遍采用的以"产品服务交易"为目标的整套经营管理模式。这种模式提高了产品与市场对接的效率，让销售行为更有所指，但忽略了零售金融客户的复杂特征与需求。

互联网打破了信息不对称，同时将选择决策权交到消费者手上，这样的服务强调对"人"的关注。因此在经营过程中，原先"对业务深度分析，以管理业务为主视角"的经营行为，会让业务部门感到应对市场越来越吃力，不得不向"对客户深度分析，以满足客户综合诉求为主视角"的经营行为转化。

但是"以客户为中心"说起来容易，实践起来很难。难度在于大量细分客户赋权，导致很难统一定义客户是谁，很难定位在哪里实现以客户为中心，很难确定从中心辐射出什么样的服务。我们将这些问题简化一点，也就是说数字工具的应用要优先解决两个基本问题。

- ❑ **客户接触不到的问题**。需要打破自营渠道与外部渠道的思维束缚，提高全服务渠道的动态适配性。这需要重新审视银行渠道、互联网渠道、金融业务的关系，并用数字工具平衡它们之间的关系，进行快速响应。
- ❑ **客户能接触到但没有反应的问题**。需要打破金融信息和非金融信息的阻隔，尤其提高对客户在金融诉求背后那些本质需求的理解。这需要用数字工具重新理解多维度、跨场景、跨时间周期的复杂需求，用反馈数据动态优化对需求的理解模型。

我们从业务需求、外部环境、经营工具三个方面展开来说。

1. 零售金融的业务需求问题

首先，零售金融需求的出发点是朴素的，零售金融的本质作用是服务百姓的生活理想。例如，希望得到更好的教育，获得更好的资产保障，获得更好的居住环境，希望家人有更好的生活状态等。这些需求很朴素，却是金融服务的真实主导因素，只是近些年来大家把金融的需求定义得越来越狭隘。例如，"理财的高收益""贷款的优惠利率""更丰富的刷卡羊毛"，这样异化的需求理解让机构更关注自身产品的价格、补贴，而忽略了客户真实的生活诉求。而对于客户来说，也经常模糊了金融对自己到底意味着什么，自然金融与生活的连接也就被弱化，"服务"的属性少了很多，"获利"的要求增加了很多。

因此零售金融的业务发展，首先要尽可能深入地掌握"人"被服务以前的需求链条。

其次，金融需求受到的影响是综合性的，关于出发点我们大致总结为以下几个方面。

- **家庭因素的影响**：来源于直系亲属的资金影响，以家庭关系为主。
- **所在社会组织的影响**：来源于学校、公司的资金需求影响，以社会关系为主。
- **来自特定场景的影响**：来源于社保、公积金、消费场所、房屋交易场所等特定场景的影响，以场景便捷度为主。
- **金融机构的直接影响**：来源于金融机构、员工的直接影响，以权益、价格因素为主。

这些影响因素带来的绝大部分不是瞬时需求，而是会随着客户的人生经历发展而不断变化，并在一个时间周期内不断酝酿，在不同阶段也会形成不同的黏性。与大部分常规零售消费品不同，零售金融的很多服务壁垒来源于这些关系特征中形成的习惯，需要长期维系才能建立稳固关系。因此零售金融是一个需要随用户属性变化不断调整的"长期陪伴型"服务，有很多机构讲"客户旅程"服务，是有道理的。只不过我们想说的"客户旅程"不是打开 App 到关闭 App，而是在一家机构开启金融服务到结束金融服务。

2. 机构的外部环境问题

当前，互联网发展到后半场，金融机构去开展流量构建已经错过了市场红利期，曾经"金融机构要自建 App 流量场景"的观点可能需要进行修正了。银行确实要重新审视金融产品、自营线上渠道、外部互联网场景之间的关系，这种关系一定是高度差异化、能够相互协作、体验彼此关联的关系，而不是完全一致或者相互割裂的关系。

对于零售金融服务来说，不同的客户对产品和渠道的依赖程度不同。高净值和高黏性客户对于渠道的诉求和识别度更高，而中长尾客户、新增客户则普遍相反，对产品与服务的诉求和识别度更高。

因此至少从分层逻辑来看，不同客户，其服务的驱动因素是不同的。

❑ 存量高净值客户，需要更好的专属化、人格化服务，突出成长体系的机制。
- ❏ 存量非高净值但活跃客户，需要丰富的权益内容，从其存量交易行为中挖掘价值。
- ❏ 存量非活跃客户，需要从外部用产品服务满足其即时需求，激活向内转化。
- ❏ 非存量客户，需要从外部通过用户服务、内容服务建立关系，完成线上转化。

以上分类大体对应了不同的经营起点及环境，而不同环境的背后，还有不同的工具开发策略、运营策略、营销策略。例如：存量高净值客户适合相对保守、追求更高隐私保护的运营合作，开放层级最低；存量非高净值但活跃客户适合更加开放的运营合作；存量非活跃客户除了合作运营之外，可以引入相对保守的技术合作和相对丰富的营销合作；非存量客户则应该有更加开放的开发、运营、营销合作策略实现市场共建。

可见，对应不同的市场拆分维度，经营策略有很大差异，而这些差异如果通过人工方式解决，几乎是不可能的。人工服务只是解决了一类细分市场的需求，面向全量市场应该有更全面的数字工具来应对。

3. 数字化经营工具问题

数字化经营需要服务于精细化市场的管理需求，面对的是垂直、碎片但影响力巨大的细分市场，因此需要对数字化工具进行明确定位。哪些数字化工具是给业务管理者用的，哪些是给前线员工用的，哪些是给客户用的，哪些是给潜在客户（用户）用的，哪些是单一用户参与的,哪些是开放给不同类型主体的,这些问题需要有明确的答案。如图 7-1 所示。

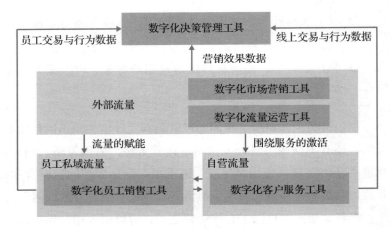

图 7-1 数字化经营中的工具

- **管理工具的数字化**。管理工具是给管理者应用的决策支持工具,核心是当前业务发展的统计报表,区域、业务、客群等不同维度,配合行业数据的比对展现。
- **销售工具的数字化**。销售工具是给员工应用的销售支持工具,核心是指标任务的数字化考核与督办提示,配合目标客户的需求分析、精细化的结果统计,突出执行管理优化的功能,而非绩效考核工具。
- **服务工具的数字化**。服务工具是给客户应用的服务支持工具,核心是客户服务的数字化,是对存量的积极维护,追求的应该是服务的简单、快捷,对需求的快速满足,对线上金融行为的深入运营。

- **营销工具的数字化**。营销工具是给市场人员应用的市场宣传工具，核心是市场营销的数字化，是对外部流量的数据整理，是对用户外部媒介行为的分析，不断优化营销策略。除使用者外，还应开放给更多的广告营销机构，完善对创意、渠道、外部非敏感数据的动态管理。
- **运营工具的数字化**。运营工具是给数字经营人员应用的流量运营工具，核心是针对用户行为特征，进行展示、交互、留存策略的配置，不断优化线上经营转化效果。除了使用者外，还应开放接入更多的授权主体，丰富运营内容生态。

当前，面对极其复杂且不断加速变化的客户诉求，实现精细化管理的前提是充分了解客户相对稳定的核心诉求，而充分了解的方法就是批量化对接高质量的网络流量。这种网络流量既包括集中化的平台流量，也包括分散而巨大的私域流量。应从营销维度快速获得外部数据，去分析流量背后的非金融属性，关注客户在金融背后的真实诉求，进而将这些特征应用至内部服务建设。

无论工具如何演进，变化的是连接方法和数据源，以及面向大量细分市场的精细化响应速度，而零售金融探寻洞察客户的本质需求并长期跟踪服务的基础逻辑是不变的，也需要有更多的耐心和更长远的视野去积极主动地培育市场，跟踪市场的发展进程。

线上线下、内外部的关系转换如图 7-2 所示，左上、左下、右上、右下、中间分别对应不同的细分客户类别，涉及相应工具在其中的角色。

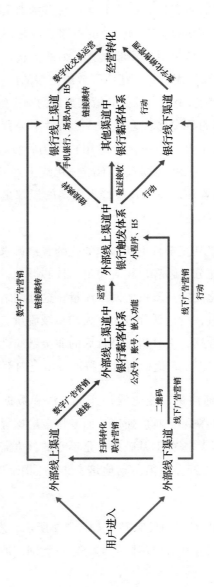

图 7-2 线上线下、内外部的关系转换

第 8 章 | CHAPTER

数字化存量客户运营中的组织职责与管理

今天存量客户经营的环境已经不同往日，旧有的组织关系由于分散的渠道协作整合、割裂的业务条线整合、复杂的客户数据分布，面临新的挑战。这种挑战集中在客户管理、渠道管理、业务管理的关系等方面，影响着总行集约化运营与分行属地差异化运营的关系。集约、创效的存量运营则面临着组织敏捷性、规制的问题，这一定会带来很多误判风险。在执行存量运营的行动中，强化关系并规避问题，远比选择一条看似正确的规划路径要重要。

第1节 协调存量客户业务渠道的关系

人、货、场的背后，是关于三者匹配关系驱动力到底在哪里的问题。驱动力决定了实施路径顺畅的程度。以存量客户为中心，全面协调渠道支持与业务供给，有助于厘清存量经营时代的组织关系。

机构顶层设计与路径忽略

顶层设计在大型机构内很普遍，机构内的很多部门也热衷于顶层设计规划，大家多数时候认为顶层设计代表了自上而下的推动，能够极大地提升执行效率。然而很多时候顶层设计是一件很难的事情，而且越来越难。当前的顶层设计越来越多地变成开头轰轰烈烈，结尾平平淡淡。或者一些看似出色的顶层设计，因为各种各样的问题不断调整，不得不推倒重来。

过去很多大型机构赶上了改革开放的红利，顶层设计成为很好的发展推动模式。即便在变革中出现这样那样的矛盾或不确定性,但是周期结果通常能够弥合矛盾,消除不确定性,因此出现了一个又一个顶层设计的好案例。换句话说,即便有些顶层设计与落地执行之间存在出入,大多数结果也都是正向的。这在一定程度上放大了顶层设计的成效,也在一定程度上忽略了路径设计的重要性。

如今,世界经济发展状况已经不同于往日,顶层设计在发展中的作用也发生了变化。绝大多数情况下,顶层的设计目标难以被预估,顶层设计更多依赖于其他机构的经验和非理性的"直觉",而"经验"受到天时、地利、人和等复杂因素的影响,"直觉"的准确性依赖于设计者在市场中参与的深度和广度,甚至还掺杂着心理学、社会学、人类学、艺术、宗教的多重感觉。显然,依靠他人经验或直觉实现准确的顶层设计是存在风险的。相比较而言,路径的选择,以及在路径中灵活调整的机制显得更为重要。因为在快速变化的环境中,除了快速敏捷地应对变化外,其他蓝图描绘几乎都是苍白无力的。这也是为什么很多经营机构不愿意看总部高瞻远瞩的顶层规划,远方的蓝图解不了近渴,很多时候高级的理论抵不过汗流浃背的土方法,所以很多规划在落地环节困难重重。

很多顶层设计更关注结果的形态,对结果形态的过分关注可能会让规划目标被一步步过分抬高,最终呈现出一种"不落地"的设计状态。参与的人越多,参与的利益机构越多,顶层设计的结果也就越容易高远。有时候高远是很容易达成共识的状态,但高远背后缺乏路径的指引,规划本身就缺乏了实践的意义,或在实施环节变得困难重重。因为一个从 A 到 B 的事情，很容易在矛盾的平衡中被催化为从 A 到 π，虽然大家都觉得 π 很美好，但如何抵达彼岸充满了不确定性。同时，这种不确定性与顶层设计的巨大投入相结合，就变成了风险极高的非理性试错。

最终，对方案的设计者来说，一个好达成共识的设计方案变得比一个好的设计方案更重要。而对疲于应付的执行者来说，一个好执行的设计方案似乎也变得比一个好的设计方案更重要。

如果好的设计方案不再是追求的目标，顶层设计本身的意义和效果也就打了折扣。与其说这是体制文化，倒不如说是不愿停下来的思维和行动惯性。

顶层设计的目的、颗粒度、方法，或许都应该有与时俱进的改善。相比动辄"企业级""大联动"的故事，对最小原型的探索、精益化和低成本的市场试错、敏捷的迭代、快速的市场复制，可能更适合当下环境中的转型调整。

相比冒巨大风险去做业务上的顶层设计，不如强化机制保障、组织架构层面的顶层设计，让精益设计的实施路径可以落地生根，消除心理上的障碍、思想上的束缚。

路径走得稳健了，远方的目标才会更清晰。

银行数字化核心矛盾的猜想

纵观银行的发展史，本身就是一部数字化的发展史。过去的银行数字化主要针对业务处理效率的提升，近几年银行数字化的原因在于经营模式发生了重大变革。这种变革其实与数字化本身没有太大关联,更多的问题在于社会要素的连接方式、关系、运营模式发生了变化,可以将其归纳为五个转变。

1. 从分级经营向数字直营的转变

过去由于网点优势鲜明、对客连接手段较为单一,分级经营是传统零售银行效率最高的经营模式。但随着客户脱离了对纸币现金的依赖,网点的效能在下降,服务对象从全量逐渐退化到头部,再从头部变为"关系",难以真正触及大量客户,并且由于人力有限,更难以对大量客户主动发起经营管理。而数字时代,围绕大型平台的营销,或构建承载数字客户的平台,分行资源实在难以为继,而且网络与物理空间存在经营错配,更需要依靠总部的数字化直营。这首先是经营模式和主体发生了潜在的变化。

2. 从目标管理向过程管理的转变

分级经营下,总部只需要管理目标指标,因为目标指标是驱动分级经营的指挥棒,实际经营依靠分支机构即可完成,所以指标规划是总部最擅长的领域。但当经营压力逐渐推动分级经营向总部直营的方向转变时,目标管理就难以再发挥作用,更需要的是对过程的管理,即如何完成既定目标。

但是,传统上总部只是一个职能性机构,经营能力不足,因此总部的数字化转型面临前所未有的挑战。总部对数字化的原因很了解,对数字化的目标很了解,但对路径不了解。究竟如何进行数字化经营,如何进行直营,靠什么工具经营,工具体系是什么样的,市场是什么样的,客户有什么需求,如何反应,如何运营,这些问题一股脑从分级经营机构向上转移到总部,也就形成了数字化的阻力。

3. 从对金融属性关注向对行为属性关注的转变

银行掌握了大量的金融数据,所以时常站在金融的视角考虑客户。但是当客户与银行的触点变得薄弱以后,仅靠金融属性的应用难以再与客户构建连接,更不用说金融低频属性本身就难以维系高频黏性。关注行为属性说来容易,获得很难,因为行为属性的数据是沉淀在特定渠道中的,掌握行为数据要么与渠道连通,要么自建这样的渠道。但是连通意味着广告营销的全面升级,自建意味着互联网产品设计能力、运营能力的全面提升,这对于总部来说都是短板。

4. 从网点经营总行配合向总行经营网点配合的转变

总行直营带来的变化不仅是经营主体的变化,还有组织内的协作关系的变化,传统上总行提供产品、政策等各种"弹药补给",网点在一线冲锋。而数字时代,总行通过数字渠道在一线冲锋,网点变为落地保障或线上与线下场景的联动主体。其实这样的趋势符合新零售的经营方向,即让网点经营越来越容易,经营风险越来越低,让网点充分获得数字化所赋予的新能力,但在转换的过程中如果总部不构建直营能力,则容易将赋能变成网点的负载。数字新零售的理想目标不应该是"让天下没有难开的网点"吗?

5. 从专业化管理向精细化管理的转变

正是因为过去的分级经营模式,导致产品服务必须高度标准化,才能将分级经营指令传达到位,发挥行政命令的效能。但数字化时代最大的特征就是"细分",所有行为都可以通过数据实现细分,因此数字化时代才会迸发出高度差异化的经营行为,才会让人均贡献不断突破原有瓶颈,获得提升。但也正是因为高度的精细化,才导致专业化、独立化、标准化的管理模式不再适用,更需要围绕差异化需求,快速组合、整合不同专业的服务,形成一揽子解决方案。

这些变化背后出现了有趣的现象。总行直营能力跟不上,目标清晰但路径模糊,行为属性了解不到,网点不知该如何配合,最后数字经营吃力,精细化运营严重不足。而有时候虽然方向对了,但因为响应速度缓慢,让原本对的方向变成错的。

所以我们有时会看到各个总部主管数字化的部门,能够对数字化的未来侃侃而谈,但类似如何经营、由谁经营、靠什么经营这样的问题总是难以具象地表达。更多的时候总部期待分行来解答,但这些问题如果总部没有明确的答案,分支机构更没有答案,因为这原本就是不同的经营模式。

在传统经营向数字化经营转变的过程中,如何从A到B不是一道行政命令即可解决的,需要有明确的行动路线图,设计好工具,做出工具,用好工具,还需要赶上时代的进程,快速响应变化。

当下的银行数字化转型,可能目标真的不是数字化本身,而是在合适的组织形态上构建数字化背后所需要的基础能力,让总部从楼阁眺望者变成赛道上的奔跑者。

网络金融是否应该独立存在？

这个问题看似尖锐，但很多机构其实都在探索渠道与业务的融合。我们常说整个银行业对于网络金融的定义都不太相同，大致由如下几个方面构成。

- 互联网技术在渠道层面的应用创新与合作。
- 金融科技在金融产品、自身数字化方面的应用创新。
- 科技在数字化行业软件开发服务方面的金融跨界合作创新。

从顶层设计的角度来看，金融将互联网中的场景流量化为己有是正确的，自身数字化发展提升效率是正确的，输出科技能力获得行业合作也是正确的。这三个构成部分在金融机构以外通常由互联网集团一手包办，使得很多人将其与数字化浪潮画上等号，但其实不同理解背后的协作逻辑和市场表征截然不同。

- 互联网的价值在于伴随流量规模增长，渠道的边际成本趋近于0。其核心是渠道质量、运营效率的全面提升。战场是前端市场。
- 金融科技的价值在于金融业务管理效率、机构治理效率的提升。其核心是存量数据的挖掘、增量数据的引入。战场是算法市场。
- 科技价值在于外部数据的获取和企业层面的需求交换。其核心是异业合作，利用剩余科技资源进行金融业务的交换。战场是数据市场。

环看网络金融所处的环境：大型机构内，传统渠道管理部门自身在开展从线下到线上、从人工到机具渠道的转型，或者多类型渠道的整合；金融科技的发展集中在新型算法的研究上，很多优势算法的专利掌握在以互联网为主的外部公司手中；科技的剩余价值由科技部门进行再分配，并开展技术层面的统一管理。

此外，各个金融业务部门都具备自身业务在渠道场景、数据运营、科技研发等方面的诉求，这些诉求并不孤立存在，也各不相同。

看起来大家都迫切需要一套"网络金融发展解决方案"。原本网络金融被看作从电子银行发展出来的互联网新型渠道，代表着与传统线下渠道和存量电子银行渠道截然不同、相互补充的渠道建设和运营逻辑。如今却发现，互联网发展红利的快车已经错过，当今市场中再由顶层构建一个"大一统且高流量"的互联网渠道非常困难，试错的风险非常大。

从渠道角度来说，相比那些匹敌互联网巨头的大型线上渠道，银行系统内无论是对个人金融、企业金融、机构金融的客户维度，还是对存款、贷款、信用卡、金融市场、贵金属等业务的产品维度，主管部门都更需要聚焦于自身优质目标客群的细分渠道场景。这种对细分垂直市场的需求，更符合当前互联网市场的发展规律。

但这类渠道建设，需要深入理解业务、业务目标受众。因此各个业务部门对网络金融的需求，看似相同，实则不同，甚至大不同，也几乎难以由单一主体站在不同金融业务和目标受众的角度去统筹，除非这样的主体有大量的专业化人才和强有力的跨部门顶层协作机制。所以网络金融主管部门面对海量的发展需求，觉得应该扎实做电子银行渠道，但也应该发展新型流量渠道，或许应该自己建渠道，又似乎应该和流量平台搞市场合作，应该做零售业务，但也应该做交易银行，应该发展存款、理财，也应该抓消费金融和支付。犹豫之中，定位也就变得越来越模糊。

网络金融似乎变成了长在母体内的"数字化第二银行"，因为业务领域太繁杂，体系变得越来越臃肿，考核工具也变得越来越复杂，但是实际金融业务又无法脱离总行的业务管理规则。无论是营销资源还是考核管理，都与各个业务部门高度重合。

最后增量几乎没有做出来，存量的蛋糕倒是被切了不少。毕竟现有的组织架构和管理机制已经赋予了各个业务部门独立的业务发展权力和资源分配权力，原本的协作格局日益变成内部竞争格局，难免产生"到底谁说了算""到底属于谁"的纷争。到底是业务部门存量资源成就了网络金融的发展，还是网络金融的创新成就了各项业务的增长？公说公有理，婆说婆有理。

其实网络金融是否独立存在，没有标准答案，因为答案终归要服务于银行自身业务发展的需求。

- ❏ 聚焦手机银行，网络金融就是全新的客户服务逻辑，工具体验为王。
- ❏ 聚焦互联网创新，网络金融就是全新的渠道经营逻辑，流量运营为王。

- 聚焦消费金融，网络金融就是全新的线上消费、移动消费经营逻辑，消费场景为王。
- 聚焦企业贸易，网络金融就是全新的交易银行、线上供应链经营逻辑，链条运营为王。
- 聚焦普惠金融，网络金融就是全新的风控模型经营逻辑，数据与算法为王。
- 聚焦开放银行，网络金融就是全新的开放平台经营逻辑，系统生态运营为王。

归根结底，网络金融要明确自己到底是什么，是业务、渠道还是科技（很多机构把业务和渠道概念混淆，错把渠道当业务）？网络金融的管理部门也要锚定一个具体的参与角色，是金融业务的设计者、渠道的管理者，还是科技的应用者？只有确定了参与的角色才能发挥实质作用，不断强化自身的角色资源，并构建不同角色之间的有效协同。有了角色，才能明确自己要聚焦的业务形态，设置机构、排兵布阵、安排费用、设置KPI、发布公文等一系列管理工具才能发挥作用。

这么看来，网络金融是不是要独立存在，好像也就不太重要了，是不是还要叫作"网络金融"也并不重要。毕竟"网络"服务"金融"的需求一定存在，只是存在的形式不拘一格。

第2节 协调总部与分行的关系

在存量客户运营的时代，客户的业务关系与客户的区域服务关系也随之发生变化。总部发挥着统筹协调的集约化运营作用，属地化更突出区域服务的特色业务，打造特色体验。当集约大脑与一线的行为碰在一起时，它们之间的协调变得越来越重要。

银行总部与客户的关系

总部在市场运作中到底担负着什么样的角色呢？与这个问题相关联的话题还有渠道阵地之变、客户形态之变、市场与销售关系之变等。曾经这个问题并不复杂，但在今天，似乎总部在企业内部的角色和在市场中的作用在发生变化，衍生了类似直销银行这样新的探索模式，本节我们重点对总部与客户的关系进行探讨。

一切变化来源于经营的需求，而经营的需求来自市场环境的变化。客户基数是足够庞大的，客户也是无处不在的，然而客户的关系并非唾手可得。放到今天，流量是过剩的，场景是足够多的，然而关联闭环是不好获得的。

过去银行的经营阵地主要是线下营业场所，线下的获客、活客、黏客、转化是主要经营目标。在这种背景下，网点就是前台，背后的总部就是中后台，以便提供统一标准的服务保障。随着经营版图的扩展，层级自然逐渐增多，大型国有银行普遍通过五级架构来支撑全国范围的服务。

相应地，无论多少级架构，网点以上的层级几乎均是提供中后台服务的组织。除非一些业务授权因素，或是客户级别对等的问题，导致对客经营上升到总部，但这普遍是基于风险的考量，并普遍应用于B2B的对公企业客户经营。更准确地说，这种模式并非企业客户专属，而是批量业务的模式，私人银行也遵循同样的逻辑。

在零售市场，无论是个人零售业务还是小微企业零售业务，总部在其中的作用都与客户经营相距甚远。面对大量长尾客户的经营，总部普遍定位于指标设计、分解的管理维度，是一种将下一级机构的经营能力尽可能通过考核激发出来的模式，以此分摊大量的客户规模及经营任务。

然而零售市场产品多、任务杂，同样的模式、多样的业务混合在一起，自然形成了"千条线一根针"的局面。网点竞争力在过高的上级考核负荷面前，也就被拉平了。

用更加精准的营销手段来提高网点客群的经营质效固然重要，但更重要的问题在于，线下机构所能触及的客户和聚焦的客户层级正在发生改变，网点已经不再是"全量客户"的经营机构。如果网点不再全量，哪里是全量呢？我们对全量和价值的认知还准确吗？

很多银行推手机银行，希望手机银行成为长尾全量的主要经营阵地，但手机银行的渗透亦不能覆盖全量，同时活跃质量也难以做到有效召回、激活、持续互动。手机银行向分行和分支机构不断释放个性化运营功能，虽然构筑了手机银行的内容，但仍然很难改变手机银行作为"交易工具"的低频属性和难以影响用户需求目标的属性。

于是，银行总部就难以通过传统分级考核的行政管理手段有效掌握全量客户的情况，那么谁来发现全量客户中的潜在价值客户呢？或者，谁来主动吸引新的客户呢？

显然这是一个相对真空的领域，仅聚焦于"熟悉的、可触及的、可影响的"价值客户，无异于切存量蛋糕。总部在这个时代恐怕更应该参与到客户的经营流程中。

即便总部并非经营主体，至少也应该更加积极地主导对客互动环节，这也就是我们常说的用户管理环节。比起营业网点来说，总部更应该掌握社会化的平台工具，学会通过企业资源、场景资源来获得流量，实现流量在平台上的汇聚与沉淀。

这些工具未必需要大规模的开发与推广，只要应用好公众平台、自媒体平台等，同样可以达到用户流量的聚合与洞察效果。而只有在与用户互动的过程中，总部才有可能知道 70% 的低效长尾是谁、关注什么、需求点是什么，并从中"洗"出优质的流量，进一步向基层经营机构或其他经营渠道分发。

对于客户来说，线下靠网点，而线上主要靠总部。对于大众来说，对"银行总部"的概念从来都很模糊，但这不代表总部不需要参与对客直接互动。线下经营机构聚焦客户，线上总部更聚焦用户，再通过用户去帮助线下机构了解客户。线下网点经营产品与业务，线上总部经营故事与脚本，从而构建强劲的市场感知，降低基层营销门槛。

从某种意义上来说，做用户管理便是做市场管理，做客户管理便是做销售管理。总部这种用户层的分发能力，本质上也是一种市场中台能力。

存量资源的有效盘活或许是未来零售增量发展的主要发力点，也更需要依靠总部在用户层面、数据层面、科技层面，深度参与到零售市场的攫取中，更重要的是参与到客户经营的流程中。我们总希望为基层赋能，当用户与客户的业务传导方向发生改变时，客户的结构、渠道的定位、考核形式也就自然而然发生改变了。与其争论线下实体网点的存亡，不如多考虑考虑总部定位之变。

总行没有客户，网点没有用户

"用户战略"既是互联网平台经济的发展起点，也是商业银行应对客户触达不足、洞察不足的行动起点。其实用户概念在商业银行的提出并不算晚，2014年左右，在可考察的商业银行行动规划中，用户优先的战略规划就已经在一些银行中出现。而时至今日我们去复盘银行用户战略的发展情况，只能说"叫得响，落得浅"。

可能最熟悉用户的人都集中在总行层级，在"非经营单位"这个角色下，总行的宏观管理定位对用户来说更好理解一些。即便如此，这种理解普遍也是不均衡的，不同的总行部门对用户的理解千差万别，中后台部门甚至不关心用户，绝大多数前台部门更关心业务，渠道部门更关心所辖渠道的用户，而从用户特性来看本质上仍然是客户。因此，用户也就变成了和"客户"模糊共存的一个群体。

"看似重要，无从下手"成了用户经营的一种普遍状态。毕竟用户的理解维度从来都不是应对"业务"的，用户的理解更加多维、多层、碎片。因此用户的经营比客户的经营要更加复杂，更需要科技方法的加持。

无论是总行围绕统一通用渠道开展远程的直接经营，还是推动成立直销银行部门或者独立法人直销银行，说到底都是奔着用户经营落地的方向去的。无奈，用户越来越碎片，用户在银行外生态的社群孤岛越来越凸显，银行在外部生态中的主导作用越来越弱，用户的经营也就越来越难以实施。

面对困局，银行主要依靠多层级的授权经营与考核，最有效的生态场景莫过于网点渠道这一自有生态。自然用户的目标也就被层层向下传导，寄希望通过传统经营模式带动用户层面的突破，但是，"全民做用户"真的有效吗？随便抓出几个基层网点的骨干，恐怕"用户"在他们心中都只是一个形而上的概念。何为用户？用户与我有何关系？在绩效考核的模式之下，没有用户，只有客户。

与其通过发展用户最终将其转化为客户，不如把手上的客户转化为用户，因为这更符合网点的生存法则。所以过度营销、多渠道重复营销这些问题就出现了，大量的同质化 App 相互打架的问题层出不穷。

另外，渠道工具不在自己的手上，运营不可控、不精细，都是问题。客户转化成用户，会不会对"客户角色"造成伤害？因此更多的网点员工宁愿自己用社交软件维护客户，也未必愿意强行将客户转化为用户。

在网点的生态中，用户、客户的经营逻辑是截然不同的。总行要让用户变成客户，而网点却只能把客户变成用户。不是网点不愿意遵从，而是分散的网点没有工具、渠道、资源去执行用户向客户的转化，也从来不具备"边际成本递减"这一用户经营的基本条件。如果总行与网点在用户诉求及逻辑上存在出入，中间的一级分行、二级分行、支行又将何去何从呢？

可以说互联网发展到今天，很多以省、直辖市为轴心的一级分行，普遍萌发了用户经营的概念。在没有客户的总部，用户是更能够开展互动的群体。省、直辖市毕竟具备本地资源的聚合能力，一级分行在解决有效触达客户这一难题方面普遍在积极尝试。

但当你再往下走一层级时，会看到地级市、区县一级的银行经营管理机构，普遍的经营逻辑仍高度集中在客户经营上。用户、客户两个经营逻辑的对撞点也普遍集中在这两个层级。背后的原因并不复杂，用户这一概念很难在这个层级实现规模化发展，用户经营的效益不显著。

从用户战略的传导可以看出，用户经营理念在一级分行向二级分行、支行的传导中，传导效率会出现大幅衰减。

很多时候大家还会想：应该如何打通这个"中梗阻"，把用户理念一贯到底呢？更现实的问题可能不在于此，而是两种经营逻辑本就不同，甚至不该相同，用户在其中的作用也不相同，因为渠道类型在分化，职能也在分化。

用总部做客户和用网点做用户，结果可能是一样的，那就是超高的经营成本和超低的经营效率。总部对用户的诉求在于海量触达，把人引进来。网点对用户的诉求在于提高黏性，把人钩住（对公业务的成效此处不算在内）。用户与客户的经营流程亦存在差异。而中间的衔接点，更集中在用户与客户数据的匹配关系上，核心在于大量数据的收集和精细化的洞察。这或许便是总部机构的职责所在。

因此，用户与客户之间的经营逻辑博弈，本质上没有必要完全统一，网点也未必需要真的去深耕用户经营。是否能够有效达成用户经营的目标，在于总部、一级经营总部的用户总盘子，以及第二级到第三级分行、支行等中间层级的用户数据分析与应用能力。

总盘子靠的是快速且可批量处理的渠道工具体系，数据分析与应用能力靠的是第一性原理和算法模型。或许赋能基层网点，首先要赋能中间的关键层级。

第3节　形成敏捷的存量客户运营组织

存量客户资源宝贵，每一次交互行为都是一次难得的维护机会。正因为如此，只有对存量客户的运营保持敏捷运作，才能在短暂的交互机会中适配有效的服务并形成更多业务机会。与一般的渠道运营不同，存量客户运营需要适配合适的组织机构及运营管理机制。

如何理解敏捷和敏捷组织？

一段时间以来，"敏捷型组织"成为很多金融机构尤其是大型金融机构数字化转型中的关键词,提转型几乎总要说组织敏捷转型。敏捷型组织到底追求的是什么呢?

我们不想纠结于敏捷组织的学术定义,今天大家所说的敏捷,来自对行动敏捷的预期,但组织内部的"行动"源自决策指令,所以敏捷主要依赖于决策的速度。决策的速度源于谁来分配什么资源。无论是分级授权还是类似自负盈亏的事业部制,本质上都是在解决决策的效率问题。

但是今天,国有大行、股份制银行、城商农商行、互联网大厂、小型创业公司都在谈敏捷组织。很显然大家所说的敏捷的基础不一样,甚至中小银行的敏捷性高于大行。

下面通过四个问题来深入解读敏捷和敏捷组织。

问题 1:究竟多"敏捷"才能发挥效力,达到目标呢?

显然敏捷追求的不是一个绝对量,而是相对的提升效果。敏捷这个事情和别人比不了,只能和自己比。在一些事情上敏捷,本质上是提高了协作的效率。这个协作可能是条线之间的,可能是前中后台的,可能是业务与科技的,也可能是渠道创新维度的。比传统速度快一些,就更容易校验市场需求,在短暂的契合之中争取一些机会。所以把冗余的组织协作流程简化,把配合机制变短,不断简政放权,追求"放管服",可能就是让自己比以前更敏捷的主要内容。

问题 2:究竟在什么事情上敏捷,才更有意义呢?

敏捷固然好,但是不是所有事情都追求敏捷呢?这个问题真的值得探讨。对于已知资源更充分的领域，敏捷更容易缩短抵达目标所需的时间，因为这是在确定的事情中提升处理效率，于公于私都是有必要的。但是对于整体未知的领域，或者说还没有搞得很清楚的事情，敏捷在一定程度上反而会加大试错成本和失败的概率，甚至导致目标跑偏。所以敏捷组织多多少少应该是有重心的，而非全盘皆敏捷。

问题 3：敏捷是否等于无时无刻地快速响应？

今天似乎敏捷就等同于随时随地快速响应。其实敏捷是在合理的"时间规则"下，在接收到信息后，实现快速的响应。但是信息传递的一方在接收，另一方在发出。当发出规则无序的时候，接收与响应侧的敏捷也就容易变味道。最终敏捷组织表面上看是在精进，但实质上有可能是对组织资源的消耗。所以敏捷的前提是规则，而规则的根本是定义、定位准确。如果只是为了无时无刻地快速响应，那么只要加大人力投入、多班轮替、保证 7×24 小时响应就好了。

问题 4：敏捷一定会带来效率提升吗？

上面的很多信息指向了一个结果：敏捷未必会带来效率的提升，或者说影响效率提升的因素有很多，敏捷未必是决定性因素。敏捷是助推器，但不是效率提升的驱动力。比起敏捷，"认知一致"可能更重要，"上下同欲"是很多组织追求的目标，但"同欲"本身就是一个很难做到的事情，甚至在同欲的过程中有一些必要的时间条件，这些时间条件可能本身就与"敏捷"的预期不一致。而当过度放大敏捷这件事时，统一认知反倒容易变得更加困难。

敏捷组织本身是一个系统性的大课题，在追求敏捷的同时，应该有更加理性的认识，不应把敏捷转化为通过数字化工具推动"人的数字化"。在一定程度上，我不认为今天金融机构发展中的痛点在于组织不够敏捷，甚至有的时候我觉得组织有些过分追求敏捷，所以大家越来越难以统一认知，反倒是把"敏捷"当作认知，把"敏捷"当成了战略。这样的敏捷恐怕更需要大家深刻反思。

所以当很多人说出"不够敏捷"的结论时，我们或许更应该多琢磨一下什么才算是"够敏捷"，"够敏捷"的目的到底是什么。很多时候，敏捷是个结果，而不是原因。

存量客户究竟由谁来运营？

存量客户运营多了一些"经营"的意味。从业务部门来说，提升渠道的转化效率是目标。从渠道部门来说，提升流量的价值创造是目标。大家都在谈 MAU 的价值创造，但是谁来做这件事情呢？

在"运营"职能没有被提到经营组织高度的情况下，毫不客气地说，几乎每个部门虽然明确地知道运营的重要性，但都不具备承接能力。做短信、App 广告投放可以，却几乎无人可以为运营背后的价值转化指标负责。

站在业务部门的视角，大家普遍希望用"分包"的思维来解决问题。一项业务在不同渠道中的运营转化，应该由渠道去担起责任，A渠道包多少，B渠道包多少。至于怎么做，每个渠道的流量特点不同，这种运营应该让渠道发挥主体责任，共同参与业务经营。

站在渠道部门的视角，今天无论是手机银行还是其他App，大部分服务都是按板块划分的，而板块的主体责任又几乎都是由业务部门确定的，大家同样希望用"分包"的思维来解决问题。一个App中，A业务板块转化多少，B业务板块转化多少，每个业务的营销特点不同，这种运营应该把板块开放给业务部门发挥主体责任。

转来转去，运营都很容易在"你分包给我，我分包给你"的过程中变成和稀泥，这一定不是"协同"的目标。在全渠道全客户运营的大思路下，部门职责必然会发生变化，但如果只是你分给我，我分给你，最后运营问题其实等同于"权限开放"的问题。权限开放真的能够让"全渠道全客户运营"的价值创造与体验提升这两个目标有机统一吗？这其中有很多问题。

- ❑ 工具的使用权和管理权分离导致需求的泛化。工具的管理者未必理解需求，使用者过于宽泛，缺乏需求的统筹，要么无法完全满足需求导致工具不好用，要么因为需求过于庞杂而导致工具复杂不好用。
- ❑ 运营工具推行成本高，推行面小。要和不同部门用"培训"的方式讲运营工具怎么用，大量时间成本用在理解工具、传导工具上，这种成本因为人员稳定性而需要持续投入。最终大家只理解工具的表层应用，却无法深层次掌握运营工具,且难以持续沉淀、优化运营的配套工具能力。
- 运营的成效与业务经营的传统成效合并,没有独立目标与监测手段,无法自证价值,或在存量竞争的格局中被人为弱化了新模式的价值创造能力。
- 在无法达成目标的情况下,运营衍生出对工具管理权责的矛盾,或者造成从"共享复用开放"回缩到"竖井式赛马",或者造成缺乏规则共识的"无序开放",甚至造成工具和配套规则的废弃以及责任人员的流失。

按照商业逻辑,业务是产品服务的供给方,渠道是场所与流量的供给方,运营的核心在于两端撮合效率的提升。这是一个基于存量资源,自己与自己比较再提升的事情,而不是为了证明传统模式的陨落。这理应是融合发展的事情,如果硬要把运营责任压实到两端的任意一方,则只能是看谁能得到更多利益。

这就像铺货卖东西。渠道想赚更多的钱理应承担运营工作,要考虑货怎么铺,怎么做营销,怎么吸引客户并激发交易需求,得到更多的价值回报;货品方想赚更多的钱,那就一次性租个地方,甚至配套地推人员加强对产品的推介,自己投入更多精力以解决运营的问题。而如果双方都想从运营中获得更长期的回报,那就只能双方坐下来谈,成立一家合资公司,共同为后面的人、事、物或者人、货、场负责,共同挖掘货品与渠道的匹配价值。这种成熟的商业运作逻辑可能不会因为在一家银行内就都改变,因为大家都会被权、责、利牵制。

在运营中,业务与科技融合是一个问题。与科技融合主要是解决研发交付效率和质量的问题，而在经营目标面前，业务与渠道的融合更为紧迫。毕竟渠道对业务逻辑的理解以及业务对渠道属性的理解，都在 MAU 和 AUM（资产管理规模）、LUM（负债管理规模）等宏大目标的独立追求之中。当然这也不是简单的业务与渠道融合，势必会有消费者权益保护、客服、数据、科技的融入，也势必会有分支机构在运营中的参与，包括客户维护关系归属的承接、线下区域业务信任关系的建立。

但无论怎么说，数字化运营的核心都不只是"开放"，在不定调"主体责任"和"组织融合"的情况下，目标与目标背后的分工会变得虚无，数字化运营也可能转变为"运维"的附庸，或沦为一项谈资。

运营目标、原则、规章与流程

曾经很多金融机构都有一种不太准确的运营观念，似乎数字化运营就需要与互联网运营模式画等号，在进行目标设定、运营内容设计的时候也需要向互联网的工作方法靠拢。但是，我们说过，金融机构运营本身不只是"渠道运营"的问题，渠道运营是总体运营工作中的一环。对金融机构和互联网来说，渠道运营的角色定位及整体运营工作的出发点不同。如果不在要素层面进行独立思考设计，那么互联网化的数字化运营在引入金融机构的过程中，很容易出现不适配、水土不服的问题。

提到运营，很多人会说"渠道不行""用户量不够""机制不灵活""创新试错空间小""产、研、运不统一"……这些真的是症结吗？聚焦金融机构的数字化运营问题，核心不在于"没有事情可以做"，而是"心里面觉得应该做的事太多了，不知道是不是必要的，以及怎么做事情"，不知道在什么起点用什么逻辑和次序做事情。做事情的核心是一套"规矩"，所谓无规矩不成方圆，没有规矩的运营自然会偏离初衷，甚至做得越多，错得越多。金融机构的数字化运营因何而来，又向何处去？

运营的管理要素可以总结为4个——目标、原则、规章、流程。它们既是层层剥开的从属关系，也是不同分工的关系。开展运营管理工作的核心是把握四个要素的基本共识、执行意愿、敬畏之心。

1. 目标

目标代表了做运营的根本原因，需要的是准确描述运营要得到什么结果。这个原因被具象化成一种可量化、可评价且高度精简的产出。利润的直接表现，资产负债结构的调优，企业与个人结构的调优，存量与新增的占比，不同地理区域的表现，这些在互联网运营中并不优先的指标，在金融机构中却是最直接且重要的指标。因此金融机构数字化运营的目标是核心中的核心。

目标牵引了后续工作的一切逻辑。运营人员往往会以定性目标为主，甚至只有定性目标，比如要把某事情做好。但是什么是"好"？如果没有量化的目标，自然也就没有可以准确计量的依据，也很难有改进的方法。

很多运营人员会说出各种各样新颖的量化指标，看起来量化信息满满，但是这些指标及其对应的量是我们迫切需要的吗？你的"量"与整体的经营目标一致吗？并非任何数字都适合驱动运营，运营固然千头万绪，但若回归第一性，运营的统领目标必然是价值产出。没有价值产出的目标不可能是正经的运营。当然也可以辩证地看用户的数量、活跃度、访问时长，将这些指标看作价值，但这些价值和结果的绝对价值相比，带有诸多不确定性。

运营总体上需要锚定一个变量小、稳定可靠、与经营甚至是财务指标紧密相关的目标。

2. 原则

原则是目标执行中思维方法的梗概，是一种"精神纲领"。原则更像是 OKR 拆解的原点，驱动大家保持统一的"思想框架"行事。但原则不能太过缥缈、空洞、高高在上，不然就会出现太多自定义解释的空间，这样的"原则"反倒变得没有原则了。比如，我们不能把运营的原则定义为"满足客户的需求"或"提供更好的体验"。客户需求是否满足和体验的优劣，很难与目标相一致，一味地追求"不合理的需求"，或者一味地追求"我们所理解的体验"，原则自然就会变得五花八门，这种原则听起来是正确的，但实质上是无效的。这样的框架从一开始就会将运营引入歧途。**原则定义的是分歧中的主流方向，要真实且具体，保证大的趋势不跑偏。**

3. 规章

规章是对权责的确立，核心是为了通过责任划分，明确运营协作过程中不同主题的主要产出，通过责罚标准来约束行事底线。章就是内部法，而法就是为了约束的。规章的设计不应该冗长，而应该简短地描述清楚权、责、利、罚。很多时候我们容易把"规章"与"规程"融合，甚至"程"多了一些，"章"少了一些，这样就容易忽略权责的重要性，忽略"后果"，而只注重"行动"。

但细节本身就是难以约束的，而且在执行中，运营作为一种新的经营逻辑，执行细节只有通过多年打磨，才会找到更优解，行动规程总会不断调优。所以只有明确的权和清晰的红线才能基本保证打磨的方向不跑偏、运营的动作不"冒进"，才会让风险处于可控范围内。

4. 流程

流程是对效率的优化。流程的核心不是解释"对与错"，而是通过运筹设计，降低运营工作中因为不确定信息导致效率低效等情况出现的概率，找到更高效的路径，同时降低运营新人融入运营工作的成本。流程还要做到人员可以快速上手，工作可以快速替代，以确保运营机器持续运作。流程可以直接指引操作层的基本工作内容，可以避免工作冲突。流程一定是主动拥抱变化的，应在适当的周期内不断复盘迭代。

有些时候很多人拿着"流程"去讲"是非曲直"，但流程最核心的不是对执行者的评价，而是对流程本身有效性的评价。

总结来说，目标、原则、规章、流程，看似相互关联，却不能相互替代。立目标才能有原则，有原则才能看到底线，首尾明确才能找到效率更高的行为流程。四个要素不仅要达成共识，还要在利的角度上形成执行意愿（包括物质的、精神的、增加效率的、降低难度的），并且对罚有敬畏之心。

但很多时候，金融机构数字化运营工作的开展，容易在一开始就被不同的分工导向不一致的目标。目标的不统一，很容易导致运营沦为一般过程性的描述：把全部精力放在"流程"规划层面，"运营施工图"做了一大堆，运营的立项、科研、规划却漏洞百出。这样的运营既缺乏底线约束，也没有基本的主张原则，必然会导致后期工作难有明确的产出。运营在这样的过程中，逐渐沦为事务性的运维，"运营不出活"也就怨不得别人了。今天我们在金融机构中所说的运营，绝不是产品（包括渠道产品、平台产品）运营这么简单，也不该用"用户运营""数据运营""业务运营"去泛化运营的边界与概念。

金融机构面对存量资源的调用，核心矛盾在于通过各项结构优化来达到更有效率的经营目标。其中包括了客户需求精细化洞察、产品供给能力优化、金融上下游协作、营销组织与权益供给、渠道服务体验优化、销售人员管理、品牌与市场公关，核心缺乏的是以价值创造为目标，统筹经营资源，实现业务、渠道联动的客户深度运营与金融的循环经营。

当运营的定义乱花渐欲迷人眼、万物皆可运营之时，你说的"运营"还是那个运营吗？

第4节　避免可能的误判

在存量客户运营过程中，我们常会因为存量交织的复杂性，形成过多不必要的决策参考信息，从而增加对很多事物误判的风险。面对复杂的存量竞争市场，我们更需要清醒地看到行动中可能存在的风险点，让存量客户运营时代的数字化经营转型更加有序且高效。

关于"赋"能与"失"能

金融机构如何为行业、社会赋能？总部如何为基层赋能？赋能听来美妙，但是我们必须要先想明白一个问题：究竟谁给谁赋了什么能？

以前有人提出金融机构为行业赋能，但仔细想想这样的赋能可能并不成立。毕竟机构与机构间的赋能，本质上都是商业价值的交换。这算不上赋能，只能算是买卖。例如，银行给机构开发系统换取存款，银行给平台搭建清分体系换取结算资金。这些"赋能"实际上都是业务的变形。如果把这些都看作赋能，那赋能似乎变得很平淡，任何买卖就都可以叫作赋能了。例如，买台电脑，可以称作给办公赋能；买一顿早饭，可以称作给一整天赋能。

换另外一个视角，既然对外的价值交换难以称为赋能，那么赋能更像是对内部的安排，将赋能用于自身的经营上。从这个角度来说，机制的制定者似乎不需要赋能，而机制的执行者更需要赋能。赋能无非希望机制的执行更高效，所以相比较总行而言，一级分行、二级分行、支行、网点似乎更需要赋能。实际上所有人都需要赋能，而目前由于对执行赋能的关注，导致对总行管理赋能的关注更加匮乏。

到底需要赋什么能呢？是费用、工具、权力，还是方法论？

虽然很多人说赋能这件事情，但似乎大家对这个"能"的认识很模糊。

我认为，不管赋什么"能"，本质都是希望实现如下几个目的。

- ❏ 把不该干的事剥离出去，腾出自己的精力干该干的事。
- ❏ 让该自己干的事更容易干，也就是把不好干的事变容易。
- ❏ 把别人能替自己干的事交给别人去干，而且别人干得更快、更多。

说一千道一万，究竟有没有赋能和做了什么没关系，关键的是个体的感受。比如，在维持收入的同时，是不是不用再加班了？在付出相同时间的情况下，是不是收益更高了？赋能的结果终归是一种感受，得不到这种感受，那么赋能就是虚无的，或者是无从考证、难以自圆其说的。

1. 赋能真的都是好的吗？

今天的赋能，被延伸出越来越多的方法论，也将赋能变得越来越复杂。例如，为了给人赋能，推出新工具，但使用者的基础素质参差不齐，学习新工具花费了更多的时间和精力，运用工具带来更多数据问题。例如，为了赋能，给出一整套严丝合缝的方法，似乎要把每一个细节完全标准化，不按照标准执行就不是赋能。但是当工具与标准化不断深入推行的时候，有更多的问题会暴露出来。

- ❏ 工具与标准的制定者，真的明白市场经营需求吗？

- 当每个人都按标准工具实施的时候,大家还需要自身差异化的基础能力吗?
- 所谓的企业级标准工具真的适用于差异化越来越大的区域市场环境吗?

这些问题出现的时候,赋能很可能不会拉升整体质效,却会拉低标准。当市场发生波动的时候,标准工具与执行流程是否能够有效、快速地应对,也值得怀疑。

所以我认为,**赋予基础"人"的能力,比赋予表层"工具"的能力更关键**。不恰当的赋能帮得了一时,却难以长久支持。随着工具在市场中的表现出现变化,这样的赋能很容易功亏一篑。

2. 什么该赋能?

"能力"的背后还有一层——权力。有的时候执行者需要更多的是权力而非能力。但今天银行的发展似乎进入矛盾的状态:权力给多了,就变得又乱又散;权力给不够,又发挥不出区域的特色。

在赋能这个环节,经常能够听到分行的抱怨:能不能给我们更多的接口权限,能不能给我们更多的数据权限……逻辑上似乎没有问题,分行有诉求、有能量、有特点,自然希望自己开拓创新,满足自己的需求。但话说回来,正是因为银行很多时候缺乏对内的平台(或称为中台,或是赋权的标准化机制),才让开放变得无序,给分行赋了能,却给管理挖了不少坑。赋权作为赋能当中至关重要的一环没有问题,问题在于赋权背后的基础设施不健全。

在今天，**赋能绝不可能再是赋予标准化、同类型的东西，而是赋予框架及框架使用方法，赋能之下必然需要高度的个性化、定制化**。总部在赋能中的角色，也不再是早期的工具提供者，而是更趋近于投资者：发现好的案例，抽象基础的服务与评判标准，提供好的工具，推广好的模式，创造更多变化的可能。

如果总部对待赋能还是从工具的维度、制度规范的维度、考核的维度去考虑，那赋能这件事情或是难以创造总量上的提升，或是让被赋能者难以体会到切身的感受，甚至在一定程度上，随着赋能的深入，本能将更加弱化。当人转化为机械执行的时候，还何必一定要让人来做呢？到底是工具赋能于人，还是人变成工具的附庸呢？

数字化的熵增[一]与焦虑

前文多次提到数字化，这里我们再对数字化进行更深入的解读。

今天商业银行的数字化，可能已经走了半程了，或者很多机构认为自己已经走了半程了，但实际上程度差异仍然非常大。我们应该用什么方法来评判这个程度呢？用什么方法来判断数字化这条路到底走对了没有呢？很多人说应该是数字化相关的指标、用户指标、活跃指标等。这些看起来对，却禁不住琢磨，因为这些指标与所谓的效率提升、增量价值创造都挂不上钩，只是代表

[一] 熵增物理定义：熵增过程是一个自发的由有序向无序发展的过程。热力学定义：熵增加，系统的总能量不变，但其中可用部分减少。

了一种黏性状态，而非效率状态。

而效率状态看的并不是这些，而是人时效。人时效是指人每小时工作产生的平均价值贡献。你可以用收入除以所有员工的工作时长总数，也可以用利润除以所有员工的工作时长总数，然后分部门/机构、分层级、分平台、分项目来看看数字化发展的效果是否得到了体现。

按理说数字化工具的发展应该带来人时效的提升，但是不知道有多少机构敢于去评价数字化发展对人时效的影响。现实的情况是，数字化的快速发展和没有跟上的人员配比、机制配置，导致远超以往的熵增。而低效的人力管理策略和数字化的应对方式偏差，可能会让熵增的发展速度进一步提升。

为什么会有熵增？当信息被高饱和的数据记录时，无效信息增加，这在一定程度上增加了干扰。曾经你做决策只看A，最多看A+B，今天你想看A、B、C、D……Z，甚至还想看各种组合，你开始穷举，开始想要"遍历"所有可能的情况。在处理这些情况时，会因为高并发、海量的处理需求，导致很多数字化工作岗位成为"热点"环节，而高并发会带来高风险、高差错率。

比如，对2Mb/s的带宽，你硬要跑1Tb/s的并发量，即便你吐血跑下来了，也不会有人认为你质量高，只会认为你的速度慢、效率低、故障百出。但是在数字化发展中，这种人力弥补数字能力的情况却经常发生，如果将人力资源用于应对这种复杂的信息逻辑，那不是数字化该做的事情，这样的数字化也捆绑了"人"。

数字化中最难的事情是搞清楚人该做什么，以及数字、机器该做什么。如果无法回答这个问题，那就始终是人力驱动，数字只不过是服务于人力汇报表象的工具。当数据的熵增到达一定程度时，终将影响整个管理逻辑。

当大量人力变成了数字的翻译器，或变成传统工作汇报与推动机制之下的数字讲解员时，数字化本身也就没有那么大的魅力了。

熵增是数字化发展中必须产生的一个结果，而这个结果更需要用数字化的方式去解决。从回归第一性原理出发，今天的数字化已经不仅仅是机构与市场之间的问题，更多的是在数字化高速发展、熵快速增加的情况下，内部效率、内部管理弱点已经开始出现的问题。

强大的数字化市场行为和脆弱的内部数字化管理，甚至会成为大机构数字化发展中的致命死结。这种死结正在被越来越严峻的"业绩焦虑"捆绑，焦虑之下，数字化的发展或将引发更多的风险。

这种风险有很多，限于篇幅，这里不再一一列举。但最大的风险，就是为了数字化而数字化，为了讲通数字化逻辑而数字化，为了抹去一些传统的不美好而数字化。

今天金融机构的数字化要注意如下几点。

☐ **不该用人来判断数据分析的结果**。如果人能分析，又何必要数据分析呢？数据分析就该是"测试逻辑"，用数据和自动触发来验证逻辑，得到最优解。用人来判断，只会让数据分析变成数据统计，服务于人自身的预想目标。
- **不该用人来做细分遍历后的任务执行**。人的任务承载能力是有限的，人要做的是"人情世故"的关系维系，高度细分的任务本身就需要系统化执行。
- **不该用人来解决内部管理的流程监督**。SOP与工作流程的管理监督都应该通过系统与机制来解决。
- **不该用人来翻译数据形成"数据的人工汇报"**。数据本质上就是数据，能用数据直接说明的内容，不应该再靠人力去拔高粉饰、过分解读。
- **数据该有固定的测试、分析、校验时长**。人更应该回到对校验结果的查询和资源的分配策略上找问题，常态化输出策略。

其实，数字化缓解不了任何人的焦虑，但数字化本就该实现人时效的提升。

为什么数字化让我们变得更忙？

我相信每一个奋斗在"数字化"领域的人都有一样的感受：在数字化迭代发展的过程中，似乎人们的忙碌感永不缺席，有越来越多需要处理的事情，似乎我们的资源永远不够用。既然数字化是"赋能"的工具，既然数字化改善的是效率，那为何奋战在数字化一线的人，反倒比以前更忙了？

我们不妨把与数字化相关的工作量放在不同的机构中进行分析。

1. 总部

总部忙碌的原因主要有如下几个。

- **源于疯狂扩张的数据量级、不太"利索"的基础设施。** 数字化发展中,最先产生反应的一定是前端,前端的扩张带来了数据源的爆发式增长,数据存储容易、应用难,没有好的数据工具、数据产品支持能力。人们总说磨刀不误砍柴工,现状是砍柴要紧,但是树太多,刀钝了甚至是坏了。没有好刀,还要砍柴,还要砍比以前还多的柴,自然只能上蛮力,一个人一刀能砍的工作量变成需要 10 个人用手抠,工作量难免暴增。

- **源于疯狂扩张的相关方、不太高效的 OA(办公自动化)机制。** 数字化成为战略方向,势必引起概念的泛化,内涵的发展速度比不上外延的发展速度,数字化相关方快速增加,干一件事情需要征求一群人的意见,甚至每个关键节点都要征求一群人的意见。事情变多了,要征求意见的节点变多了,节点上要征求意见的对象变多了,相乘的关系下,没有一套服务内部决策机制的高效 OA 流程机制,全靠电话、微信、会议、面谈。工作量难免暴增。

- **源于期限错配的任务汇报、深陷行业内卷竞争的焦虑。** 数字化并非一日之功,更在于持续的坚持。但在激烈的同业竞争和不断叨扰的异业竞争中,焦虑被放大,焦虑带来项目建设周期与汇报周期的错配,汇报频率增加带来对信息要素的不断收集加工,而推动项目进展的单位速度是客观恒定的。多个对象、多个主题交织在一起,且又追求有新鲜内容的汇报需求,匹配上错配的汇报频率,工作量难免暴增。

❑ **源于过度泛化交叉的需求、说不清又不得不说清的需求。**数字化的项目可能总让人错误地认为没有小项目,干小了容易让人觉得根本不叫数字化,往大了干可能把需求边界无限扩张,几个项目搞下来,需求高度重叠、错综复杂,没人能说清楚需求的具体内容。技术实施方也是蒙圈,你不说清楚我没法干。一个简单的项目复杂化,花大量精力解释泛化的需求边界,去和别人打几小时的架,最终也未必能有定论。工作量难免暴增。

2. 分行

分行忙碌的原因主要有如下几个。

❑ **源于快速升维的指标体系、不太精细的报表能力。**数字化带来数字维度和数据量的增加,数字化从对结果目标的追逐转向对过程目标的关注。其实过程目标不该是真的为了考核,只是为了找问题、纠偏、防微杜渐。但是今天的过程指标,逐渐变成了考核指标。指标的升维、用户与客户的混合,导致报表能力跟不上分级指导的要求。报表看不明白,数据模模糊糊,口径、内容变化游离,也就导致数据难以形成长期的指导意义,在使用的过程中产生了很多不必要的任务分析、拆解、解释、反馈,且所有工作都需要上下两头对接,工作量难免暴增。

❑ **源于不是分层经营的问题、不得不做的规定动作。**数字化的矛盾问题很多时候不在于分层经营模式,而在于工具的设计、底层基础能力的完善。远离市场的总部经常需要来自分行的"指导",指导的内容看似是痛点,但未必是分行所必需的内容。分行判断的内容也未必就是市场需要的内容,一些空中需求的完善硬要参与其中,自然就增加了很多不得不做的规定动作,包括交付一系列的文档材料、总部产生的所有问题,工作量难免暴增。

3. 网点

网点忙碌的原因主要有如下几个。

- ❏ **源于缺乏更有效触达的工具、持续膨胀的管理客户基数。**数字化要求不断激活客户,不断形成数字交互。但要么缺乏可以有效交互的数字工具,要么自助工具飞在天上,员工毫无工具可用,一个人要服务几十上百人,就变成了很难的事情。试想,你一天和100个人交流,是个什么样的场面?但是很多数字化项目正在要求基层这么做。1个人5分钟,100个人至少500分钟,近9个小时的时间要不停地交流,忙碌可想而知。而现有工具基本不可能在5分钟内就完成交互任务,但客户数量还在增加,工作量难免暴增。

- ❏ **源于效率下行的传统方法、效率不高的新方法。**缺乏交互渠道的银行,即便有了手机银行,也不能有效地掌控与用户的交互。流量虽有,但可以有效运营的流量并没有多少。于是渠道盯上了线下,跳舞、拍剧、琴棋书画、唱歌、脱口秀。业务不能不做,倒是多了编剧、导演、演员、后期、宣发的工作,然而效果却不显著。但效率不高的方法还得用，毕竟不用就真没有新方法了。工作量难免暴增。

上面说了那么多，就是为了找问题和对应的原因。

数字化的发展，一方面为了应对市场需求，另一方面在于修炼内功。但这就像天平两端，哪边失衡了都是不行的。市场数字化做得好不好，应该先评价自身数字化做得实不实。

我始终坚信，磨刀不误砍柴工，"工欲善其事，必先利其器"。当然有人需要不断地为磨刀服务，有人需要不断地为找柴而忙碌。但总体来说，如果磨了刀，却没有提升效率，换句话说，传统1个人做10笔买卖，今天一堆数字化手段用上了，1个人还是只能做10笔买卖，那这个数字化的必要性可能就要打问号了。

数字化如果不能实现效率上的非线性增长，那么数字化的目的可能就仅是数字化本身了。

作为业务部门追求业务发展的数字化理所应当，但如果中后台部门不能用同样的资源和精力去解决内部的数字化问题，无法破解因为"数字化"带来的内部协作"数字化"问题，那么数字化可能永远摆脱不了捡了芝麻丢了西瓜的尴尬，或者陷入"玩命干—效率跟不上—焦虑—消耗—玩命干"的恶性循环中难以自拔。

数字化的减负赋能对象不仅是网点，也包括所有人。因为只有尽可能多的人从物理劳动中解放出来，才能更有心绪从"面包"出发，去琢磨银行或金融发展的诗和远方。

推荐阅读

引爆社群：移动互联网时代的新4C法则 第3版
ISBN：978-7-111-73771-1

　　畅销书，累计印刷近30次。本书提出的"新4C法则"为社群时代的商业践行提供了一套科学的、有效的、闭环的方法论，前两版上市后获得了大量企业和读者的追捧，"新4C法则"在各行各业被大量解读和应用，累积了越来越多的成功案例，被公认为社群时代通用的方法论。正因如此，前两版上市后，获得CCTV、京东、《清华管理评论》、得到、溪山读书会等大量知名媒体和机构的推荐，还成为多家商学院的教材。

品牌营销100讲：基础强化与认知颠覆
ISBN：978-7-111-62273-4

　　畅销书，累计印刷近20次。这是一部能帮助品牌新人肃清错误认知、强化科学认知、构建品牌知识框架的著作，也是一部可供品牌从业者随时查阅的工作手册，是国内知名品牌咨询专家15年工作经验的结晶。本书从核心概念、高效执行法则和技巧、必备实操技能、高频和流行词汇4个维度精心打造了100门课程，涵盖品牌、营销、公关、广告、新媒体5个领域，线上同款课程已经有超过50000名学员付费。

推荐阅读

To B增长实战：获客、营销、运营与管理
ISBN：978-7-111-71013-4

　　这是一本指导To B企业实现客户、销售、业绩等高效、持久增长的实操手册，是多位To B企业一线从业者的多年实战经验总结。本书涵盖获客、营销、销售、客户成功、生态建设、企业管理等影响To B企业增长的所有节点，其中既有对一线增长工作的落地指导（比如内容营销、ABM、数字营销、活动营销等），也有对顶层策略的深入解读（比如年度市场计划、生态建设、组织构建等），还有作者在实践过程中遇到过的各种问题及其解决办法（比如内容营销的误区、SEO常见问题等）。

To B增长实战：高阶思维与实战技能全解
ISBN：978-7-111-74427-6

　　这是一本从实战角度切入，深度解读To B企业如何实现业绩快速、持续增长的专业指导书。作为《To B增长实战：获客、营销、运营与管理》（主要面向初中级To B从业者）的进阶，本书针对的是To B领域中高级读者，站在企业甚至整个To B领域的高度对所有内容进行解读。本书延续了上一本书只讲干货不讲理论的优点，无论是战略、计划、品牌、生态，还是官网、社群等营销工具，甚至包括人才、团队等营销执行主体，都以落地执行为目的，以真正帮助企业产生业绩为原则进行介绍。

推荐阅读